HÉRITAGE D'ACADIE

Une partie de ce travail a bénéficié d'un octroi de recherche du Centre Canadien d'Études sur la Culture traditionnelle, attaché au Musée National de l'Homme, à Ottawa.

Maquette de la couverture : Jacques Léveillé.

Le tableau de la couverture est de Jean-Claude Dupont.

ISBN 0-7761-5259-9

HÉRITAGE D'ACADIE

jean-claude dupont

LEMÉAC

PRÉFACE

L'Acadie sur laquelle on a tant pleuré a pourtant eu beaucoup de chance: la chance d'arriver presque toujours à temps, malgré qu'elle vienne toujours un peu tard. C'est là l'un des paradoxes de l'histoire du peuple acadien. L'autre est dans sa double culture.

On peut entendre double culture dans son sens habituel de biculturalisme — sous-entendu pour l'Acadie le franglais — mais dans une préface à une étude ethnologique, il faut chercher la double culture savante et primitive, ou si préférez, opposer à la culture dite civilisée ou littéraire, celle qu'on a convenu d'appeler vivante ou orale.

Le deuxième paradoxe acadien se situe donc là. Imaginez un peuple détaché de la France du XVIIe siècle, sorti de l'âge d'or d'une des plus hautes cultures de l'Occident, et transplanté en une terre nouvelle, puis isolé, abandonné, déporté, balloté et finalement laissé pour compte dans ses forêts et ses dunes pendant cent ans. Mais cent ans, voire trois siècles, ça ne suffit pas pour oublier. Ce peuple se rappelle, et transmet, et réinvente, comme «un dieu tombé qui se souvient des cieux.»

Or, voici que ce paradoxe, tout à coup, devient une chance. L'Acadie, qui par les jeux de son histoire et de sa position géographique devait connaître un tel isolement et devenir de toutes les filles de la francophonie celle qu'on allait le plus oublier, voilà qu'en la retrouvant on découvre, enfoui dans les plis de sa mémoire collective, un héritage culturel oral capable de faire venir l'eau à la bouche aux meilleurs ethnologues.

Et c'est encore une chance. Cette fois pour la science comme pour l'Acadie. La science ethnologique qui aurait pu

7

naître une génération plus tard comme l'électronique ou la biométrie, est arrivée juste à temps pour récolter, analyser et conserver la matière culturelle orale à la veille de sa disparition. C'est ainsi qu'on a pu recueillir à Caraquet, au cœur de l'Acadie, une merveilleuse passion chantée en Europe depuis le Moyen Âge et que la France avait oubliée.

...Et c'est ainsi que l'Acadie a gardé en plus, au creux de ses mouchoirs brodés à la main et enfouis dans ses coffres tout travaillés au couteau de poche, des légendes, des contes, des coutumes, des chansons, des jeux, des proverbes, des mots et des arrière-pensées qu'on appelle là-bas la mentalité.

Après toutes ces chances de la convergence et de la coïncidence, je connais une autre rencontre heureuse voulue par les dieux : celle de Jean-Claude Dupont avec l'Acadie. Car voilà un ethnologue qui, à la suite de quelques autres, a su tirer tous les profits de nos paradoxes et mettre au service de la riche culture orale d'un peuple les techniques et les connaissances de l'ethnologie. Dans cette imposante étude sur l'héritage populaire d'Acadie, il a su découvrir les qualités universelles et durables d'une culture orale qui plonge ses racines jusque dans le savant, l'écrit et le littéraire, donnant par exemple à notre geste des morts en mer des ancêtres sortis de l'épopée primitive ou de la chanson de geste médiévale ; ou donnant à nos fêtes de la Chandeleur ou de la Toussaint des origines vieilles comme nos rêves et nos angoisses d'être au monde.

...Et si cela ne suffisait pas, Jean-Claude Dupont aurait toujours donné, dans cette œuvre faite d'une vaste documentation ethnologique et d'un amour profond de l'Acadie, qui est un petit brin sa patrie, une matière dans laquelle les créateurs acadiens de demain sauront puiser leur inspiration. Sans attendre demain, moi j'y puise déjà aujourd'hui. C'est le plus sincère hommage que je saurais rendre à un ethnologue et un ami que je crois destiné à figurer dans la deuxième génération des explorateurs de la tradition orale d'Acadie, après celle de Félix-Antoine Savard et Luc Lacourcière. Je me reconnais, en tant que romancière et conteuse, redevable à ces pionniers.

Antonine Maillet

AVANT-PROPOS

Pour décrire les traditions spirituelles d'Acadie, j'utilise des témoignages oraux de faits collectifs populaires. Ces documents ethnographiques se sont conservés grâce à leur transmission d'une génération à l'autre. La diversité des attitudes, de la littérature orale et des actions, citées par les informateurs, traduit la multiplicité des manières d'être de ces faits de culture.

En ethnographie, la méthode la plus sûre est encore la fréquentation assidue de l'homme du peuple et l'enquête auprès de ce dernier. Depuis 1965, j'ai effectué des recherches dans toutes les régions de l'Acadie. Une partie seulement de ces recherches sur le terrain a donné la matière présentée ici.

Cette étude étant constituée de thèmes divers, il arrive qu'à l'intérieur d'un chapitre je fasse appel à différents textes oraux: contes, légendes, coutumes et croyances, etc. Par contre, certains thèmes, comme celui de la GESTE DES MORTS EN MER, ne sont constitués que par un seul type de documentation, celui de la poésie populaire chantée.

Le premier numéro de classification que je donne en référence, lorsque je cite un témoignage, se rapporte à la classification de mes documents originaux (sonores, manuscrits ou graphiques) déposés dans ma collection personnelle conservée aux Archives de folklore de l'Université Laval, à Québec[1]. Ces références

---

1. Ce fonds documentaire est également conservé, en partie, au Centre canadien d'études sur la culture traditionnelle au Musée de l'homme, à Ottawa, et au Centre d'Études acadiennes de l'Université de Moncton, au Nouveau-Brunswick.

9

renvoient à la version citée et parfois aussi à des textes parallèles. Mais pour ce qui est de ces versions complémentaires, j'ai dû me limiter à la mention de quelques-unes seulement, puisqu'il arrivait, sur le terrain, de relever les mêmes faits une vingtaine de fois. Le signe *ms* précédant ces numéros indique qu'il s'agit d'un document manuscrit, tandis que le sigle *son* renvoie à la collection sonore. Ce premier numéro permet donc aux spécialistes de l'ethnographie de consulter les relevés originaux conservés en Archives et d'en connaître le topographique (nom de l'informateur, son âge, son lieu de naissance et de résidence actuelle, etc.) De même, les dessins et photographies à fonctions documentaires sont identifiés. Quelques illustrations de coutumes et croyances prennent cependant des formes fantaisistes bien qu'elles fassent état de faits relevés. Je remercie monsieur Michel Bergeron qui a uniformisé tous ces dessins et en a fait les relevés à l'encre de Chine.

La deuxième cote, séparée de la première par un trait d'union, complète la référence aux documents. Elle permet l'étude comparée des faits de folklore acadien avec les mêmes faits relevés ailleurs en Amérique française et dans le monde. En effet, ce deuxième numéro renvoie à la place qu'occupe le document acadien cité dans le *Catalogue de classification des faits de folklore* des Archives de folklore de l'Université Laval. En étant intégré à ce dernier système de classification établi sous la direction du professeur Luc Lacourcière, chacun des éléments cités ici peut devenir matière à une étude comparée. La dernière cote, placée entre parenthèses, renvoie à l'informographie présentée à la fin de cette étude.

Approximativement quatre cents informateurs ont été interviewés sur le terrain. Dans l'informographie, j'en cite environ deux cent cinquante, soit ceux dont des versions ont été utilisées dans cette étude. Les recherches sur le terrain ont donné plus de six mille documents.

10

Exceptionnellement, je refère à des documents d'enquêtes que j'ai faites conjointement avec des étudiants acadiens en 1973, de même qu'à des collections particulières. Dans chacun de ces cas les sources sont clairement indiquées. Un dépouillement assez exhaustif de monographies acadiennes complète les relevés d'enquêtes; ces travaux cités apparaissent en bibliographie.

Le glossaire de la langue acadienne qui figure à la fin de cet ouvrage est uniquement constitué des mots et expressions populaires relevés dans cette étude; il permet de connaître le sens des mots et expressions acadiennes qui présentent un écart du français actuel tel que décrit dans les dictionnaires usuels. Toutefois, nous ne retenons pas les mots ayant trait aux mesures, tels *pied, pouce*, etc... qui sont d'usage courant au Québec. Il va sans dire que nous n'avons pas tenu compte des faits de morphologie et de syntaxe. Tous ces mots sont en italique et suivis d'un astérisque.

Plusieurs Acadiens m'ont assisté de quelque façon lors de la réalisation de ce travail de recherches; mentionnons les Pères Clément Cormier et Anselme Chiasson; Ronald Leblanc, Catherine Jolicoeur, Charline Légère, Georges Arsenault, Charlotte Cormier et Antonine Maillet.

Nombreux étudiants acadiens m'ont aussi prêté main-forte pour faire les enquêtes sur le terrain. À tous un cordial merci.

Je remercie également Carmen Roy du Musée national du Canada à Ottawa; Christian Morisonneau, Micheline Massicotte et Luc Lacourcière de l'Université Laval.

Je ne saurais manquer de souligner l'assistance de mon épouse Jeanne Pomerleau, lors de toutes les étapes de la réalisation de ce travail.

Jean-Claude Dupont,

Centre d'Études sur la Langue,
les Arts et Traditions populaires
des francophones en Amérique du Nord,
Faculté des Lettres,
Université Laval,
Québec.

11

TABLE DES ABRÉVIATIONS

A.F.U.L.	Archives de Folklore, Université Laval
Berc.	Berceuse.
Bonav.	Bonaventure.
C.E.A.	Centre d'Études Acadiennes.
ch.	chanson.
coll.	collection.
c-t.	conte-type.
doc. ms.	document manuscrit.
doc. son.	document sonore.
Dorchester Cross.	Dorchester Crossing.
enr.	enregistrement.
inf.	informateur (trice).
I-P-E.	Ile-du-Prince-Édouard.
man.	manuscrit.
Memr.	Memramcook.
N-B.	Nouveau-Brunswick.
N.D.A.	Notre-Dame d'Acadie.
N-E.	Nouvelle-Écosse.
North.	Northumberland.
photo.	photographie.
p. ms.	page manuscrite.
p. Q.	province de Québec.
Tém.	Témiscouata.
topo.	topographique.
Un. Moncton.	Université de Moncton.
vill.	village.
West.	Westmorland.

TABLE DES ILLUSTRATIONS

L'ACADIE: DU TEMPS ET DES LIEUX

Les termes amérindiens *quoddy* (langue malécite), signifiant terre fertile, ou *algatig* (langue micmac), lieu de campement, ont sans doute inspiré VERRAZANO qui révèle avoir baptisé ce pays *Arcadie* en 1524 à cause de la beauté des arbres. Ce toponyme fut repris en 1548 par GASTALDI qui désignait ainsi la Nouvelle-Écosse actuelle. Plus tard, à l'époque de l'établissement des premiers colons, l'Acadie comprenait la Nouvelle-Écosse, le Nouveau-Brunswick, les îles du Golfe Saint-Laurent et presque tout l'état du Maine. Les Anglais, en 1713, plaçaient les frontières ouest de l'Acadie à Lévis[1].

Avant l'arrivée des Européens, les Amérindiens composaient essentiellement la population de l'Acadie: soit les Micmacs (environ 4000) répartis en Nouvelle-Écosse, sur l'Île-du-Prince-Édouard, sur l'île du Cap-Breton et sur le littoral du Nouveau-Brunswick; les Malécites ou Etchemins (environ 5000) vivant dans la vallée de la rivière Saint-Jean au Nouveau-Brunswick jusqu'à la rivière Etchemin au Québec; les Abénaquis (environ 10 000), qui peuplaient les côtes du Maine.

Les premiers Européens furent des Basques, des Bretons, des Normands, des Espagnols et des Anglais, tous attirés par la pêche.

---

1. Bona ARSENAULT, *Histoire et généalogie des Acadiens*, Tome 1, p. 10.
   Clément CORMIER, c.s.c., Acadie, *Société historique acadienne*, 2e cahier, 1962, pp. 58-60.

L'endroit était beau et la situation géographique privilégiée: une porte sur l'océan, un climat relativement doux, des ports ouvrables à l'année et des pêcheries inépuisables. L'Acadie, premier empire colonial français en Amérique, qui se déplaça très tôt vers Québec, allait disparaître cinquante ans avant ce dernier.

C'est en 1604 que les Français s'installèrent en Acadie avec de Monts, Champlain et Poutrincourt. Mais, dès 1607, les Anglais se fixaient à Jamestown en Virginie, en 1620 les *Pilgrim Fathers* étaient à Plymouth Rock au Massachusetts, et les Hollandais fondaient New Amsterdam. Ce sont les gens de Virginie qui allaient les premiers, en 1613, menacer les Acadiens éloignés de Québec et ce sont des troupes du Massachusetts qui firent la déportation des Acadiens en 1755. L'Acadie et le Québec, restés libres jusque-là, avaient pourtant vu tomber aux mains des Anglais le New Amsterdam des Hollandais, le Delaware des Suédois et des villes irlandaises, écossaises, allemandes et galloises.

L'histoire de l'Acadie retrace donc un siècle d'enracinement français en Amérique, de 1604 à 1710. Pendant cette période, dont l'histoire connaît des hauts et des bas, il faut souligner, vers 1632, une tentative de restauration de la colonie acadienne: Richelieu reconnaissant l'importance des lieux y nomme des hommes de valeur. Le dernier effort français en Acadie eut lieu de 1667 à 1710. On y installe alors des gouverneurs non propriétaires qui relèvent de l'administration centrale de Québec. Mais l'Acadie a toujours été traitée en parent pauvre.

La grande période d'infortune des Acadiens se situe entre 1710 et 1755, au moment où l'Angleterre tente d'imposer le serment d'allégeance et que la guerre est portée dans leur région. 1755 est l'année fatidique pour les Acadiens: c'est l'année du *Grand Dérangement** ou de la Déportation:

20

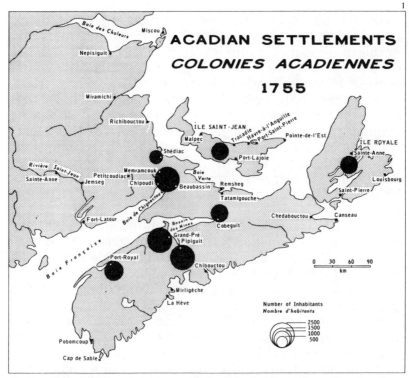

Carte géographique présentée par Robert A. Leblanc, dans The Acadian Migrations, *Cahiers de Géographie du Québec,* n° 24, décembre 1967, p. 526.

> Petit peuple français soumis par l'Angleterre en 1710, puis brisé et dispersé en 1755, les Acadiens gardent leur nom et leurs traditions comme on conserve, dans une famille, les plus précieuses reliques du passé[2].

Dans l'histoire acadienne, le XIXe siècle, que l'on pourrait qualifier de renaissance, se divise en deux périodes. La première, période de subsistance, va jusqu'en 1880. Les groupements acadiens qui ont survécu à la déportation ou sont revenus au pays sont alors rapprochés surtout par les visites pastorales de 1811, 1812 et 1825. En 1854, la fondation du collège

---

2. Antoine BERNARD, c.s.v., *L'Acadie vivante,* p. 9.

Saint-Joseph de Memramcook fut d'un apport précieux pour le développement culturel des Acadiens, mais ces derniers devaient toujours faire face à de grandes difficultés qui leur venaient des lois scolaires et surtout de la vie religieuse dirigée par les évêques irlandais. Après 1880, cette deuxième période de la renaissance marque une vie nationale qui se veut croissante : réunion du premier Congrès acadien en 1881, à Memramcook et fondation de la Société de l'Assomption. Aujourd'hui, il y a en terre acadienne une université et deux collèges d'enseignement du premier cycle universitaire. L'Acadie possède aussi son quotidien, l'*Évangéline*.

En 1969, les Acadiens, au nombre de 400 000 sur la côte est du Canada (Nouveau-Brunswick, Nouvelle-Écosse, Île-du-Prince-Édouard, Terre-Neuve), sont plus de 800 000[3] en Louisiane. Au Québec, des groupes formant parfois toute la population d'un village sont dispersés, entre autres, dans les *comtés** de Lotbinière, Bellechasse, Beauce, l'Islet, Kamouraska, Rimouski, de même que dans les régions de la Côte-Nord, de la Gaspésie, des Îles de la Madeleine et dans la vallée de la Matapédia. Le *Grand Dérangement** qui a commencé au milieu du XVIIIe siècle et qui s'est continué, pour certains, jusque dans le premier quart du XXe siècle, a conduit les Acadiens jusqu'aux îles Saint-Pierre et Miquelon, en France, en Angleterre, en Guyane française, en Uruguay et au Nicaragua.

Pendant un siècle et trois quarts, c'est par milliers, en groupe comportant parfois jusqu'à deux mille personnes, que les Acadiens se sont fixés, ou n'ont fait que passer, dans les états du Massachusetts, du Connecticut, de New York, de la Pennsylvannie, du Maryland, de la Virginie, de la Caroline du Nord et du Sud, de la Géorgie, etc. Pendant ces pérégrinations, certains furent séparés pour toujours, d'autres furent fait prisonniers et d'autres encore sont morts d'épuisement ou de maladie.

---

3.   Bona ARSENAULT, *op. cit.*, p. 262.

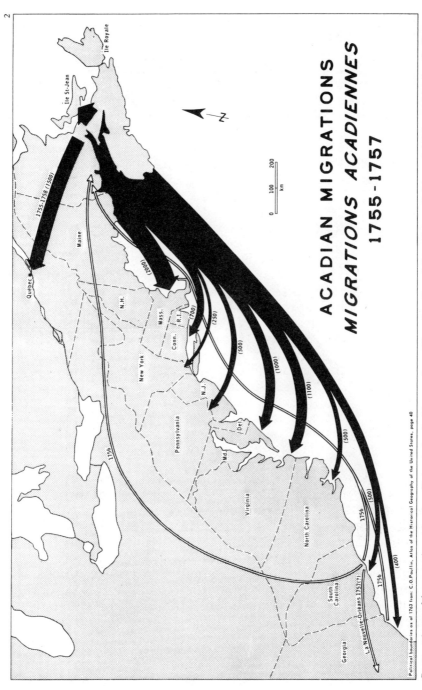

ACADIAN MIGRATIONS
MIGRATIONS ACADIENNES
1755 - 1757

Île Royale

Île St-Jean

Québec

Maine

N.H.

Mass.

R.I.

Conn.

New York

N.J.

Del.

Pennsylvania

Md.

Virginia

North Carolina

South Carolina

Georgia

La Nouvelle-Orléans 1757(?)

1755-1758 (1500)

(2000)

(700)

(250)

(500)

(1000)

(1100)

(500)

(500)

(400)

1756

1756

1756

1756

0   100   200
km

N

Political boundaries as of 1763 from: C.O.Paullin, Atlas of the Historical Geography of the United States, page 40

Carte géographique présentée par Robert A. Leblanc, dans The Acadian Migrations, *Cahiers de Géographie du Québec,* nº 24, décembre 1967, p. 527.

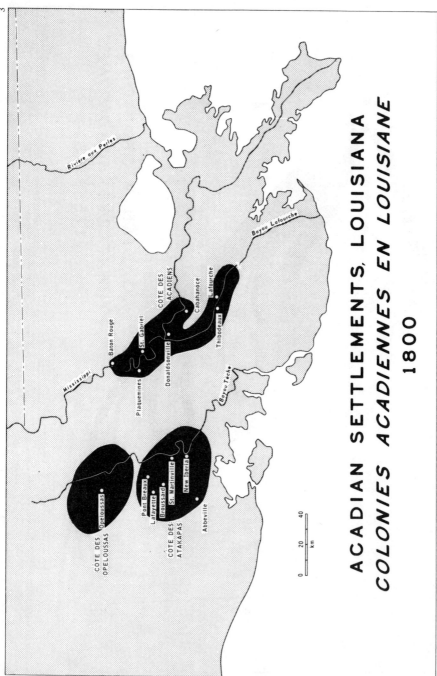

ACADIAN SETTLEMENTS, LOUISIANA
COLONIES ACADIENNES EN LOUISIANE
1800

Carte géographique présentée par Robert A. Leblanc, dans The Acadian Migrations, *Cahiers de Géographie du Québec*, n° 24, décembre 1967, p. 538.

AIRE ACADIENNE EN LOUISIANE, 1975

EVANGELINE

ST. LANDRY

ACADIA

LAFAYETTE

ST. MARTIN

IBERIA

VERMILION

ST. MARTIN

ST. MARY

Louisiane

--- = Limite de comté

GOLFE DU MEXIQUE

Références: Evangeline Economic Development District & Acadiana Planning and Development District, Lafayette, Louisiana

Aire acadienne en Louisianne en 1975.

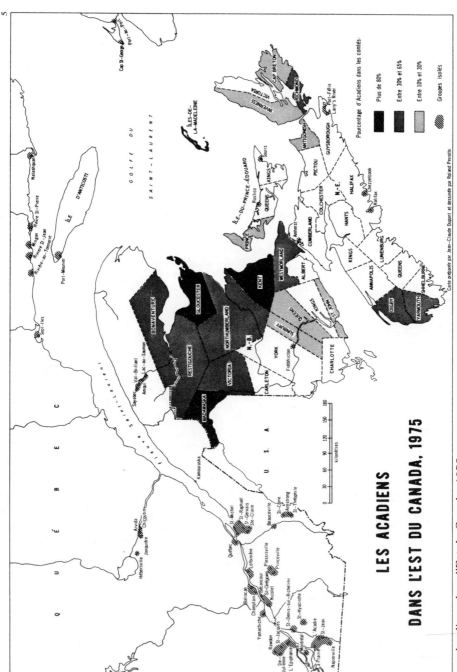

LES ACADIENS

DANS L'EST DU CANADA, 1975

Les Acadiens dans l'Est du Canada, 1975.

Pourcentage d'Acadiens dans les comtés:

Plus de 80%

Entre 30% et 65%

Entre 10% et 30%

Groupes isolés

Carte préparée par Jean-Claude Dupont et dessinée par Roland Perrotte

GOLFE DU SAINT-LAURENT

QUÉBEC

U. S. A.

N.-B.

ÎLE-DU-PRINCE-ÉDOUARD

ÎLE D'ANTICOSTI

ÎLES-DE-LA-MADELEINE

kilomètres

0 30 60 90 120 150 180

PREMIÈRE PARTIE

Thématique des faits de culture spirituelle

I LA GESTE DES MORTS EN MER

La complainte est une chanson en vers de facture populaire; c'est le récit chanté, jusqu'à un certain point mimé, d'un malheur connu que l'on aime se remémorer. « L'homme a besoin de revivre ses malheurs, et il trouve une jouissance très apparente à l'audition de ses plaintes[1] ». Cette forme de littérature orale est donc conforme aux sentiments et à l'humeur de l'homme du peuple et est susceptible de lui plaire. Lorsqu'un chanteur entonne une complainte, il la sait désirée par l'assistance qu'il essaie d'émouvoir.

Cette étude sur les complaintes de la mer, recueillies auprès d'Acadiens, s'intitule LA GESTE DES MORTS EN MER parce qu'elle ne regroupe que les complaintes relatant les faits et gestes de personnages morts en mer de maladie ou par noyade. La geste du Moyen Âge, où se mêlent histoire et fable, s'apparente beaucoup aux complaintes étudiées ici; c'est pourquoi j'ai cru bon de qualifier la version type de geste.

Presque toutes les complaintes acadiennes se regroupent sous un thème commun, celui de départ: départ occasionné par un mariage, par le travail à l'étranger ou par la mort. Ce sont les versions traitant du départ par le mariage que l'on trouve le plus souvent, aussi bien au Québec qu'en Acadie. Les complaintes qui décrivent les chagrins de l'éloignement par le travail à l'étranger et par la mort en forêt existent aussi au Québec mais, en général, ce ne sont pas les mêmes. Cependant, au Québec comme en Acadie, il m'a semblé que les complaintes du départ de la

---

1. Madeleine DOYON, « Rites de la mort dans la Beauce », *Journal of American Folklore*, vol. 67, 1954, pp. 136-146.

nouvelle mariée sont le plus souvent de tradition française, c'est-à-dire amenées de France par les premiers colons. Les pièces de poésie populaire relatant une séparation par la mort en mer ou en forêt, ou par le travail à l'étranger, appartiennent presque toujours au folklore régional.

Les lieux d'exil mentionnés dans les complaintes sont variables: le chanteur des Provinces maritimes canadiennes raconte les malheurs des Acadiens qui sont allés à Montréal, ou en Nouvelle-Angleterre; tandis que l'Acadien louisianais chante les *plaintes** de ceux qui se sont expatriés au Texas (Ex. «*Chère Alice*»)

Ces complaintes, qui prennent la forme de théâtre populaire, même si elles ne sont généralement pas dialoguées au moment où elles sont chantées, répondent à presque toutes les caractéristiques de l'épopée classique; en fait, c'est de la poésie épique narrée sous forme théâtrale. L'unique acteur (ici, le chanteur) représente à lui seul, et à tour de rôle, tous les personnages en cause.

L'épopée, telle que nous la retrouvons à travers les âges, répond aux besoins d'une mentalité traditionnelle; c'est le premier genre littéraire à se manifester. Le cadre géographique, comme la mer, peut susciter chez l'homme des réactions qui le mèneront au monde épique. «Il faut un pays âpre... imposant une lutte perpétuelle contre les éléments[2]».

L'épopée impose un monde merveilleux à la réalité, et l'homme acadien, en proie à l'impuissance et au malheur, se fait du monde une conception religieuse. Si le corps et l'intelligence sont impuissants, on a recours aux forces surnaturelles; les craintes et les espoirs tissent dans l'esprit un réseau de superstitions qui forment le merveilleux.

Généralement, les acteurs principaux de l'épopée sont la foule, le héros et les dieux; mais, en Acadie, ce sont la foule, Dieu et les saints. Dans l'épopée vérita-

---

2. F. GERMAIN, *L'Art de commenter une épopée*, pp. 3-4.

ble, la foule prendra parti pour ou contre le héros, tandis que dans les complaintes d'Acadie, on prend toujours parti pour le héros, et les phénomènes physiques s'expliquent par l'action de Dieu.

L'action épique par excellence est une lutte acharnée. En Acadie, dans la complainte de la mer, c'est le héros qui lutte pour se sauver, ou ce sont les gens qui fouillent la mer à la recherche des corps. Quand les choses vont mal, on a tendance à se réunir: la foule devient alors acteur.

Dans l'épopée classique, le héros est un modèle où se reconnaît une société; on le pare des qualités propres à la société concernée. De plus, jamais on ne voit mourir le héros d'une façon banale (on ne voit pas mourir Achille dans l'*Iliade,* et Ulysse dans l'*Odyssée* arrive à bon port; dans la *Chanson de Roland,* le héros, vainqueur, meurt d'une blessure qu'il s'est infligée lui-même).

Le héros doit être surnaturel par sa force, son courage et ses victoires, à la mesure du monde où il vit. Dans l'épopée acadienne le héros est impuissant et son exploit est de mourir. De plus, contrairement à l'épopée classique où les dieux sont séduits par le héros et où ce dernier mérite toute l'admiration, dans l'épopée acadienne, Dieu ou les saints prennent la vedette sur le héros et c'est la divinité qui reçoit l'éloge final.

Lorsqu'on décompose des complaintes de la mer pour en faire ressortir les phases principales, on a tôt fait de remarquer certains éléments essentiels qui se retrouvent dans presque toutes les versions de ce genre de littérature orale. Selon que la version étudiée est plus ou moins savante, c'est-à-dire composée par une personne plus ou moins lettrée, les idées contenues sont sèches ou fleuries. Si nous faisons la décomposition d'une version type pour y retracer les éléments d'une représentation de théâtre populaire, voici comment se présente cette «geste des morts en mer» lorsqu'elle est chantée dans les soirées.

a) La forme théâtrale

1. L'entrée en scène

Le narrateur (chanteur) se fait prier quand on lui demande de s'exécuter dans un texte précis. Quand il se sent désiré, il ne répond plus si on lui adresse la parole, il devient absent et ne semble plus faire partie de l'assistance: il se recueille, disant qu'il repasse sa chanson, ou qu'il *ramasse ses idées**. Puis, doucement, il se lève, fixe son regard au-dessus de l'assistance qui s'est tue. Il se tient debout derrière sa chaise ou avance au milieu du *plancher** pour y faire librement les gestes qui accompagnent les paroles. Les complaintes ne sont cependant pas accompagnées de battements de pieds; et le refrain ne prend pas la forme de la *turlutte**. Le rideau est levé, l'acteur vient d'entrer en scène.

2. L'ouverture

Dès l'incipit, aussitôt que le chanteur psalmodie les premiers mots de sa complainte, il demande l'attention de l'auditoire et annonce le sujet traité:

> Écoutez tous petits et grands,
> Si vous voulez l'entendre...

et/ou

> Il s'agit d'une bien triste histoire...

Déjà, on cherche quelle est cette chanson. La mélodie ne suffit pas a identifier la nature du drame car les complaintes «faites» sur le même air sont nombreuses. La réponse arrive avec le premier tableau.

3. Premier tableau

Le premier tableau fait l'identification de la geste, il introduit le drame. Les complaintes régionales connues sont assez nombreuses et chaque chanteur a «sa complainte à lui». Même si l'interprète n'en est point l'auteur, le peuple a l'habitude de rattacher telle version à tel chanteur qui s'en est fait le spécialiste; on dira: «la complainte de Pascal», parce que c'est Pascal qui l'a fait connaître, ou parce qu'il la rend avec brio.

L'identification de la geste est faite lorsque le chanteur révèle ou le nom du lieu où s'est déroulé le drame, ou le nom de la victime. Si le nom de la personne qui fait l'objet de la composition est donné, on ajoutera souvent son âge:

> Firmin Gallant,
> Dix-huit ans était son âge...

et/ou

> Des pêcheurs de la Baie-Sainte-Anne...

Dans ce même tableau apparaît la situation dans le temps, date ou saison, moment exact dans le cycle des travaux de l'année. Certaines occupations comme la pêche au saumon, n'ayant traditionnellement cours que dans une période de l'année, le chanteur peut se contenter de mentionner ce type d'occupation, ce qui suffit à faire connaître la saison pendant laquelle le malheur arriva:

> Jour de juin, le vingt-troisième,
> Dix-huit cent soixante et dix...

et/ou

> En mer s'en allait pêcher le saumon...

L'auditoire sait maintenant de quel drame il s'agit, et intérieurement, il commence à vivre la complainte.

À la fin de ce premier tableau, l'assistance est prête à connaître le nœud du récit, soit la lutte de la vie contre la mort.

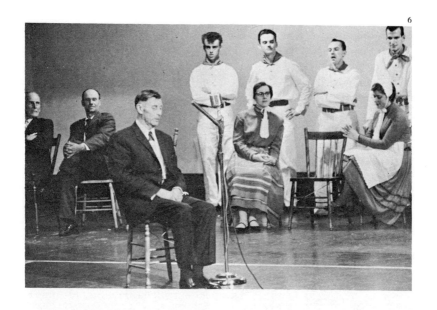

8

 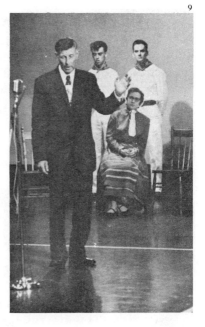

9

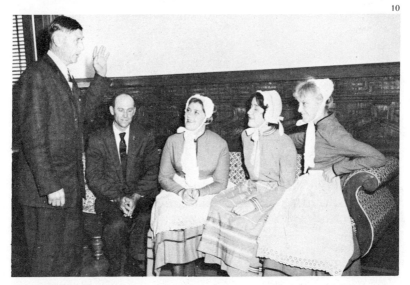

10

Majorique Duguay de Petit-Lamèque, Nouveau-Brunswick, en train de s'exécuter dans une complainte. Photos prises à Québec en 1961, à l'occasion du
14e congrès de l'*International Folk Music Council*. (*Photos des A.F.U.L.,
topo. Luc Lacourcière, 36, 71, 72, 78, 97*)

35

4. Deuxième tableau

On assiste alors à une lutte entre deux mondes : celle de la séparation d'avec le monde physique et l'entrée dans le monde surnaturel.

Le narrateur montre l'élément destructeur à l'œuvre ; c'est la maladie à bord du navire, les vents déchaînés ou la mer houleuse qui s'acharnent contre l'homme qui tente de résister :

> Trois jours après le départ,
> Le maître devient malade...

et/ou

> Une vague haute s'est élevée,
> Il s'accrocha au mât...

Le combattant essaie alors d'apaiser la nature en s'adressant au monde surnaturel ; c'est le cri d'adieu à la terre et le cri d'arrivée dans l'autre monde :

> Adieu, épouse, enfants et amis...

et/ou

> Dieu, pardonnez-moi mes péchés...

Le drame est maintenant avancé, le héros est mort. Le chanteur ramène alors son auditoire sur terre.

5. Troisième tableau

On arrive alors à l'attribution des restes, ceux de l'âme et du corps. Pour consommer le mystère, il faut le jugement des hommes et le jugement de Dieu :

> Vous tous, dites un *pater* pour son âme...

et/ou

> Dieu ayez pitié de lui...

La morale ainsi tirée, il faut maintenant s'occuper du corps que les vivants réclameront à la mer:

> Les épouses, le lendemain,
> Fouillaient les grèves...

et/ou

> Les poissons l'avaient terriblement mangé...

À travers le cheminement du récit, il y a croissance du pathétique. La geste est maintenant terminée.

6. La fermeture

Tout en continuant sa complainte, le chanteur identifiera le compositeur, s'excusera d'être impuissant à transmettre tout le sentiment de tristesse qu'il y avait dans cette chanson:

> Qui a composé la chanson?
> C'est Clément Haché de son nom...

et/ou

> Excusez-là!

Le chanteur salue et s'assoit, c'est la tombée du rideau. Quand l'identification du compositeur n'est pas faite dans le texte chanté, le narrateur se charge normalement de donner le nom de l'auteur sitôt sa complainte terminée.

7. Retour à l'auditoire

L'assistance applaudit, revient à la réalité, et demandera: «Encore une!» Mais le chanteur répondra habituellement: «Pas ce soir». S'il se lève de nouveau, ce sera pour une chanson comique ou plus légère que la complainte. Il existe aussi des complaintes spécialement conçues pour les «rappels»; voici un de ces textes qui servent à se moquer de l'assistance:

S'il y a de quoi de plus *déconfortant*,*
Pour un père et une mère,
C'est de voir un de leurs enfants,
*Affourché** sur la *bringuebale** [3].

Les personnes présentes discutent souvent, pendant quelque temps, du sort du héros mort.

11

Petite *bastringue** (approximativement 6 pouces de largeur — 15 cm) servant à rythmer les airs de musique populaire chez les Acadiens louisianais.

---

3.   Coll. Jean-Claude DUPONT, doc. ms. 9030-(187); 5829-G 86 (303).

b) *La complainte du Vanilia* (14 septembre 1853)

Le brick *Vanilia*, de l'Anse-des-Belliveau, à la Baie-Sainte-Marie, en Nouvelle-Écosse, quittait l'Acadie le 14 septembre 1853 pour se rendre à la Guadeloupe y échanger du poisson contre du sucre et du rhum. Sur le chemin du retour, une épidémie de fièvre se déclara à bord et quatre des six membres d'équipage moururent et furent jetés à la mer. C'est alors que les survivants firent un vœu à la Vierge. Au même instant, dit-on, l'épouse de celui qui faisait le vœu se rendait à la messe prier pour les membres de l'équipage.

Ces navigateurs étaient le capitaine, Augustin à Rémi d'Entremont, le second, Olivier à Martin Leblanc, le cuisinier, Maurice à Frédéric Robichaud et les marins, Hilarion Thériault (qui ramena le vaisseau au port), François Thériault et Césaire Dugas.

Un informateur ajouta comme complément (c'est l'élément théâtral de la fermeture qui est ici parlée à la fin du texte chanté), que c'est Frédéric à Armand Robichaud et Simon d'Entremont, qui ont composé la complainte du *Vanilia*.

Le texte du Vanilia est un des plus fleuris, et la version que je présente ici est la plus complète que j'ai retrouvée. Simon d'Entremont fut le premier Acadien à être élu au gouvernement de la Nouvelle-Écosse, et Frédéric à Armand Robichaud était l'ami de l'abbé Sigogne, premier enseignant français dans la région de Church Point, en Nouvelle-Écosse: c'est probablement ce qui explique la forme littéraire de ce poème chanté, et la dévotion mariale soulignée à maintes reprises. Tous les éléments de théâtre de la version type, présentés en première partie de cette étude, se retrouvent ici dispersés à travers un texte de vingt-huit couplets. Cette version savante est calquée sur le modèle des complaintes d'illettrés qui composaient souvent sans le secours de l'écriture, se contentant de leur mémoire. Afin de faciliter au lecteur la découverte de ces éléments, j'ai mis en italique les passages de l'ouverture, du premier, du deuxième et du troisième tableau. Le premier et le dernier élément, l'entrée en scène et le retour à l'auditoire, n'apparaissent pas mais on peut les voir et les entendre lors de l'enregistrement.

La complainte du Vanilia

1.
Chantons les bontés de Marie
Envers notre misère
Lorsqu'en elle on se confie
Avec un cœur sincère.
Saluons cet astre divin,
Marchons à sa lumière ;
Elle nous tendra sa main
En la prenant pour mère.

2.
Vous tous que la dévotion
Remplit d'une foi vive,
Écoutez la narration
De ma lyre plaintive.
Je vais chanter le bon secours
De cette aimable reine
Pour qui l'invoque avec amour
Lorsqu'il est dans la peine.

3.
Le brick le Vanilia,
Avec bon équipage,
À faire voile se décida
Pour un très long voyage.
Le jour de l'Exaltation,
Quatorze de septembre,
À arboré le pavillon,
On a levé les ancres.

4.
Les voiles sont mises au vent,
Le temps est favorable,
Le maître de ce *bâtiment**
Dit à son équipage :
« Mes chers amis, aimons, prions,
« Cet astre de la mer
« Et notre navigation
« Nous sera salutaire.

5.
« Soumettons-nous au Dieu d'Amour
« Et à sa Providence

40

« En le priant tous chaque jour
« Avec persévérance.
« Que sa très sainte volonté
« En tout temps s'accomplisse,
« Ici-bas au ciel empyrée,
« Que sa main nous bénisse ».

6.

Ayant vogué trente-trois jours,
Le maître, sur la hune,
Dit : « Rendez grâce au Dieu d'Amour ;
« Que la joie soit commune ;
« La Guadeloupe est en vue.
« De joie mon cœur palpite ;
« Demain nous serons rendus
« Dessus la Pointe à Pitre ».

7.

Alors le bon monsieur Nesty
À gens recommandables
Ayant mis au meilleur profit
Les effets de la charge,
Huit jours en joie sont employés
À faire le *parage**
Et chacun croit en sûreté
Terminer ce voyage.

8.

Octobre le trentième jour,
L'équipage s'empressa
De repartir pour le retour.
Tous sont dans l'allégresse,
Déjà les voiles sont levées,
Les ancres sont en bosse,
On part, le signal est donné
Pour la Nouvelle-Écosse.

9.

Mais, trois jours après le départ,
Ce bon équipage,
Sans attendre non plus tard,
Est réduit aux alarmes :
Le maître devient moribond.
Grand Dieu venez en aide,
Conservez-nous notre second,
Donnez-nous le remède.

10.

Hélas pour comble de malheur
La maladie augmente :
On reconnaît avec douleur

La fièvre intermittente.
Le second *est attaqué,**
Aussi bien que deux autres.
Deux seulement sont préservés
Rendant office aux autres.

11.

Vendredi, le onze du mois,
Grand Dieu quelle tristesse !
Le maître est aux derniers abois
D'*empirante** faiblesse,
Les deux mains jointes vers le ciel
S'offrant en sacrifice,
Par Jésus, le prêtre éternel,
Afin qu'il s'accomplisse.

12.

En ce moment on les voit tous
Aux plus vives alarmes
Se prosterner sur leurs genoux
Les yeux noyés de larmes.
Ah ! descendez, anges de Dieu
Et présentez cette âme !
Ô Marie, faites que les cieux
Le délivrent des flammes.

13.

O cieux, laissez-vous attendrir !
O douleur sans égale !
Aidez-nous tous à accomplir
La sépulture tropicale.
Venez mondain qui recherchez
La gloire de ce monde :
Oui, comme lui vous passerez.
Le voilà sous les ondes...

14.

On reconnaît les oeuvres,
En ce jour, du Tout-Puissant,
Lorsqu'il ne laisse qu'un enfant
Pour faire les manœuvres.
Le cuisinier *est attaqué**
De la fièvre maligne :
Il n'y a plus qu'à espérer
En la grâce divine.

15.

Neuf jours après ce grand malheur
Ô jour épouvantable !
Voilà le second qui meurt.

42

O ciel, jour lamentable.
Il nous faut donc renouveler
La triste sépulture!
Et chacun croit voir arriver,
Hélas, sa dernière heure.

16.

Hélas! nous sommes tous devant vous
Seigneur chargés de crimes.
Grand Dieu nous adorons vos coups
Nous offrant en victimes
Couverts du sang de Jésus-Christ.
Où tombera la foudre
Et pouvez-vous à un tel prix
Frapper et mettre en poudre?

17.

Reine des cieux, nous réclamons
Sur votre clémence.
De bon cœur nous nous soumettons
À faire pénitence.
Digne dame de bon secours
Voyez notre misère,
Regardez-nous avec amour
Et soyez notre mère.

18.

À vos genoux nous promettons
Le très saint sacrifice.
Par votre invocation,
Rendez-nous Dieu propice.
Tous nous y assisterons
Nous rendant à l'église
Présentant notre oblation
Avec une foi vive.

19.

À l'honneur de la passion
De votre fils aimable,
Recevez donc en union,
O mère incomparable,
Notre profond *abaissement**,
Nus-pieds et en chemise,
La corde au cou en gémissant,
C'est là notre devise.

20.

Aussitôt un souffle divin
Se répand sur leurs âmes,
Les embrasant d'un feu divin.
Déjà cessent leurs larmes;

La foi succède à la terreur,
On ne craint plus l'orage
Et le cœur rempli de ferveur
S'offre à Marie pour gage.

21.

Le ministre de Jésus-Christ
Offrait le sacrifice,
Priant et la mère et son fils
De leur être propice.
Cette dame de bon secours
D'abord leur fait connaître
Que son fils s'offre en ce jour
Pour eux victime et prêtre.

22.

Alors ces pauvres affligés,
Au sein de sa misère,
Se voyant ainsi protégés
Par leur très digne mère,
Se joignent en adoration
Avec le bon prêtre,
Bien sûr, en cette occasion,
De leur patronne en tête.

23.

Enfin, le dixième jour
Du long mois de décembre,
Ils arrivent avant le jour,
Au sein d'une nuit sombre.
O bon Jésus soyez béni !
Et vous Vierge Marie,
Nous promettons de vous servir
Le reste de notre vie.

24.

O rendez-vous à nos soupirs,
De nos cœurs fondez la glace,
Accordez-nous d'accomplir
Notre vœu, tous en grâce.
Mère bénédiction
Que par votre entremise
Qu'en peu de temps nous obtenions
Tous nous rendre à l'église.

25.

Enfin le six février
Tout le monde s'assemble.
Le bon curé l'ordre a donné ;
On décore le saint temple
Le *Te Deum* est entonné ;

Les cloches font comprendre
Qu'un cœur chrétien doit se donner
À Marie sans attendre.

26.

Le bon pasteur officiait
Au fort de l'allégresse
Célèbre solennellement
En ce jour la grand'messe.
Qu'il fait beau voir ces protégés
Unir à Dieu leurs âmes!
Le peuple ainsi édifié
Se fondait tout en larmes.

27.

Le bon père, avec amour,
De Marie fait la louange.
Unissons-nous en ce jour
À la reine des anges.
En gloire on la porte, on la prie,
Chantant ses litanies,
Leur vœu ainsi est accompli
En grande cérémonie.

28.

Vierge sainte, divin canal
Par où coulent les grâces,
Soyez toujours notre fanal;
Montrez-nous votre face.
Que toujours sur terre et sur mer
Votre main nous protège;
Nous ne craindrons plus l'enfer
Ni de la chair le piège[4].

c) La complainte de Firmin Gallant

La version type est toujours la version idéale, en ce sens qu'elle contient tous les éléments théâtraux.

---

4. Coll. Anselme CHIASSON, cap. doc. son. A 546 et A 27, inf. Marie AUCOIN, chéticamp, N-Écosse, 23-8-59, C.E.A., Univ. Moncton.
Coll. Catherine JOLICOEUR, doc. son. 325, Inf. Madame Stanislas POTHIER, sexagénaire, Pubnico-Ouest, N-Écosse, 1960, A.F.U.L.
Coll. Joseph-Thomas LEBLANC, doc. ms. 445, Inf. Augustin HACHÉ, Moncton, N-Brunswick, A.F.U.L.
Catherine JOLICOEUR, La complainte du *Vanilia*, Le *Petit Courrier*, West Pubnico, N-Écosse, 7 déc. 1961, p. 8 et 10.
Anonyme, La complainte du *Vanilia*, l'*Évangéline*, Moncton, N-Brunswick, 15 août 1955, pp. 10, 12 et 16.

Mais en passant de bouche à oreille, ces textes oraux perdent certains éléments ou en acquièrent de nouveaux; la mémoire fait un choix. Dans le texte que je présente maintenant, plusieurs éléments ont été transposés; une partie du premier tableau de la version type se retrouve à la fin du texte, à la place de la fermeture, alors que cette dernière n'apparaît pas. Ce sont des caractéristiques d'une littérature qui n'a pas encore été fixée par l'écriture.

La complainte de Firmin Gallant (23 juin 1862)

1.

C'est dans notre petite île
Nommée du nom de Saint-Jean,
De Rustico quelques milles,
J'entrevois un cher enfant.
Dans une petite barque,
Du rivage bien éloigné,
Qui par beaucoup de recherches
Ses filets s'en va chercher.

2.

Après beaucoup de recherches
Ses filets il a trouvés,
Et tout hardiment il marche
D'un pas ferme et rassuré.
Et bientôt là il s'embarque
Sur le bord de son vaisseau
Et bientôt sa main si forte,
Le filet monta bien haut.

3.

Survint une vague haute,
Le bateau a chaviré.
À moins d'un mille de la côte
Ce cher enfant s'est noyé.
Étant au fond des abîmes
Ce cher enfant a crié:
«Dieu qui mesurez l'abîme,
«Oh! daignez (me) délivrer».

4.

Oh! l'entendez-vous cher père
Ce cher enfant qui vous prie?
Oh! nous le croyons donc guère
Qu'il perdrait si tôt la vie.

« Et vous, ô ma tendre mère
« Qui habitez dans les cieux,
« Par vos puissantes prières
« Arrachez-moi de ce lieu.

5.

« Ô Vierge, ô Sainte ma Mère,
« Oh ! daignez me secourir.
« D'une aussi triste manière,
« Ô mon Dieu, faut donc mourir !
« Mon ange titulaire
« Vous qui guidez tous mes pas,
« Offrez à Dieu mes prières
« Afin qu'il me perde pas.

6.

« Mon corps est la nourriture
« De tous les monstres des eaux,
« Comme il serait la pâture
« Des vers au fond d'un tombeau.
« Mais hélas ! qu'importe-t-il,
« Puisque l'âme est assurée,
« Si des cieux je trouve la porte
« Ouverte pour y entrer.

7.

« En ce moment j'abandonne
« Tous ceux que j'ai tant aimés.
« Aux monstres marins je donne
« Ce corps que j'ai tant flatté*.
« Que je laisse dans mes ondes
« Mes os, mon sang et ma chair.
« Et je vois bien que le monde
« Est un séjour de malheur.

8.

« Je vous dis adieu cher père,
« Adieu parents et amis,
« Adieu mes frères et mes soeurs.
« Que vous serez fort surpris
« D'apprendre que dans ma force
« Je me suis fait emporter
« Comme une légère écorce
« Que le vent souffle à son gré ».

9.

Son corps pour* quatre semaines
Est resté au fond des eaux.
Ses parents avec grande peine
Le cherchaient dans son tombeau.
Jour de juin, le vingt-troisième,

Mil huit cent soixante et deux,
Ce corps si pâle et si blême
Flottait sur ces eaux si bleues.

10.

Il a les mains et la face
Cruellement massacrées.
Les poissons, cruelle race,
Les avaient toutes rongées.
C'est en grande cérémonie
Qu'on a fait l'enterrement,
Tandis que chacun le prie
Le Seigneur Dieu Tout-Puissant.

11.

Si vous désirez d'entendre
Le nom de ce cher enfant,
Je vais vous le faire comprendre,
Son nom est Firmin Gallant.
Dix-huit années est son âge,
Bien vigoureux et bien fort,
Plein de vie et de courage,
Se croyant loin de la mort[5].

d) Le désastre de Baie-Sainte-Anne (20 juin 1959)

Le *désastre de Baie-Sainte-Anne* donna lieu à plusieurs complaintes en Acadie; j'en rapporte ici, deux versions. Le 20 juin 1959, trente-cinq pêcheurs se noyèrent lors d'une tempête. On dit que les bulletins météorologiques annonçaient un ouragan, mais que les pêcheurs n'y portèrent point attention. On sait que les pêcheurs ont leurs propres «*signes**» qui les renseignent sur le temps qu'il fera.

Dans la première version, la «fermeture» est parlée. Le chanteur dit à son auditoire que «cette complainte a été composée par Joseph Daigle, soixante-trois ans, de Baie-Sainte-Anne, qui ne savait ni lire, ni écrire». L'auteur est illettré et les paroles du texte sont inscrites dans sa mémoire sans le secours de l'écriture.

---

5. Coll. Georges ARSENAULT, enr. son. 23, Inf. Madame Félicien ARSENAULT née Alma LE CLAIRE, 71 ans en 1971, Saint-Hubert, Île-du-Prince-Édouard, C.E.A., U. Moncton.
   Coll. Jean-Claude DUPONT, doc. son 497-(23), doc. ms 9029-(6).

Le désastre de Baie-Sainte-Anne (20 juin 1959)

La chanson que je m'*en va's* vous chanter,
C'est sur le malheur qui est arrivé.
C'était un vendredi soir,
Les pêcheurs ont été *driver**,
La tempête s'est élevée
Il y en a la moitié qui sont noyés.

Il y en a d'eux qui ont été ramassés,
Lorsque le bateau a chaviré.
Et remercions les pêcheurs,
Qui ont fait la charité
De les avoir ramassés
Avant qu'ils aient pu *caler**.

Le samedi fut arrivé,
Vous voyez leur bateau arriver,
Ils arrivent à la *côte** tous brisés et *calés*
Là on en a trouvé à bord de ces pauvres noyés.
Le dimanche c'est une vraie belle journée,
Vous voyez tout le monde s'y promener.

Ils se promènent le long de la *côte**,
C'est pour chercher des noyés.
Là, ils en ont trouvé alors plusieurs de la Baie,
Grand Dieu que ça fait pitié.
Il faut prier le bon Dieu comme vous voyez
Il faut demander au bon Dieu qu'ils soient tous sauvés.

Pour les enterrer avec leur parenté
Vous avez souvent entendu parler
Dans l'Allemagne où il y avait tant de prisonniers,
Vous en entendiez parler c'était rien qu'une pensée,
Car vous saviez dans l'Allemagne,
Vous n'aviez pas de parenté.

Vous avez aussi entendu parler
Du malheur qu'est arrivé à Nova Scotié[6]
Quand la mine *a blowé**,
Tant de monde qui se sont fait enterrer,
Ça vous faisait pas grand'chose
Car c'étaient des étrangers.

Ce qui fait plus pitié vous savez,
C'est les pauvres petits orphelins que vous voyez
Ils ont plus rien que leur mère pour les élever
Ils ont perdu leur père car ils se sont noyés.

La chanson vous pouvez l'oublier,
Et aussi celui qui l'a chantée,

---

6.   Désastre de Spring Hill, Nouvelle-Écosse.

Je vous demande alors de jamais oublier,
Vos pauvres noyés que le bon Dieu a emmenés [7].

Dans la seconde version, le chanteur termine aussi son récit par une « fermeture » parlée. « C'est, dit-il, un Acadien de Chatham, Nouveau-Brunswick, qui a composé cette complainte en anglais. Moi, je l'ai transposée en français. » Les éléments théâtraux sont évidents, bien que la complainte soit réduite à sa plus simple expression.

Le désastre de Baie Sainte-Anne

Il s'agit ici d'une histoire triste,
Qui demeurera toujours parmi les souvenirs
Des gens de Baie-Sainte-Anne.
Le vingt juin 1959, alors que les pêcheurs
Étaient en mer à pêcher le saumon,
Une tempête épouvantable s'éleva soudainement.

Le plus tragique fut qu'il n'eut aucun signe
Leur annonçant la moindre possibilité d'une chose pareille.
Par cette tempête la vie
De trente-cinq pêcheurs fut enlevée
Ces pauvres pêcheurs laissèrent derrière eux
Leurs épouses, leurs enfants, et tous leurs amis.

Certains d'entre eux furent sauvés,
Ils ont vu la misère que leurs amis défunts ont éprouvée.
Ils ont survécu pour nous rappeler
L'histoire de cet événement triste.
Ce désastre a apporté bien des peines,
Des souffrances et bien des larmes.

Le lendemain, c'est-à-dire, le vingt et un juin,
Tous les amis et les épouses des noyés
Attendaient sur le rivage,
Tandis que certains
Fouillaient pour trouver les cadavres.
La plupart des cadavres furent repêchés,
À l'exception de deux ou trois [8].

e) *Trente ans en mer sans religion*

Lorsque le mort en mer n'est pas un héros, mais une personne de mauvaise vie ou une personne qui ne

7. Coll. Jean-Claude DUPONT, doc. ms. 2696-(95,148).
8. *Ibid.*, doc. ms. 2734-(328).

pratique pas la religion catholique, il arrive que les rôles soient renversés; c'est le noyé qui éprouve les sentiments normalement ressentis par la famille du noyé, ou bien nous assistons à une conversion à Dieu au moment de la noyade. Dans le cas de ces noyés de mauvaise vie, le personnage en cause garde parfois la parole tout au long de la complainte. Le texte de poésie populaire qui suit est probablement originaire de la tradition française; les Acadiens l'ont cependant adapté.

Trente ans en mer sans religion.

1.

Il y a bien trente ans que je suis sur ces eaux,
J'ai jamais reçu aucun sacrement (bis)
Si j'avais pas jeté à l'eau
Tous mes scapulaires,
Je serais comme ces chrétiens
Qui mourront sur la terre.

2.

C'est pas ma mort que je regrette,
Il en a bien d'autres qui me regretteront (bis)
Ah! c'est ma femme et mes enfants,
J'en ai bien l'espérance,
Les plus grands diront aux plus petits:
« Nous n'avons plus de père ».

3.

Quand vous arriverez au bout du quai,
Prenez bien garde de vous noyer (bis)
Vous prendrez ce *bâtiment**,
Vous l'enverrez *en drive**,
Vous irez dire à ma femme
Qu'elle n'a plus de mari.

4.

Quand vous viendrez à m'enterrer
Pavillon rouge vous mettrez (bis)
Vous chanterez à haute voix
La mort d'un capitaine
Qui est mort dessous ces eaux,
Dessous ces eaux mortelles[9].

---

9. Coll. Anselme CHIASSON, cap. enr. son. 399, Inf. Allan KELLY, Beaverbrook, N-Brunswick, 1959, C.E.A., Univ. Moncton, N-B.

f) *La complainte de Pierre à Eusèbe* (probablement du début du siècle).

LA GESTE DES MORTS EN MER peut aussi prendre une autre forme lorsqu'elle est incorporée à un deuxième thème sous-jacent. Ce dernier gagne parfois en importance au point de l'emporter sur le premier: c'est le cas des complaintes des noyés à l'étranger, des noyés dont on doute de l'état d'âme au moment de la mort, des noyés de sexe opposé, des noyés appartenant au clergé, etc. Dans ces circonstances, le schéma théâtral conserve ordinairement la forme présentée mais le texte poétique contient des apartés qui se succèdent au gré des sous-thèmes qui s'ajoutent. La description que l'on fait alors des situations suit de près la mentalité populaire des époques en cause. Si la noyade eut lieu aux États-Unis, on présentera ce lieu comme une terre d'exil, et on s'interrogera sur l'état d'âme du héros au moment de la mort.

La complainte de Pierre à Eusèbe

1.

Approchez-vous si vous voulez entendre
Une complainte qui vous fera comprendre,
Que l'homme n'est pas pour toujours ici-bas,
Mais qu'un seul pas peut le conduire au trépas.

2.

Un jeune garçon d'une honnête famille,
Croyant gagner quelque bien si fragile,
S'en est allé aux États-Unis,
Croyant toujours revenir au pays.

3.

De ses années le nombre était fini,
Quoique bien jeune il doit perdre la vie,
Car le Seigneur avait marqué sa fin,
Il s'est noyé c'était ça son destin.

4.

Par un beau jour qu'il était à la pêche,
Le temps n'avait aucun signe de tempête,
Après avoir fini sa journée,
En s'en revenant sa *chaloupe** a sombré.

5.

Ah! si des mots l'homme pouvait décrire,
Du pauvre enfant la frayeur le délire,

En se voyant lancé dans un instant,
En face de son juge Tout-Puissant.

6.

Une de ses sœurs l'a appris la première,
Par les journaux cette triste nouvelle,
Tout aussitôt elle va s'informer,
Si la nouvelle est la réalité.

7.

Elle a appris la vérité réelle,
Elle a écrit une lettre à son père,
Lui demandant de ne pas trop s'attrister,
Que son très cher frère Pierre était noyé.

8.

En entendant la lecture de cette lettre,
Ce pauvre père faillit perdre la tête,
Mon Dieu, dit-il, que c'est affligeant,
Mon pauvre enfant est mort sans sacrement.

9.

Quand ils apprirent la nouvelle à sa mère
Elle adressa au ciel cette prière,
Très Sainte Vierge ne l'abandonnez pas,
Priez Jésus de lui tendre les bras.

10.

Il s'est noyé dans le temps du carême,
Où Jésus-Christ a souffert tant de peines,
Ce doux sauveur a versé tant de sang,
Pour le salut de ces chers enfants.

11.

Très Sainte Vierge, la mère protectrice,
De notre enfant soyez médiatrice,
Notre cher fils daignez intercéder,
De ses péchés que Dieu daigne lui pardonner.

12.

Oh! chers parents je prends part à vos peines,
Et à vos larmes et à vos justes craintes,
Mais il ne faut qu'une seule bonne pensée,
Pour mériter l'heureuse éternité.

13.

Je le comprends votre peine est cruelle,
Que son corps n'est pas dans le cimetière,
Qu'il a resté dans un pays étranger,
Sur son tombeau pas pouvoir prier.

14.

Mais si dans les cieux son âme repose,
Ce pauvre corps c'est si peu de chose,

C'est une poussière c'est une vaine fumée,
Qui à chaque instant est prête à s'envoler.

15.

Ils ont trouvé dans le fond de sa malle,
De la Sainte Vierge ils ont trouvé une image,
De saint Joseph patron de la bonne mort,
Sans doute il aura pris soin de son sort.

16.

Celle qui a fait cette complainte,

...

À tous de dire un *pater* et un *ave,*
Ce serait peut-être assez pour le sauver [10].

Des centaines d'incidents ont fait l'objet de compositions populaires comme celles que nous venons de présenter: l'enfant égaré, le pendu, les victimes du feu, les chicanes, les disettes, la Déportation, la grippe espagnole, la *grande picote**, etc.

_____

10.   Coll. Jean-Claude DUPONT, doc. ms. 6294-(15).

II LES ÉTRANGERS

Certains récits décrits dans cette rubrique nous présentent des versions empruntées au folklore international, tandis que d'autres sont propres à l'Acadie, et ont alors pour origine des incidents historiques. Nous retrouvons aussi des mentions de faits imaginaires qui se sont fixés dans la tradition orale.

a) Les Anglais

Chez bien des Acadiens, l'Anglais fut longtemps un personnage qui inspirait la peur. Tant dans le nord que dans le sud du Nouveau-Brunswick, des témoignages le rapportent:

> On avait une *peur blanche** des Anglais. Le dimanche *avant-midi**, lorsqu'on allait à la messe, souvent les femmes devaient rester pour *soigner** les bébés. Alors on *barrait** les portes, on baissait les rideaux, et même parfois on mettait les enfants au grenier, tellement on avait peur des Anglais. Eux savaient que pendant la matinée du dimanche les femmes restaient seules à la maison; alors parfois ils se croyaient maîtres et ils pensaient qu'ils pouvaient tout prendre. (Faits situés vers 1886 par l'informatrice)[11].

L'histoire des Acadiens explique cet état d'esprit. Il suffit de se rappeler le *Grand Dérangement** de 1755 et les longues luttes entre Anglais et Français pour la possession des terres, pour obtenir le droit de vote, pour pouvoir se présenter comme député, pour être libre de pratiquer la religion catholique, pour avoir le droit de parler la langue française, etc.

---

11. Coll. Jean-Claude DUPONT, doc. ms. 8586-H 6 (27); 1137-H 6 (357).

Quelles luttes, par exemple, pour faire élire au Parlement à Ottawa, le premier représentant français du *comté** de Kent, M. Auguste Renaud, ... Il fut élu, en l'année de la Confédération, 1867, par une majorité de 119 voix seulement. Pourtant la majorité de l'élément acadien à ce temps-là, devait être considérablement supérieure à l'autre élément. Il fut nécessaire d'avoir des batailles à poings fermés aux urnes pour même laisser entrer le voteur français aux endroits prescrits. Les Cormier de Saint-Grégoire et de Saint-Antoine, entre autres, Romain et Hippolyte et leurs frères, pratiquaient la boxe dans leurs granges en préparation de ces événements. Nous pouvons en dire autant des Colette de Bouctouche et autres villages du *comté** qui, eux aussi, prenaient part à ces engagements pour faire enregistrer leurs votes et ceux de leurs concitoyens[12].

Que de processions de la Fête-Dieu interrompues par des Anglais à Shediac, à Grande-Digue et ailleurs, alors qu'il fallait mettre à terre l'ostensoir, le dais et les oriflammes, afin de se frayer un passage à coups de poing[13].

Nous connaissons les faits tels que décrits dans l'histoire officielle de l'Acadie, mais il est souvent intéressant d'entendre les artisans de la littérature orale nous les relater :

Quand j'étais jeune, je me rappelle encore, il y avait eu des élections à Richibouctou, Dans la journée, les Anglais étaient venus au village, puis là, il y avait eu une grosse chicane, une vraie bataille avec des fusils puis des pistolets; ils prenaient des *bois** aussi. En ce temps-là, les Anglais *maganaient** les Français; *à cette heure**, c'est *pas* pareil. Je me rappelle, ils tiraient du fusil. Les Français les avaient fait traverser la rivière à la nage[14].

Même la toponymie témoigne de ces faits de l'ethno-histoire acadienne. D'après la littérature orale,

12. Évariste-L LÉGER, *Histoire de la paroisse de Saint-Antoine,* p. 5a et 6a.
13. Pascal POIRIER, *Shediac, précis historique,* CEA, Univ. Moncton, man, p. 10.
14. Coll. Jean-Claude DUPONT, doc. ms. 8588-H 6 (71).

un toponyme comme la *Rivière-aux-Caches*, rappelle des *caches** dans lesquelles les Français se dissimulaient lorsqu'ils étaient poursuivis par les Anglais[15].

D'autre part, des anecdotes comme celle-ci sont courantes:

> Une bonne vieille était allée visiter un cimetière. Devant l'inscription: «Au soldat inconnu», lue sur une pierre, elle s'écria: «Ah! si j'*savions* que *c'étiont* un Anglais, j'le tuerions!»[16]

Parfois le désir de revanche prit des formes inattendues, comme cette coutume qu'avaient les Acadiens de donner les noms de leurs voisins anglais à leurs animaux:

> ...*Jim, Blackie, Jess, etc., so they could hurl invectives at them, even use the whip when necessary; while bringing down the wrath of heven on such names*[17].

Selon le même auteur, une famille du nom de Cyr portait le surnom de «Croque» parce qu'elle détestait tellement les Anglais que leurs amis avaient pris l'habitude de leur dire, en parlant des Anglais: «Croque-les!»[18]

Le *Bonhomme-Sept-Heures** ou le croque-mitaine québécois, qui vient chercher les enfants qui ne dorment pas le soir, se transforme souvent en personnage anglais chez les Acadiens[19]. À Baker Brook, le célèbre monsieur Baker, qui laissa son nom au village, est encore présent à l'esprit des vieux Acadiens qui parlent de lui comme ayant été un curieux personnage qui allait à la rencontre des enfants d'école, costumé en Garde de la Vieille Angleterre et qui, du haut de son

---

15. *Ibid.,* doc. ms. 687-H 4 (148).
16. *Ibid.,* doc. ms. 8587-H 6 (185).
17. «... ils pouvaient ainsi les invectiver et les fouetter au besoin; appelant même la colère du ciel sur ces têtes».
    Julie-D. ALBERT, *Centenial Madawaska,* p. 52.
18. *Loc. cit.*
19. Coll. Jean-Claude DUPONT, doc. ms. 2043-A 92 (30); 2051-A 92 (227); 2323-A 92 (316).

cheval, les faisait parader à la queue leu leu, leur criant en anglais des ordres à faire frémir. Il n'est donc pas surprenant que le croque-mitaine de 1969, chez les Acadiens du Madawaska, soit le «*Bonhomme Baker**». Aux Îles-de-la-Madeleine, ce sont des pêcheurs terre-neuviens qui sont les croque-mitaines des petits Français, tandis qu'en Nouvelle-Écosse, c'est tel ou tel navire anglais qui remplace le *Bonhomme-Sept-Heures**. Dans la vallée de la Matapédia, on fait peur aux enfants désobéissants en les menaçant de les donner à John Bond, un personnage anglais imaginaire, plein de malice. À Moncton, on dit aux enfants: «Couchez-vous, les Anglais, vont venir»[20], ou «Les *Horseman* vont venir». Dans le cas des *Horseman*, il s'agit d'une famille anglaise de Moncton qui terrorisait les Acadiens[21].

La légende du diable beau danseur met souvent en cause un beau danseur anglais, qui «enjôle» une jeune Acadienne. Après la soirée, le bel Anglais se métamorphose en diable et tente d'emmener la jeune fille aux enfers[22].

Les légendes traitant d'hommes forts font parfois état de jeux de force et de batailles entre deux adversaires, dont l'un est Acadien et l'autre Anglais; et c'est alors l'Acadien qui triomphe. On raconte qu'à Moncton un bateau remontant la rivière Petitcodiac avait pour capitaine un Anglais d'une force phénoménale. Ce dernier était admiré dans tous les ports du monde: il pouvait, entre autres faits, charger l'ancre de son navire sur son dos et se promener ainsi sur le pont du navire. Un jour, l'Acadien Louis Cyr, homme fort connu, vint à Moncton lui lancer un défi. À cette occasion le capitaine anglais mit l'ancre sur son épaule et fit ainsi deux fois le tour du pont de son bateau. Pour le surpasser, l'Acadien Cyr s'approcha et demanda au capitaine anglais, qui pesait trois cents *livres* (135 kgs), de s'asseoir sur l'ancre. Alors, Cyr souleva l'ancre et le capi-

20. Coll. Jean-Claude DUPONT, doc. ms. 9027-A 92 (45).
21. Émery LEBLANC, *Les entretiens du village*, p. 87.
22. Coll. Jean-Claude DUPONT, doc. ms. 2597-A 32 (4).

12

Le diable, sous la forme d'un danseur anglais, venait parfois divertir les plus belles filles du village. Ses griffes ou ses cornes, entre autres, permettaient parfois qu'on le reconnaisse avant même qu'il n'amène la danseuse en enfer.

taine et il fit le tour du pont du bateau. On raconte que des spectateurs acadiens, cachés dans la foule pour ne pas être vus, oublièrent leur timidité et se mirent à applaudir fortement [23].

Beaucoup de légendes sont nées de faits véridiques et décrivent l'Anglais comme un personnage horrifique. Le père Bourque rapporte la légende de la femme de Jean Bourg du Pré-des-Bourg, à Sackville au

---

23.   Julie-D. ALBERT, *op. cit.,* p. 99.

Nouveau-Brunswick, attaquée par un Anglais et délivrée par le chef Micmac Marcou[24].

Le clergé irlandais catholique et unilingue anglais servait à angliciser les Acadiens dans plusieurs villages. Dans leurs tentatives d'être compris des Acadiens en disant quelques mots de français, les pasteurs ont laissé des contrepèteries de tous genres. Les Acadiens, de génération en génération, attribuent souvent à Mgr Conway, ou à d'autres Irlandais connus, des sermons et des discours qui font encore la joie des soirées. Par exemple, «un monseigneur annonce en chaire qu'il fait une soirée de *putins râpées** dans son sous-sol»[25], (*entendre poutines râpées**)[26]. Un bon curé fit l'annonce suivante: «Lundi, je ferai la visite paroissiale. Je *blesserai** les maisons, les femmes et les enfants, qui seront sur mon passage»[27].

Les complaintes qui chantent les plus grands chagrins se sont fait le véhicule des souvenirs du *Grand Dérangement**. Dans ces longues tirades qui décrivent les malheurs qu'ont subis les Acadiens lors de la Déportation, les reproches que l'on fait aux Anglais ne sont pas voilés:

Le départ de Malpèque
1.
Qui est la cause que nous sommes ici?
C'est les mauvais gens de notre pays.
Toute une bande contre les Acadiens,
Et tous ensemble,
Ils vivent de nos biens.

2.
À peine cueillons-nous un grain de blé;
Il faut aussitôt aller leur porter,
Ces gens barbares,
Sans aucune charité,
N'ont point d'égard,
À notre pauvreté.

---

24. A.T. BOURQUE, *Chez les anciens Acadiens*, p. 96.
25. Coll. Jean-Claude DUPONT, doc. ms. 695-H 19 (306).
26. Ce mets sera donné plus loin, à l'occasion de la fête de Noël.
    Coll. Jean-Claude DUPONT, doc. ms. 8592-T 42 (195).
27. *Ibid.*, doc. ms. 8813-C-T. 1345* (227).

3.

De quelque condition que nous soyons,
Faut leur donner à chacun un mouton,
Quelle misère!
Dieu nous a-t-il bien mis,
De sur la terre,
Pour qu'ils nous fassent mourir.

4.

Nous voyant ainsi maltraités,
Nous fûmes *résous** de nous en aller.
De poste en poste,
Ne sachant où aller,
C'est à la Roche,
Qu'on *a* venu demeurer.

5.

La première année qu'on fut ici,
Nous fûmes tous ruinés par les souris,
Dieu par sa grâce,
A fait l'année suivante,
Une abondance,
De grain et de froment.

6.

N'ayant pu semer qu'un *boisseau* de blé,
Vingt-trois *boisseaux* nous avons récoltés,
La Providence,
Nous a favorisés,
D'une abondance,
Plus qu'on peut espérer.

7.

Nous sommes *assez** contents d'être ici,
Sans regretter même notre pays,
Mais notre père,
Qui nous a élevés,
Ça nous fait de la peine,
De le voir exposé.

8.

À la fureur de ces lions,
Qui ont dessein d'agir en trahison,
D'un jour à l'autre,
On craint d'être avertis,
Qu'un grand malheur,
Soit arrivé à lui!

9.

Ces chers enfants ayant appris cela,
Sans considérer aucun embarras,
Leur très cher père,

61

Ils ont été retirer,
De la fureur,
De ces loups enragés[28].

À l'origine (vers 1815) «*Le Départ de Malpèque*» relatait les chagrins des Acadiens de l'Île-du-Prince-Édouard qui allèrent s'installer à Baie Egmont (La Roche) pour échapper aux droits seigneuriaux imposés sur les *terres* de Malpèque. De nos jours cette *plainte** s'est transposée en celle du *Grand Dérangement** de 1755.

Dans le cas de nombreux villages, comme Tracadie, les colonisateurs anglais étaient aussi nombreux que les Acadiens, mais souvent la langue française et la religion catholique l'ont emporté assez tôt, grâce à des mariages mixtes. Un proverbe est très connu chez les Acadiens: «Si tu vas avec les loups, fais comme les loups, ou bien les loups vont te dévorer»[29].

Une anecdote relevée fortuitement montre que dans les villages habités par des Anglais et des Acadiens, on pouvait aussi compter sur ses voisins en cas de besoin. Un homme sortait du *bois** avec sa jument fringante quand il aperçut soudain des flammes s'élevant à un *mille* (1.6 km) de lui. Il se dit: «Ma maison brûle». Il continua sa route lentement comme d'habitude, fumant sa pipe et *turluttant* des airs. À son approche, des voisins lui dirent: «Au galot, la petite jument, ta maison brûle». Le vieux s'arrêta et dit: «Si je ne peux pas compter sur tous mes voisins, je ne suis pas digne de *rester** parmi eux»[30].

Ces rencontres, par le mariage ou le voisinage, ont provoqué le passage de certains traits du folklore anglais dans les traditions acadiennes. Très tôt, comme le faisaient les Anglais, les Acadiens se mirent à chan-

---

28. Coll. abbé P. ARSENAULT, doc. ms. 92, Inf. Madame Sylvain ARSENAULT, Mont-Carmel, Île-du-Prince-Édouard, 1927, A.F.U.L.
29. Coll. Jean-Claude DUPONT, doc. ms. 8589-H 6 (214).
30. Coll. Jean-Claude DUPONT et Gisèle BRAULT, doc. ms. 5-T 61, Inf. Wilfrid CÔTREAU, 75 ans, Lagaceville, N.-B., 1973, A.F.U.L.

ter des psaumes en veillant les morts[31]. Ils empruntèrent des coutumes, comme celle de tirer au fusil le matin de Noël, le matin du Jour de l'An, ou lors d'une naissance. Ils prirent aussi la coutume de lancer des tisons sur la toiture, le matin du Jour de l'An, pour se protéger de la foudre pendant l'année. Chez les Acadiens de Terre-Neuve, on se mit à fêter des événements anglais comme le jour de Guy Fawkes[32], et à abandonner des coutumes françaises comme les Mardi gras et la mi-carême pour adopter les *Mummers** anglaises[33].

13

Jeunes Acadiens de Terre-Neuve fêtant les *Mummers**
en décembre 1964. *(Photo des A.F.U.L., topo. Jean-Claude Dupont — 1)*

---

31. Coll. Jean-Claude DUPONT, doc. ms. 3649-T 366 (193); 3653-T 366 (299); 3656-T 366 (166).
32. Jean-Claude DUPONT, *Contribution à l'ethnographie des côtes de Terre-Neuve*, p. 33.
33. *Ibid.*, p. 31 à 33.

Ce sont surtout les comptines et les jeux d'enfants qui se sont anglicisés. Ainsi, la comptine de tradition française relatant que, le jour des noces, la mariée doive porter «quelque chose de vieux, quelque chose de neuf, quelque chose d'emprunté et quelque chose de couleur bleue» (afin de s'assurer du bonheur), se retrouve sous la forme suivante:

> Something old,
> Something new,
> Something borrowed,
> Something blue[34].

Dans ces mêmes régions du sud du Nouveau-Brunswick, d'autres superstitions en rapport avec la toilette de la mariée sont également récitées en anglais:

> Married in white, you have chosen right.
> Married in blue, you will always be true.
> Married in green, you're afraid to be seen.
> Married in grey, you'll live far away.
> Married in red, you'll wish you were dead.
> Married in black, you'll wish yourself back[35].

On retrouve la formule suivante tant au Nouveau-Brunswick que chez les Acadiens de l'Île-du-Prince-Édouard:

> Blue dress — she will be true.
> White dress — she has chosen right.
> Grey dress — she will live far away.
> Black dress — she will wish her back.
> Red dress — she will wish herself dead.
> Brown dress — she will whish live in a town.

---

34. Coll. Jean-Claude DUPONT, doc. ms. 3110-T 357 et S (227).
35. « Mariée en blanc, vous avez bien choisi.
    Mariée en bleu, vous serez toujours sincère.
    Mariée en vert, vous avez peur d'être vue.
    Mariée en gris, vous vivrez au loin.
    Mariée en rouge, vous voudrez être morte.
    Mariée en noir, vous voudrez retourner».
    Coll. Jean-Claude DUPONT, doc. ms. 8585-T 3582 (227 et 358).

Green dress — she will never be seen.
Yellow dress — she will be ashame of her fellow [36].

Quand le ciel est étoilé un soir de pleine lune, si une jeune fille veut connaître son futur époux, elle compte les étoiles et dit ensuite:

Belle lune, belle lune,
Fais-moi voir dans mon sommeil,
Celui que je veux voir à mon réveil [37].

Mais on retrouve souvent la formulette anglaise:

Star light, star light,
First star I see tonight,
Wish I may, wish I might,
Have this with I wish tonight [38].

Une formulette française, destinée à faire connaître l'avenir à la vue d'un certain nombre de *corneilles*; est récitée en français à Baie-Sainte-Anne, dans le nord du Nouveau-Brunswick mais elle se retrouve aussi en anglais dans les villages du sud de la même province:

Une corneille — tristesse,
Deux corneilles — joie,
Trois corneilles — lettre,
Quatre corneilles — garçon,

---

36. « Robe bleue — elle aura raison.
     Robe blanche — Elle a bien choisi.
     Robe grise — elle vivra éloignée.
     Robe noire — elle voudra retourner.
     Robe rouge — elle aimerait mieux être morte.
     Robe brune — elle aimera vivre en ville.
     Robe verte — elle ne sera jamais vue.
     Robe jaune — elle aura honte de son conjoint».
     Coll. Jean-Claude DUPONT, doc. ms. 8584-T 3582 (7).
37. Coll. Jean-Claude DUPONT, doc. ms. 2530-S (227).
38. «Étoile lumineuse, étoile lumineuse,
     Première étoile que j'ai vue ce soir,
     Puis-je souhaiter,
     Avoir le désir que je fais ce soir».
     Coll. Jean-Claude DUPONT, doc. ms. 3193-S (193).

Cinq corneilles — argent,
Six corneilles — or[39].

One crow — sorrow,
Two crows — joy,
Three crows — letter,
Four crows — boy,
Five crows — money,
Six crows — gold[40].

La coutume de compter cent chevaux blancs en même temps que l'on récite une rimette et que l'on se mouille un pouce pour ensuite l'essuyer dans l'autre main, permet de réaliser un vœu. En Acadie, elle se récite souvent sous cette forme:

Cris cross,
White horse,
Luck or money before the day is over[41].

Une coutume beaucoup plus connue est celle d'effeuiller la marguerite tout en disant:

Marie, marie pas,
Soeur*,
Vieille fille.

ou encore: «Marie, marie pas», et se termine par ces mots:

Yes-no,
Yes-no, etc.[42].

---

39. Coll. Jean-Claude DUPONT, doc. ms. 2539-X (227).
40. «Une corneille — de la peine,
Deux corneilles — de la joie,
Trois corneilles — une lettre,
Quatre corneilles — un garçon,
Cinq corneilles — de l'argent,
Six corneilles — de l'or».
Coll. Jean-Claude DUPONT, doc. ms. 1123-A à 2, Ois. C 2 et S (255).
41. *Ibid.*, doc. ms. 3170-S (195).
«Doigts en croix,
Cheval blanc,
Chance ou argent avant la fin du jour».
42. «Oui-non,
Oui-non, etc. »
Coll. Jean-Claude DUPONT, doc. ms. 1135-T 852 (244).

66

Les gens de Memramcook récitent ce petit compliment folklorique qui n'a vraiment de signification que lorsqu'il est dit en anglais :

H.A.P.P.Y. will B.
W.H.E.N. I G.E.T.U.
I will built 4 U, U see,
And a nice little H.O.U.S.E.
B.O.Y. and a B my boy
And a G.I.R.L. 2
M.A.R.R.I.E.D. 2 U. [43].

Presque partout dans l'Île-du-Prince-Édouard et en Nouvelle-Écosse (sauf au Cap-Breton), les noms des figures de danse sont *callés** en anglais par l'un des danseurs :

All hands in...
Ladies change...
Right hand your partner...
Promenade...
Swing... [44]

b) Les Amérindiens

La légende de Malobiannah est très connue au Nouveau-Brunswick ; on la retrouve aussi bien dans la littérature orale que dans la littérature écrite. C'est l'histoire d'une belle Indienne qui, après avoir vu dévaster son village par une tribu ennemie, fut enlevée par cette dernière. En revanche, une fois embarquée dans le canot de ses ravisseurs, elle se mit à les charmer de sa voix et les entraîna dans les grandes chutes de la rivière Saint-Jean (Grand Sault) (selon le dictionnaire, nous devrions dire le fleuve Saint-Jean,) y perdant la vie avec ses ennemis :

---

43.   Coll. Jean-Claude DUPONT, doc. ms. 2572-T 852 (1 et 214).
44.   On foule au centre...
       La chaîne des dames...
       La main droite à votre compagnie...
       Promenade...
       Pivotez...

C'était avant les Blancs, Malobiannah était une très jeune et belle Indienne qui demeurait aux environs d'Andover au Nouveau-Brunswick (*Comté** de Victoria), et elle fut capturée par les mauvais Indiens du Nord-Ouest du Canada. Ces derniers voulaient attaquer et massacrer le camp de Malobiannah. Ils ne connaissaient pas la région et ont amené Malobiannah dans leurs canots et ont descendu la rivière Saint-Jean. Ils avaient entendu parler des Grandes Chutes (la cataracte de Grand Sault) mais ils croyaient qu'elle les avertirait à temps. Juste avant les chutes, il y a un *tournant** dans la rivière et on ne les voit pas. Malobiannah ne leur a pas dit et ils ont tous péri. L'invasion fut arrêtée et les gens de Malobiannah furent sauvés. Ce sont ses descendants qui demeurent présentement à la réserve indienne d'Andover, Nouveau-Brunswick[45].

Les textes relatant l'exploit de la princesse malécite se présentent aussi sous forme poétique. La version que je donne ici semble être une composition relativement récente et, selon l'informatrice Sœur Lina Emond de Saint-Basile, elle est attribuée à Sœur M.R. Larose r.h.s.j., de la région de Madawaska au Nouveau-Brunswick. Cette composition prend une forme théâtrale où prennent la parole tour à tour un narrateur, la princesse Malobiannah, Nécomah (son père), les ennemis iroquois, et finalement un chœur malécite:

Légende de Malobiannah

1.

La princesse malécite,
L'héroïne d'autrefois
Et dont l'ombre encore habite
Nos rives et nos *grands bois** (bis)
C'était une fleur gentille,
Que la forêt nous donna,
Une fière et douce fille
C'était Malobiannah (bis).

2.

L'Iroquois au dur visage
Apparut un jour ici,

---

45. Coll. Jean-Claude DUPONT, doc. ms. 2594-H 4 et A 59 (271).

Et pour assouvir sa rage,
Fit massacre sans merci (bis).
    CHOEUR D'IROQUOIS
« Vers tous les autres villages
« Ton canot nous guidera;
« Tu recevras nos hommages.
« Veux-tu Malobiannah? » (bis)

3.

    MALOBIANNAH
« Quand brillera l'eau qui saute,
« Tu seras ma décision;
« La lune alors sera haute
« Au-dessus de l'horizon (bis).
« Adieu, O ma tendre mère,
« Tu vas mourir, Nécomah! »
    NECOMAH
« Venge nous, ma fille chère,
« Adieu Malobiannah! » (bis)

4.

    MALIOBIANNAH
« J'ai perdu dans cette guerre
« Mon père, le chef sans peur,
« Mon fiancé et ma mère.
« Iroquois, je suis ta sœur » (bis).
    CHOEUR D'IROQUOIS
« Attachons nos canots frêles,
« La vague nous bercera;
« Ton aviron a des ailes.
« Voyons, Malobiannah! (bis)

5.

« Quel est ce bruit de tonnerre? »
    MALOBIANNAH
« C'est que l'Aroostook géant,
« Par sa cataracte altière
« Va sauter dans la Saint-Jean.
« Dormez dans quelques minutes
« Ma voix vous éveillera ».
    CHOEUR D'IROQUOIS
« Nous verrons les grandes chutes;
« Veille, Malobiannah! (bis)

6.

« Tu nous as trahis, vipère,
« Le gouffre est là devant nous ».
    MALOBIANNAH
« Sautez!... Cette eau meurtrière
« Venge tous les miens sur vous! (bis)

69

«Surtout, je sauve mes frères.
«Adieu beau Madawaska!» (bis)
      CHOEUR MALECITE
«Dans ton canot, belle et fière,
«Debout, Malobiannah! (bis)

         7.
«Le lendemain, sur la rive
«Des cadavres par milliers;
«Mais le flot garda captive
«La fille des vieux guerriers (bis).
«Et parfois son ombre effleure
«Les ondes où elle sombra.
«Oh! quand la tempête pleure,
«Reviens, Malobiannah!» (bis)[46]

Les Acadiens des provinces atlantiques connaissent de nombreuses légendes semblables; ils savent également des légendes indiennes, ou à thèmes indiens, provenant des Acadiens de la Louisiane. La légende des Dupré de la Louisiane rapporte qu'un jour Jacques Dupré, se promenant sur son beau cheval blanc, fit la rencontre d'un Indien qui lui dit: «Hier soir, j'ai rêvé que tu m'avais donné ton cheval; il est juste que tu me le remettes». Dupré, pour éviter toute dispute, aurait remis son cheval à l'Indien qui partit au loin. Quelques jours plus tard Dupré rencontra l'Indien et lui dit: «Chef, hier soir, j'ai rêvé moi aussi, et tu me donnais tes terres aussi grandes qu'un cheval peut parcourir au galop dans une journée». L'Indien accepta la «proposition» et ce fut le commencement de la fortune des Dupré, dit la légende[47].

Le folklore acadien a fait de l'Indien un personnage malfaisant[48] qui passe dans les villages en criant: «*Baskets, baskets, wanna buy a basket?*»[49], ou qui tire au fusil à la porte des gens pour signifier qu'il veut de la viande ou du pain[50].

---

46. Coll. Jean-Claude DUPONT, doc. ms. 8533-(124).
47. Émery LEBLANC, *op. cit.*, p. 54.
48. Coll. Jean-Claude DUPONT, doc. ms. 2957-B 435 (173).
49. *Ibid.*, doc. ms. 693-B 42 et V 80 (4).
50. *Ibid.*, doc. ms. 3183-B 435 (195); 3184-B 42 (195); 774 à 786-B 435 et B 43 (334, 234, 71, 227, 293, 195, 176, 91, 100, 99).

On avait aussi une grande peur des *sauvages**; et on achetait n'importe quoi qu'ils vendaient à la porte; car au refus, ils pouvaient nous jeter un sort[51].

La légende suivante raconte ce qui pouvait arriver lorsqu'on refusait la charité à une Indienne:

Une *taweille** demanda de la laine à un fermier; et l'homme refusa de lui en donner. Quand la *taweille** fut partie, les brebis se mirent à faire le tour du parc. Le fermier fit du feu avec des branches et du foin, et y fit brûler une brebis. Ceci rétablit l'ordre[52].

Le feu est un élément purificateur souvent utilisé pour conjurer le mauvais sort et quand il ne consume pas la matière directement visée, il peut détruire un objet quelconque symbolisant le jeteur de sort lui-même:

Trois *sauvages** sont allés sur une ferme où la femme était seule. Ils ont demandé de la nourriture, du tabac et autres choses. Elle leur en a donné. Quand ils sont partis, ils ont laissé les paquets sur la chaise. La femme par crainte ne leur a pas touchés. À l'arrivée de son mari, elle lui raconta l'histoire. Il a brûlé les paquets et le poêle a fait un gros pet. Le lendemain, on apprit que l'un des *sauvages** était mort[53].

Dans la plupart de ces récits mettant en présence un Blanc et un Indien, le Blanc réussit toujours à triompher:

Un nommé Michel Viennot aurait été poursuivi par un Indien. L'un et l'autre étaient en patins, et Viennot, mû par la peur, sut distancer son pourchassant[54].

La médecine populaire de provenance indienne se retrouve aussi, lors d'enquêtes en Acadie, comme partout ailleurs chez les Canadiens français.

---

51. *Ibid.*, doc. ms. 8591-B 43 (214).
52. *Ibid.*, doc. ms. 2996-B 435 (195).
53. *Ibid.*, doc. ms. 3184-B 42 (195).
54. Placide GAUDET, *Histoire de la paroisse de Cap-Pelé,* man. C.E.A., U. Moncton, s.a. p. 63.

À Caraquet, dans le nord du Nouveau-Brunswick, alors qu'en 1860 on exhumait des restes humains enterrés dans un vieux cimetière, l'abbé Arthur Gallien rapporte qu'on y trouva des restes de Blancs et d'Indiens enveloppés à la mode indienne dans de l'écorce de bouleau[55].

Les traits de culture indienne que l'on retrouve chez les Acadiens ne sont pas uniquement transmis par des rencontres fortuites, car on sait que certains Acadiens se sont unis aux Amérindiens par le mariage. Pascal Poirier, un Acadien qui était présent à une conférence où on émit cette hypothèse, voulut la réfuter par une étude prouvant le contraire. Mais à la lecture de cette étude, on se rend compte que ces statistiques ne font que démontrer l'existence de ces mariages mixtes assez répandus[56].

On sait, d'ailleurs, que ces unions ont suscité, très tôt, une controverse dans la colonie. Les uns disaient qu'ils conduisaient à l'indépendance, à la perte de l'autorité et au fainéantisme; et Vaudreuil allait jusqu'à dire: «Il ne faut pas mêler un bon sang avec un mauvais». D'autres, comme Talon, encourageaient au contraire, le métissage.

c) Les autres

Le folklore acadien n'a pas été seulement influencé par la présence anglaise; plusieurs variantes de la culture spirituelle nous révèlent des emprunts à d'autres groupes ethniques. En Nouvelle-Écosse, à Baie-Sainte-Marie, les Acadiens font la *mascarade des nègres**, le jour suivant le Mardi gras, en souvenir d'une fête des Noirs de cette région. À Bonaventure, le lendemain du Mardi gras, on fait la *danse des mocassins** sur les rivières gelées en souvenir des danses indiennes régionales[57].

---

55. Abbé Arthur GALLIEN, Caraquet, L'*Évangéline*, Moncton, 25 janvier et 1er février 1955, p. 4.
56. Pascal POIRIER, *Origine des Acadiens, passim*.
57. Coll. Jean-Claude DUPONT, doc. ms. 689-A 67 (144).

Même des personnages français de France ont laissé des souvenirs dans le folklore acadien; des légendes leur attribuent des faits diaboliques[58] :

> Un certain individu nommé Télesphore Brindamour était venu de France, dans notre pays. On pense qu'il tenait commerce avec les mauvais esprits. Un soir, il demanda à Dominique à Pierrot de Moncton, s'il voulait aller se promener sur l'île Saint-Jean, pour *aller voir les filles**.
> — Je le veux bien, répondit Dominique.
> — Alors, lui dit Brindamour, assieds-toi sur ce *billot**, ferme les yeux et surtout prends bien garde de ne pas parler.
> — *Misai, Talto, Caraba*
> Tels furent à peu près les mots que j'entendis prononcer. Je me sentis alors enlever doucement, et une brise fraîche qui fouettait mon visage et passait à travers mes cheveux me fit comprendre que nous traversions les airs, et peu de temps après j'entendis Brindamour m'annoncer que nous étions arrivés. J'ouvris alors les yeux et en examinant les alentours, je compris que nous nous trouvions à Rustico où nous passâmes une partie de la veillée. À deux heures, après minuit, nous nous rembarquions sur notre *billot** avec le même cérémonial pour arriver un peu plus tard dans notre village encore endormi[59].

Mais le Français de France peut être aussi un loup-garou :

> Il y a environ quatre-vingt-dix ans, il y avait un type qui venait de France. Souvent le soir, il allait à la *côte** et le lendemain il racontait qu'il avait été en France, en Italie ou en Espagne. Il décrivait ce qu'il avait vu. Un soir un groupe d'hommes du village ont décidé d'aller le surveiller. Ils ont vu une grosse boule de feu. Il s'était couché à terre, et il disait des paroles. Alors la peur les a pris et ils se sont sauvés[60].

Aux Îles de la Madeleine, les Français ont encore plus mauvaise renommée que les Américains. Les vieux disent des pêcheurs français qu'ils étaient

---

58. *Ibid.*, doc. ms. 690-B 42 (234).
59. *Ibid.*, doc. ms. 566-A 70 (60).
60. *Ibid.*, doc. ms. 690-B 42 (234).

malhonnêtes, qu'ils volaient les lignes de pêche, les voiles, les rames et parfois même les bateaux de pêche. Ils prétendent aussi qu'ils avaient mauvais esprit et qu'ils cherchaient à contaminer les bonnes gens[61].

Certains curés québécois venus en Acadie pour s'enrichir, dit-on, n'ont guère meilleure renommée dans la légende. Il en est de même de laïcs québécois:

> Il y avait une vieille femme de Québec qui, après avoir volé un calice, est venue l'enterrer à Baie-Sainte-Anne, dans le champ à Dédé à André. Les gens croyaient qu'à la date de l'enterrement, tous les étés, une *lieule**d'or sortait de la terre où le calice était enterré. On disait aux enfants de ne pas aller dans ce champ, parce qu'à ce moment-là, il y avait des hosties consacrées[62].

À Drummond, au Nouveau-Brunswick, village situé à deux milles (3.2 km) de Grand Sault, voisin de la réserve indienne micmac et de New Denmark, c'est fête le 19 juin de chaque année. On chante et on danse, jusqu'aux premières heures du jour, pour fêter les *Danes*, fête nationale des Danois. À cette occasion, les enfants font des paniers indiens en vannerie et chantent des chants indiens et anglais.

Partout où les Acadiens se sont installés après la Déportation, ils ont adopté ou prêté des traits de culture. Les Acadiens louisianais introduisirent aussi certaines coutumes des Noirs dans leurs traditions, etc. [63]

61. Paul HUBERT, *Les Îles-de-la-Madeleine,* p. 141.
62. Coll. Jean-Claude DUPONT, doc. ms. 8590-B 128 (122).
63. Jay K. DITCHY, *Les Acadiens Louisianais et leur parler,* p. 236.

III LE SACRÉ

a) Le culte

Le respect pour les choses saintes a toujours été très développé en Acadie. Le même sentiment existait au Québec, chaque famille avait son crucifix «qu'il ne fallait pas déplacer pour s'épargner des malheurs»[64]. Non seulement voyait-on à remplacer les rameaux dans les maisons et les barques le jour du dimanche des Rameaux, mais encore fallait-il brûler les vieux rameaux et en placer de nouveaux en forme de croix[65].

Le chef de la famille, jusqu'à la fin du XIXe siècle, savait remplacer le curé lorsque celui-ci n'existait pas ou se faisait attendre. Lors de la Déportation, et longtemps par la suite, certains vieillards acadiens, reconnus dans la communauté pour leur sagesse, remplaçaient le prêtre pour célébrer des *messes blanches** et exécuter des offices religieux lors des sépultures et des mariages. On avait même surnommé l'un de ces vieillards «l'évêque Gallant».

J. Médard Léger rapporte qu'un abbé, à la fin du XVIIIe siècle, passa six années à valider des mariages datant de la *Grande Infortune**[66].

Les Acadiens de la Côte-Nord, privés de prêtre jusqu'à la toute fin du XIXe siècle, avaient l'habitude de se rassembler pendant la grande messe du dimanche. Ils chantaient alors une *messe blanche** et des vêpres. Le tout se terminait par le chant:

---

64. Coll. Jean-Claude DUPONT, doc. ms. 2982-S (195).
65. *Ibid.*, doc. ms. 422-M 491 (297).
66. Caraquet, L'*Évangéline*, 19 novembre 1953, p. 4.

Bonne mère des matelots,
Que votre bonté nous garde.
Par pitié, sauvez-nous des flots.
Notre-Dame de la Garde!
Par pitié, sauvez-nous des flots[67].

14

Monsieur Pierre Haché de Saint-Raphaël-sur-Mer, Île Shippagan, Nouveau-Brunswick, photographié en 1950 par Luc Lacourcière. *(Photo des A.F.U.L. topo. Luc Lacourcière — 10)*

Sur les bateaux de pêche qui se rendaient sur les Grands Bancs, chaque capitaine amenait avec lui son *Paroissien romain** et à l'heure de la grand-messe il lisait tout haut l'office du dimanche.

Un informateur mentionne qu'il n'y a pas si longtemps encore, on avait l'habitude, si la température ne permettait pas *d'aller aux offices** du vendredi saint, de placer une nappe blanche sur la table et de

---

67. Anonyme, *La paroisse acadienne de Havre Saint-Pierre*, p. 140.

mettre un crucifix sur cette nappe; chaque membre de la famille, en commençant par les parents, allait baiser ce crucifix. Ensuite, on récitait les offices du livre de messe[68]. «Le vendredi saint, si quelqu'un ne pouvait pas *aller aux offices**, il devait dire son chemin de croix à la maison»[69].

La tradition du pain bénit (qui, cependant, ne remplaçait pas la sainte communion) avait lieu à l'église le dimanche: un fermier apportait un pain et, après que le curé l'eut béni, chacun en prenait un petit morceau et faisait le signe de la croix en le mangeant[70]. À la fin de cette cérémonie le bedeau présentait la dernière tranche, la *grigne**, à celui qui devait fournir le pain le dimanche suivant. Dans la région de Madawaska cette coutume cessa vers le début du XIXe siècle, tandis qu'ailleurs elle eut cours jusqu'au XXe siècle[71].

L'esprit de mortification était si répandu qu'on l'imposa même aux animaux. Des informateurs de Saint-Anselme, de Saint-Paul de Kent et de plusieurs autres endroits, qui ont été témoins de cette pratique, nous ont assuré que le vendredi saint, au début du XXe siècle, on faisait jeûner les animaux en les privant de nourriture: «Ils faisaient jeûner les animaux le vendredi saint. Pas de déjeuner. C'était *un vacarme à tout casser* dans la grange»[72].

Le vendredi saint encore, «on gardait le silence de midi jusqu'à trois heures; et, pour ne pas parler, on allait se coucher»[73]. Ajoutons que ce jour-là on évitait de se regarder dans un miroir et de planter des clous[74].

---

68. Coll. Jean-Claude DUPONT, doc. ms. 427-M 493 (197 et 204).
69. *Ibid.,* doc. ms. 551-M 493 (101).
70. Julie D. ALBERT, *op. cit.,* p. 57.
71. Louis-Cyriaque DAIGLE, *Histoire de Saint-Louis de Kent,* p. 138.
72. Coll. Jean-Claude DUPONT, doc. ms. 753-M 493 (60); 754-M 493 (214).
73. *Ibid.,* doc. ms. 426-M 493 (197 et 204); 431-M 493 (30).
74. *Ibid.,* doc. ms. 424-M 493 (195).

Il n'y a pas si longtemps la danse était défendue dans de nombreux villages et, si l'on dansait le soir de la *grande demande**, on récitait le chapelet avant de quitter la maison pour réparer l'injure faite à Dieu. Les hommes qui buvaient, les jeunes filles qui sortaient seules dans la rue avec un amoureux, ou qui s'assoyaient avec lui dans le même banc à l'église, se voyaient refuser l'absolution au confessionnal. D'ailleurs les dernières pénitences publiques imposées au Canada français l'ont été en Acadie, à Baie-Sainte-Marie en Nouvelle-Écosse[75].

Le thème du curé tout-puissant, tant spirituellement que matériellement, est fort développé. C'est le curé qui arrête le feu au moyen de médailles[76], de scapulaires ou d'eau bénite, au vu et au su des protestants

Groupe de pêcheurs de Bouctouche, Nouveau-Brunswick, rassemblé autour du curé du village. *(Extrait d'un fascicule touristique consacré à Bouctouche, et publié en 1948 par le Gouvernement du Nouveau-Brunswick)*

75. René BEAUDRY, c.s.c., Les pénitences publiques en Acadie, *Rapport de la Société canadienne d'histoire de l'Église catholique*, 1956, p. 1-10.
76. Coll. Jean-Claude DUPONT, doc. ms. 744-B 222 (209).

anglais qui déclarent «qu'il n'y a pas un ministre protestant qui peut en faire autant»[77]. Les témoignages illustrant des faits miraculeux sont multiples:

> Un été, un feu *a pris** dans le *bois**. Il était impossible de sortir, car le feu *avait bloqué** le chemin pour sortir au bord du *bois**. Les hommes avaient décidé que lorsque le feu arriverait là, ils s'arroseraient pour ne pas brûler. Ils ont mis le *butin** dans des boîtes qu'ils enterrèrent assez profondément pour que le feu ne les atteigne pas. Les maisons, ils ne pouvaient pas les sauver. Une des filles accrocha des images sur les troncs d'arbres face au feu. À un demi *mille* (0,8 km) d'elles (les images), le vent *a reviré** et ils sont convaincus que ce sont les prières qui les ont sauvés[78].

Le curé guérit les infirmes, prévoit dès le baptême ce que deviendra l'enfant, enlève la peur des morts, exorcise, etc.:

> Ma mère avait confiance dans les prêtres qui guérissaient. J'avais un petit frère qui était devenu aveugle à l'âge de deux ans à la suite d'une opération d'amygdales. Or, un vieux prêtre, le père Ryan de Red Banks, Nouveau-Brunswick, lui avait donné comme remède de bouillir des branches de pin pendant plusieurs heures, de faire refroidir cette *sommure** et de *tremper** un drap dans cette eau. Envelopper ensuite l'enfant nu dans ces draps *trempes** et froids pendant une heure. Faire ceci deux fois par jour. Au bout de trois mois, ses nerfs étaient guéris, mais il n'a jamais recouvré la vue[79].

> Étant jeune, j'avais peur de tout, feu, voleur, aller dans l'obscurité ... Assez souvent le soir je pleurais avant de m'endormir, cela étant toujours causé par la peur. Maman me dit:
> — Si tu pouvais toucher à un prêtre mort, ça t'enlèverait la peur!
> À l'âge de douze ou treize ans, le curé de la *paroisse** mourut et il fut exposé dans l'église pendant deux jours. Vous pouvez être certain que je n'ai pas perdu ma chance... je suis allée le voir plusieurs fois et je le tou-

---

77. *Ibid.*, doc. ms. 731-B 222 (306).
78. *Ibid.*, doc. ms. 744-B 222 (209).
79. *Ibid.*, doc. ms. 734-B 80 (72 et 244).

chais. Je crois bien que c'est dû à la confiance, mais je n'ai plus peur[80].

C'était un endroit tranquille, retiré, où il n'y avait d'autre va-et-vient que celui des chercheurs de mines qui venaient de Montréal et des États-Unis.

Un soir dans la petite maison de famille X, on entendit un bruit mystérieux venant de la cave. On ouvrit la trappe et il n'y avait rien. Un peu plus tard on entendit le même bruit; encore rien. Ce bruit se répétait chaque soir et on entendait des mots confus. Un plus brave décida de demander au bruit qu'est-ce que c'était. « La Fée », répondit la voix qui demanda une robe verte et un grand couteau. Ces pauvres gens devinrent de plus en plus effrayées et on venait de partout pour écouter parler la Fée.

Une autre fois elle demanda du pain; on alla voir et il n'y avait encore rien. La peur se répandit chez les gens superstitieux et on avait une *peur mortelle**.

La Fée revint, devenait plus audacieuse, elle donnait des ordres:

— Je ne veux pas qu'on ouvre la trappe avant demain matin, sinon il vous arrivera malheur.

Le va-et-vient augmentait de jour en jour et monsieur le curé, le père X..., se rendit sur les lieux et fut aussi témoin de ce fait mystérieux qu'il ne put expliquer. Puis ce fut monseigneur Z... (l'évêque) qu'on fit venir. Ce dernier en entrant remarqua qu'un petit garçon de la famille, âgé d'une dizaine d'années, avait de curieuses manières. On demanda à la Fée ce qui se passait dehors, et elle ne répondit pas *de suite*. Le petit garçon se rendit voir à la fenêtre et la Fée répondit ensuite correctement. Chaque fois que la Fée parlait, le petit garçon avait la figure tournée vers la fenêtre et ses lèvres remuaient. En partant monseigneur demanda la permission d'amener le petit garçon à l'évêché, prétextant que la famille était trop nombreuse. À partir de ce moment on n'entendit plus la Fée. Le petit garçon revint chez lui quinze jours plus tard, et depuis, à voix basse, on l'appelle la Fée.

On croit qu'il était possédé du démon et que monseigneur Z... l'a exorcisé. D'autres pensent aussi qu'il avait un don, celui de *tirer sa voix** (à la façon du ventriloque). Mon père a été témoin de cela et nous racontait ça le soir et nous avions peur[81].

80. *Ibid.*, doc. ms. 738-S (293).
81. *Ibid.*, doc. ms. 6219-À 128 et K 29 (181).

Le prêtre a aussi des pouvoirs pour exercer une justice immanente[82]. Celui qui n'écoutait pas la parole du prêtre s'exposait aux pires malheurs:

> Les jeunes allaient au catéchisme, à l'église. Le prêtre enseignait pendant deux semaines. Un groupe d'élèves n'écoutaient pas; le curé se fâcha et commença à les frapper. L'un d'eux X..., se sauva. Le curé ordonna au jeune de revenir. Celui-ci lui répondit: «Va chez le diable». Le curé lui souhaita du malheur ou de la malchance. Toutes sortes de malchances lui sont arrivées. Il est même devenu aveugle et en plus il est mort jeune, à l'âge de trente ans[83].

C'est ainsi que le vendeur d'alcool mourra sans se confesser, perdra l'usage de ses membres ou deviendra aveugle. Le *sacreur** peut brûler vivant ou, selon la volonté du prêtre, être frappé des pires afflictions. Celui qui travaille le dimanche, après avoir été averti par le curé de ne pas le faire, s'estropiera.

> Il paraît qu'un homme avait traité monseigneur Richard de corneille. Quand sa femme accoucha un peu plus tard, le bébé avait une tête de corneille[84].

Le curé n'hésitait pas à se servir de la légende et des croyances superstitieuses pour arriver à ses fins. Le curé F. Cook, missionnaire, dit dans une lettre écrite à Caraquet, datée du 1er novembre 1822, et adressée à Prosper Lausier de Tracadie:

> ... Dieu se sert de la maladie des hommes pour procurer sa gloire, et votre grand'mère ne vous-a-t-elle point conté que le diable avait charroyé toute la pierre nécessaire pour faire une église[85].

---

82. *Ibid.*, doc. ms. 740-T 331 (334).
83. *Ibid.*, doc. ms. 740-T 331 et S (334).
84. *Ibid.*, doc. ms. 5014-B 47 (35).
85. Placide GAUDET, *Lettres et documents relatifs à Prosper LAUSIER et à sa famille, ainsi qu'à l'établissement acadien de Tracadie*, ms., C.E.A., Univ. Moncton.

LA MAIN PUISSANTE. ★ LA MANO PODEROSA
The powerful hand

Imagerie populaire dite la Main Puissante. Deux anges adorent la Main Puissante (Dieu) soutenant Jésus, Marie, Joseph, Anne et Joachim. On distingue aussi l'Oeil du Juge « Dieu voit tout » entre la balance symbolisant la justice et le glaive représentant le jugement dernier. *Collection privée. (Photo des A.F.U.L., topo. Jean-Claude Dupont — 454)*

Une expression mentionnée par les informateurs, en parlant de tous les malheurs qui peuvent frapper les hommes, selon le bon vouloir de Dieu et des prêtres, est la suivante: « Ne disons rien, de peur d'en dire du mal »[86].

Les objets du culte ont une force extraordinaire tant pour aider les hommes que pour les punir. L'eau bénite, qui peut arrêter le feu, peut aussi devenir des-

---

86. Coll. Jean-Claude DUPONT, doc. ms. 745-PO 4 (166).

tructrice si on la profane (l'eau bénite ne doit être jetée nulle part ailleurs que dans le feu si on veut la détruire):

> C'était le *samedi saint au matin*. La voisine revenait de l'église avec une bouteille d'eau bénite. Arrivée au *magasin général**, elle entre pour acheter quelques articles et elle oublie son eau bénite sur le comptoir. Le marchand, pour jouer un bon tour à la vieille, alla jeter l'eau bénite à la rivière et remplit la bouteille d'eau de rivière. Au printemps suivant, les écluses cassèrent et la rivière inonda le village. La même chose se produisit *à chaque* printemps jusqu'à ce que le marchant fasse dire une messe aux intentions de la vieille voisine[87].

Quand la ménagère réussit mal son pain, ou lorsque la malchance s'acharne sur quelqu'un, tout peut revenir à la normale si on fait bouillir des médailles. On ne doit pas s'amuser avec un chapelet béni en le faisant tourner car cela appelle le diable auprès de nous. Par contre, les lutins, qui malmènent les chevaux la nuit, seront chassés si on trace sur la porte de l'étable une croix blanche avec de la chaux[88].

Non seulement doit-on porter le scapulaire mais il est même défendu de l'enlever pour se laver:

> Quand j'étais jeune, maman me disait que c'était péché de quitter ma médaille de scapulaire. Quand elle me donnait mon bain, il fallait mettre ma médaille dans mes cheveux et tenir la tête droite pour ne pas qu'elle tombe, car j'aurais fait un péché (croyance ayant court vers 1920)[89].

La prière est cependant l'intercession par excellence et les demandes que l'on fait à Dieu, après avoir rempli certaines exigences préalables, sont exaucées:

> Grand-mère pense fortement que si elle prie d'une façon convaincue, elle peut obtenir une faveur spéciale. En

---

87. *Ibid.*, doc. ms. 8593-A 59 et B 47 (25).
88. Julie D. ALBERT, *op. cit.*, p. 98.
89. Coll. Jean-Claude DUPONT, doc. ms. 748-P 45 (189 et 204).

fait, un cousin né infirme a vécu quatre années. Grand'mère commença à prier six mois avant sa mort pour que Dieu le Père vienne le chercher. Pour qu'une faveur soit obtenue, il faut le consentement de la mère de l'enfant. Grand'mère peut certifier ce fait vécu[90].

17

18

Intérieur de la chapelle de *The Louisiana State University Rural Life Museum,* Baton-Rouge, Louisiane. À gauche, à côté des représentations célestes, on aperçoit un trident et une aile de dragon, formes peintes en rouge et noir et rappelant Satan et l'enfer. À droite, fixées à la même poutre séparant la nef du chœur, une aile d'ange peinte en bleu et une trompette symbolisant le ciel et les élus. *(Photo des A.F.U.L., topo. Jean-Claude Dupont — 2507, 2508)*

90.   Coll. Jean-Claude DUPONT, doc. ms. 510-P 20 (306).

19

Les scapulaires bénits étaient surtout donnés lors de cérémonies sacramentelles ou à l'entrée dans des confréries ou des ordres religieux. C'était généralement deux petits morceaux d'étoffe de couleur avec image imprimée. On les faisait bénir et on les portait au cou. *(Coll. Jean-Claude Dupont, doc. ms. 2160-2161, p 45 — 189)*

b) *La prière*

Cette confiance mise dans la religion et les ministres du culte n'a pas été sans engendrer des formules pieuses qui, de nos jours, sont beaucoup plus folkloriques que religieuses. Elles prennent souvent la forme d'intercessions apparentées à la religion catholique. Mentionnons la prière que l'on fait à saint Antoine de Padoue pour retrouver un objet perdu:

> Saint Antoine de Padoue,
> Toi qui a le nez fourré partout,
> Emmène-moi où est ce que je cherche[91].

Quand une formule s'avérait impuissante, il arrivait qu'on en connaisse une deuxième pour la même

---

91. *Ibid.*, doc. ms. 674-P 447 (99 et 100); 664-P 447 et X (313); 665-P 447 (315).

fin. Pour retrouver l'objet perdu, on pouvait lancer un chapelet derrière soi et celui-ci devait ensuite se trouver dans la direction où pointait la croix du chapelet[92].

Il existe aussi des prières pour se protéger des éléments naturels, comme le tonnerre:

> Sainte Barbe,
> Sainte Fleur,
> C'est vous qui portez la croix de Notre-Seigneur,
> Partout où je serai, jamais le tonnerre tombera[93].

Souvent la médecine populaire faisait appel à la religion par le truchement de récitatifs. Pour arrêter le sang, un signe de croix tracé sur le dos du malade pouvait suffire. Le mal de dent est soulagé en disant:

> Bon saint Jean,
> J'ai bien mal aux dents,
> Je ne peux pas manger de pain..[94].

Pour faire passer le hoquet, on récite trois fois de suite:

> J'ai le hoquet,
> Dieu me l'a fait,
> *Dominus*,
> Je ne l'ai plus[95].

ou/et

> J'ai le hoquet,
> Par Jésus,
> Je l'ai eu,
> Je ne l'ai plus[96].

---

92. Coll. Jean-Claude DUPONT, doc. ms. 673-P 447 (270); 747-P 447 (124).
93. *Ibid.*, doc. ms. 663-E 2 (175 et 177); 1140-E 2 (332).
94. *Ibid.*, doc. ms. 661-B 80 (270).
95. *Ibid.*, doc. ms. 660-B 80 (181).
96. *Ibid.*, doc. ms. 659-B 80 (304).

C'est parfois, le curé qui devenait l'agent principal lors de rituels religieux célébrés dans le but d'éviter une maladie. Dans de nombreux villages, le 3 février, le curé procédait à la bénédiction des gorges[97].

Le signe de croix seul ou accompagné des paroles «Jésus, Marie, Joseph», alors qu'une étoile se déplace dans le ciel, sauvera une âme du purgatoire[98]. Le même geste religieux fait devant le poêle, après en avoir ouvert la porte, guérira des verrues. Il s'agit alors de tracer autant de croix qu'on a de verrues à guérir[99].

D'autres formulettes populaires nées de traditions religieuses n'étaient que des plaisanteries destinées à faire rire tel le fait de réciter, après un repas, l'une ou l'autre des prières suivantes:

J'ai pris un bon dîner.
Merci à Maguère Gagné,
Mais je l'ai fort bien gagné[1].

Seigneur, bénissez ce repas,
Faites que l'autre ne tarde pas,
Et qu'il soit meilleur que celui-là[2].

Même les cantiques religieux peuvent fournir matière à amusement:

Ô Saint-Esprit,
Venez chez nous,
Prenez une chaise,
Et asseyez-vous[3].

Pour sceller un serment, rien de plus sérieux que de dire une de ces formules, au choix:

97. Coll. Jean-Claude DUPONT, doc. ms. 402-M 43 (244).
98. *Ibid.,* doc. ms. 654-D 46 (197 et 204); 655-D 46 (244); 657-D 46 (323); 658-D 46 (181).
99. *Ibid.,* doc. ms. 656-B 80 (209).
 1. *Ibid.,* doc. ms. 756-X 66 (277).
 2. *Ibid.,* doc. ms. 2959-X (277).
 3. *Ibid.,* doc. ms. 2490-P 888 (128).

1) Ma croix sur mon âme! (en faisant le signe de croix).
2) Ma grande foi de Dieu! (en portant la main sur le cœur).
3) Serment damné! (en levant la main comme pour jurer).
4) Que le diable m'emporte si je ne dis pas vrai!
5) Croix de bois, croix de fer, j'ai craché, j'ai juré![4]

Pour s'attirer la chance, il faut dire «un *pater* et un *ave* pour que le bon Dieu réussisse dans ses entreprises»[5]. Pour ne pas être damné, la neuvaine est recommandée, de même que les trois communions pendant une neuvaine à saint Joseph[6]. On a aussi l'assurance de recevoir les derniers sacrements, c'est-à-dire l'extrême-onction, si l'on participe à neuf premiers vendredis du mois de suite, messe et communion. Le port du scapulaire assure aussi d'avoir un prêtre à ses côtés lors des derniers moments de l'existence. Et encore, «Si une personne porte un scapulaire, elle sera sauvée, quelle que soit la vie qu'elle ait menée»[7].

Voici une façon de s'attirer de la chance: «Quand un enfant éternue, dire: «Tit-Jésus bénisse»[8]. Il arrivait aussi que la prière soit beaucoup plus simple et dénuée de superstition: on priait tout simplement pour les pêcheurs qui allaient descendre sur les *banquises** faire la chasse aux *mouvées** de *loups-marins**. Mais on ajoutait presque toujours une intercession, pour que les *banquises** soient amenées à la rive par des vents favorables[9].

Il est toujours plus facile de réciter une prière ou de s'adresser à la divinité en utilisant des formules consacrées. Pour être certain qu'à l'heure de la mort on aurait l'assistance d'un prêtre, on se *signait** avec de l'eau bénite, au moment de se mettre au lit, en disant:

---

4. Coll. Jean-Claude DUPONT, doc. ms. 2509-P 96 (304).
5. *Ibid.*, doc. ms. 730-P 20 (352).
6. *Ibid.*, doc. ms. 670-PO (304).
7. *Ibid.*, doc. ms. 2783-S (77, 277, 236).
8. *Ibid.*, doc. ms. 671-X 69 (332).
9. *Ibid.*, doc. ms. 669-C 4 et V 5 (320, 319).

Eau bénite, je te prends,
Si la mort me surprend,
Sers-moi de sacrement [10].

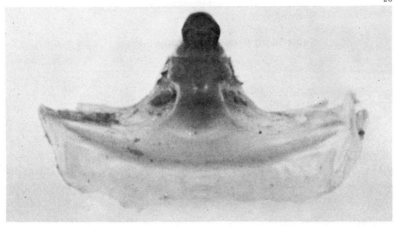

20

«Dans la tête du homard on voit la Sainte Vierge». D'après la tradition orale, cette Vierge constituée par une partie du cartilage de la tête du homard serait la «petite Notre-Dame du Rosaire». Deux formes minuscules la voisinent (elles n'apparaissent pas ici) et il s'agirait de deux anges. D'ailleurs, une informatrice révèle qu'on «voyait la Sainte Vierge partout, même dans la fleur des violettes». *(Coll. Jean-Claude Dupont, doc. ms. 732-V 5 (306); 1117-B 13 (209). (Photo des A.F.U.L., topo. Jean-Claude Dupont — 2489).*

En Acadie et au Québec, on retrouve la même déformation des litanies ou des oraisons latines: «*Vas spirituale*» est devenu tantôt «Va *ousque* tu pourras aller, *Ora pro nobis*» tantôt: «Va au Saguenay, va à la Malbaie» [11].

Finalement, pour celles qui seraient tentées de s'en servir pour trouver un époux, voici les «litanies des vieilles filles»:

Kyrie, je voudrais
Christe être mariée.
Kyrie je prie tous les saints
Christe que ce soit demain.
Sainte Marie, tout le monde se marie;

10. *Ibid.,* doc. ms. 668-P 43 (124).
11. *Ibid.,* doc. ms. 667-P 289 (269).

Saint Joseph, qu'est-ce que je vous ai fait ?
Saint Nicolas, ne m'oubliez pas.
Saint Médéric que je me marie,
Saint Barthélémy qu'il soit joli,
Saint Mathieu qu'il craigne Dieu,
Saint Bruno qu'il soit beau,
Saint Casimir qu'il aime à rire,
Saint Jean, je veux des enfants![12]

---

12.   Coll. Jean-Claude DUPONT, doc. ms. 2468-P 289 (53).

IV LE SANG

a) Le sang versé volontairement

Presque partout dans le monde, le sang versé volontairement est considéré comme un fluide vital, une source de vie. À l'époque de la sorcellerie, on buvait le sang lors de certaines cérémonies et on faisait des immolations. Des indigènes s'enduisent le corps de sang humain pour se donner du courage et les Bohémiens font le mariage du sang (en mêlant le sang des conjoints). N'attribue-t-on pas encore, sans l'avouer cependant, beaucoup d'importance au sang lors de la nuit de noces?[13]

Dans la médecine populaire acadienne, la pratique de «faire une saignée» fut longtemps considérée comme une panacée à tous les maux, tant chez les hommes que chez les animaux. Dans la superstition et la légende, le sang est souvent présent aussi:

> C'était un petit garçon qui frappait tout le temps sa mère. Un bon jour, il meurt. Sa mère visitait sa tombe, et elle voyait la main de son petit garçon devant la tombe. Elle est allée voir le prêtre pour savoir quoi faire avec cela; le prêtre lui a dit de prendre un fouet et de fouetter le bras qu'elle voyait: «Frappe jusqu'à ce que le bras saigne» dit-il. Elle le fit, et ne revit plus jamais la main[14].

On raconte qu'il y avait un cheval ensorcelé à Barachois, et qu'il a suffi de lui couper le haut d'une oreille pour faire sortir le *mauvais** de la bête.

---

13.   A. M. HOCART, *Les progrès de l'homme,* p. 177.
14.   Coll. Jean-Claude DUPONT, doc. ms. 8595-A 60 et B 47 (255).

La croyance populaire veut qu'un rêve soit présage de bienfait s'il comporte la présence de sang versé accidentellement : ici, l'homme fait lui-même la correction, puisqu'il considère que la réalité est toujours contraire à l'action en rêve[15].

Lorsque l'on fait verser du sang, il faut qu'il coule en abondance et pour ce faire, d'autres croyances secondaires se sont greffées à la pratique de la saignée : « Si l'on veut tuer un veau, il est bon de le faire en *vieille lune** pour qu'il saigne beaucoup »[16]. Aussi, dit-on couramment que la viande de porc qui n'a pas assez saigné ne se conserve pas.

Cette source de vie qu'est le sang versé volontairement est soumise à des puissance extérieures ; ainsi il est des jours où l'on ne doit pas faire couler le sang :

> Le vendredi saint, on croyait qu'il ne fallait pas faire couler le sang. Les vieux tuaient les poules et autres animaux la veille du vendredi saint[17].

Le sang est très clair le vendredi saint et on prend garde, alors, de se blesser durant ce jour néfaste. « Les vieux ne se faisaient pas la barbe ce jour-là, de peur de se blesser et de ne pouvoir arrêter le sang »[18].

La consommation du sang ne se fera qu'en respectant certains critères ; par exemple, on souffrira de dysenterie si l'on mange du boudin qui contient des caillots de sang :

> On mangeait du boudin fait avec le sang d'un cochon. Aussitôt que le cochon avait été tué, et au moment où on le saignait, on mettait un seau dessous le cou et le sang y coulait. On brassait ce sang tout le temps avec ses mains, et parfois, quand un gros *caillon** de sang tombait dans le seau, on l'ôtait et le jetait. Le sang était mêlé, brassé, et quand il commençait à cailler, on le frottait entre les doigts pour le défaire. Quand celui qui faisait le boudin avait fini, il avait les bras rouges jusqu'aux coudes[19].

15. Coll. Jean-Claude DUPONT, doc. ms. 8605-S (171).
16. *Ibid.*, doc. ms. 8606-D 23 (119, 141, 204).
17. *Ibid.*, doc. ms. 8607-M 493 (175, 177); 432-M 493 (323).
18. *Ibid.*, doc. ms. 8618-M 493 (196 et 204).
19. *Ibid.*, doc. ms. 8801-T 42 (227, 236).

Chez l'homme, comme chez l'animal, plus le sang est pur plus il est régénérateur, et on a soin de le purifier souvent en utilisant des produits naturels comme les tisanes végétales: «On enlève l'écorce d'un cerisier et on fait bouillir la partie verte (liber). On boit ce liquide qui purifie le sang»[20]. «On fait tremper des feuilles de *cerisiers sauvages** et on boit ce jus»[21].

Parfois on associe la vie végétale et les forces sur-naturelles. On choisit alors la saison du printemps qui est une période de renaissance après un temps mort:

> Pour se purifier le sang, on faisait une *neuvaine de soufre** chaque printemps. On mettait du soufre dans de la mélasse et on mangeait cela pendant neuf jours de suite[22].

Le sang est vivant et il faut l'alimenter, surtout si des puissances adverses le combattent. Le noir, par exemple, doit être détruit parce qu'il est symbole d'impureté et de mort:

> Une croyance existait chez nous qui disait qu'un morceau de steak frais sur un œil au beurre noir aiderait à la circulation du sang, et ferait disparaître le noir. Toujours est-il qu'un beau soir, alors que j'avais à peu près quatorze ans, je suis allé regarder une partie de *balle dure**. Sans trop y penser, je pars en courant en passant entre le lanceur et le receveur; la balle vient me frapper sur le nez juste entre les deux yeux. Je tombe par terre et je me réveille chez nous dans mon lit. Inutile de vous dire que le lendemain matin mon œil était tout noir. Alors maman acheta une tranche de steak qu'elle plaça sur l'oeil noir[23].

Le corps devra être alimenté avec plus d'attention lorsqu'il y a perte de sang. Le cancer qui perce la peau sera nourri de viande de boeuf saignante et de mie de pain. Il en est de même pour le *chancre de pipe**.

---

20. *Ibid.,* doc. ms. 8632-B 83 (120).
21. *Ibid.,* doc. ms. 8608-B 83 (7).
22. *Ibid.,* doc. ms. 8609-B 83 (216).
23. *Ibid.,* doc. ms. 8596-B 83 (306, 152).

Le sang peut exister symboliquement; certains minéraux ou objets divers, s'ils présentent des analogies avec le sang, surtout par la couleur, peuvent le remplacer. L'ocre rouge, chez les Béothuks de Terre-Neuve, servait à s'enduire le corps à différentes occasions plus ou moins connues. D'ailleurs, à l'époque aurignacienne, on répandait de l'ocre rouge sur le corps des morts. De même les Australiens se peignaient d'ocre et, en Amérique du Sud, le rouge protège du mal.

Le rouge symbolisant le sang fait renaître la respiration: «Lorsque quelqu'un était étouffé, on lui appliquait une flanelle rouge sur l'estomac avec une couche de graisse de *pirouine**» [24].

On dit communément, chez les pêcheurs, qu'un brin de laine rouge préserve des gerçures causées par l'eau salée [25]. Les Acadiens de Terre-Neuve portent encore, à cette fin, un bracelet de cuivre rouge au poignet gauche. On dit aussi qu'une *camisole** de laine rouge prévient les rhumes et que la peinture rouge sous la barque des pêcheurs attire le poisson.

Voici une série de préservatifs où le rouge figure:

> Si un enfant a les oreillons, lui entortiller le cou avec un bas de laine rouge [26].
> Une flanelle rouge autour du bras du pêcheur empêchera d'avoir des clous aux poignets. Sur l'estomac, elle préviendra les étouffements dus à la bronchite [27].
> De la peinture rouge autour d'un érésipèle le guérira [28].
> Quand un garçon a les oreillons et que ça lui descend dans les *parties**, on met un brin de laine rouge autour des *parties** ou on les met dans un sac de flanelle rouge [29].
> Parfois, les oreillons sont guéris par l'application d'une flanelle rouge autour du cou [30].

---

24. Coll. Jean-Claude DUPONT, doc. ms. 8610-B 83 (193); 1419-B 80 (16, 193).
25. *Ibid.*, doc. ms. 1638-B 80 (332).
26. *Ibid.*, doc. ms. 8611-B 83 (124); 8802-B 83 (227).
27. *Ibid.*, doc. ms. 8610-B 83 (193); 8615-B 83 (332).
28. *Ibid.*, doc. ms. 8614-B 83 (35).
29. *Ibid.*, doc. ms. 8798-B 83 (331).
30. *Ibid.*, doc. ms. 8611-B 83 (124); 8613-B 83 (73).

Le rouge, comme le sang, ne doit pas entrer en contact avec d'autres forces: «On ne porte pas de rouge le vendredi saint (jour néfaste)»[31].

On dit aussi que le rouge est une couleur excitante; c'est pourquoi on conseillait aux institutrices de ne jamais porter de robes rouges à l'école, parce que les enfants seraient indiciplinés et «trop pleins de vie».

b) La présence accidentelle du sang

Bien que le sang soit un fluide de vie s'il est versé volontairement, il peut être source de mort s'il est versé involontairement. C'est le cas du sang d'un mort ou de celui des menstruations:

> Quand on était jeune et que le croque-mort jetait du sang derrière la grange, on avait peur de ce sang-là qui portait malheur[32].
> Lorsqu'une fille menstruait*, on disait qu'elle avait un pied dans l'enfer et l'autre dans la fosse. Alors, elle doit se tenir bien tranquille[33].

Si du sang corrompu circule dans un corps vivant, il faut chasser la maladie en faisant sortir ce sang qui empoisonne. Pour ce faire, on utilise des herbages* comme le plantain, que l'on applique sur la partie infectée.

S'il arrive que l'on se blesse, on essaiera de faire coaguler le sang innédiatement. Cette peur du sang versé accidentellement est si grande, qu'on peut aller jusqu'à médiciner* l'objet qui en est la cause:

> Ma grand'mère me racontait qu'un jour, elle s'était planté une fourche dans un pied, et au lieu de médiciner* sa plaie, ils ont pansé la fourche avec de l'onguent[34].

---

31. Ibid., doc. ms. 8633-S (31).
32. Ibid., doc. ms. 8616-T 3631 (31).
33. Ibid., doc. ms. 5242-T 337 et A 56 (31, 131).
34. Ibid., doc. ms. 8597-B 83 (214).

Dans un rêve, l'homme fait encore lui-même l'inversion de la prémonition. S'il voit du sang qui, normalement, serait un signe bienfaisant, il en déduira que c'est un présage de malheur: «Si une personne rêvait à la viande, c'était signe de mortalité»[35]. Le sang peut apparaître comme une punition lorsque l'on trouble les lois de la nature ou si l'on brise l'ordre établi:

> Labourer le jour des Morts était défendu; et on pouvait alors voir du sang apparaître dans le labour[36].
> Le travail dans la terre le vendredi saint fait pleurer la Sainte Vierge[37].
> Le jour de la Toussaint, il ne fallait pas creuser de trou dans la terre ou planter des *piquets**, parce qu'on voyait du sang[38].
> Lorsque l'on tue une hirondelle, les vaches donnent du sang dans leur lait[39].

Le sang qui coule s'arrêtera automatiquement, s'il est mis en contact avec une autre source de vie, comme la sève d'un arbre:

> Pour arrêter de saigner du nez, tremper une lame de couteau dans le sang, et planter la lame du couteau dans un pommier. Y laisser la lame jusqu'au lendemain[40].

Le fumier, par la chaleur et la force qui s'en dégage, aura pour effet d'arrêter l'écoulement du sang[41].

Les formules magiques sont variées lorsqu'il s'agit d'arrêter le sang. Il suffit parfois de faire des gestes qui défient ou terrifient le sang, ou de toucher certains métaux, ou encore de déplacer des objets en les mettant à l'envers[42].

Au nombre des éléments que la nature oppose à l'écoulement du sang, figure la farine, qui permet le

35. Coll. Jean-Claude DUPONT, doc. ms. 8622-S (139, 204).
36. *Ibid.*, doc. ms. 8619-M 92 (148); 350-M 92 (323).
37. *Ibid.*, doc. ms. 509-M 493 (189, 141, 204).
38. *Ibid.*, doc. ms. 8620-M 9 (165, 166).
39. *Ibid.*, doc. ms. 8621-S (218).
40. *Ibid.*, doc. ms. 8826-B 83 (301).
41. *Ibid.*, doc. ms 8625-B 83 (224, 232); 1439-B 80 (7).
42. *Ibid.*, doc. ms. 8624-B 83 (200, 141, 204); 1613-B 80 (250).

déguisement en fournissant le masque carnavalesque qui subjugue l'ennemi réel ou imaginaire[43].

D'autres matières, fortes celle-là, comme le poivre ou la muscade, auront un effet semblable; de même, des métaux purs, comme le plomb, combattent le mauvais sang[44].

Certaines personnes sont détentrices de pouvoirs magiques. Elles en ont reçu le don soit à la naissance (le septième enfant du même sexe né de suite), soit par héritage. Le don se transmet d'homme à femme, celui qui dévoile ses secrets détruit les pouvoirs pour toute sa lignée, c'est-à-dire qu'il ne pourra pas les transmettre à sa descendance[45]. Normalement, celui qui arrête le sang le fera en subjuguant le sang par la peur, ou en ayant recours à des pouvoirs magico-religieux. Même s'il est très rare que ce pouvoir se transmette d'homme à homme, le cas peut se produire:

> Pour ce qui est de faire cesser l'écoulement du sang d'une personne blessée, voici comment mon père s'y prend: il regarde la coupure et le sang, en faisant trois grimaces *épeurantes**. Il touche le sang et le lèche. Le sang cesse de couler. Cette formule a réussi chez le plus vieux de mes frères. Papa m'a dit qu'il donnerait son secret magique au plus vieux de mes frères encore vivant à sa mort. Je me souviens que les voisins venaient chez nous pour que papa fasse cesser le sang lors d'une blessure. J'ai vu cela de me yeux[46].

Voici ce qui peut arriver à un incrédule:

> À Barachois il y avait une personne qui avait le don d'arrêter le sang; mais il y avait un individu incrédule à son égard. Ils étaient tous deux sur une ferme où on était à égorger un cochon. L'autre lui lance le défi d'arrêter le sang de couler. Le sang est resté dans la viande qui s'est gâtée et le propriétaire a perdu son cochon[47].

---

43. *Ibid.,* doc. ms. 8623-B 83 (281, 19); 2071-B 80 (159).
44. *Ibid.*, doc. ms. 8627-8628-B 83 (293, 60, 212).
45. *Ibid.*, doc. ms. 8629-B 413 (212, 60).
46. *Ibid.*, doc. ms. 8598-B 413 (306, 152).
47. *Ibid.*, doc. ms. 8602-B 413 (193).

L'*arrêteur de sang** peut également exercer sa puissance en l'absence du malade qui peut être éloigné de lui de plusieurs *milles* :

> Zaï à Valentin de la petite rivière de Bouctouche était bon pour arrêter quelqu'un de saigner du nez. Je me rappelle qu'une fois mon défunt frère Eddé s'avait coupé sur un pied avec une hache et ça s'arrêtait pas de saigner. J'avais été voir Zaï (la personne malade n'avait pas besoin d'y aller). Même s'il était très occupé et qu'il faisait bien froid, Zaï a été dehors et s'est mis les mains sur les deux poteaux de la terrasse. Il marmottait et parlait avec les esprits. Tout son corps tremblait, des grosses gouttes de sueur lui coulait sur le front. Rentré à la maison, vers quatre heures de l'après-midi, il a dit : — C'était une *hard case** parce que c'était une grosse coupure et puis c'était loin d'ici. Arrivé chez-nous, Eddé regardait pas *pire**, puis ils ont dit que le sang avait arrêté vers quatre heures[48].

Celui qui détient ce secret peut conjurer les sorts qui lui sont destinés en provoquant un écoulement impromptu de sang. Cette personne retournera alors les maléfices contre son auteur, à condition que ce dernier soit connu :

> Une Indienne allait aux maisons chercher du lait. Une bonne journée, un fermier plus osé refusa de lui en donner. Le lendemain, la vache donna du sang au lieu du lait. Mais le fermier savait se défendre; il a mis le sang dans un pot, et puis l'a fait chauffer sur le poêle. Le sang était très chaud. Quelques instants après, l'Indienne arriva, suppliant le fermier d'enlever le sang de sur le poêle et de le faire refroidir. Elle ne pouvait pas le faire elle-même. Sa vie était à la merci du fermier. Si le sang reste sur le poêle, l'Indienne mourra. Si l'Indienne touche au pot, elle deviendra folle. Le fermier enleva le pot du poêle et le fit refroidir. L'Indienne retourna chez elle et la vache donna du lait[49].

Selon la tradition orale, les forces magiques seraient plus fortes que les connaissances scientifiques,

---

48.   Coll. Jean-Claude DUPONT, doc. ms. 6243-B 413 (157, 102).
49.   *Ibid.,* doc. ms. 8599-B 435 et B 436 (334).

car on avait recours à l'*arrêteur de sang** lorsque la médecine était impuissante:

> J'ai entendu dire que ce même H. Richard a été demandé plusieurs fois à l'hôpital alors qu'ils ne pouvaient par arrêter le sang. Tu vois qu'il était bien connu[50].

Le sang menstruel est corrompu; c'est une vie avortée. Une croyance universelle fait du sang des menstruations un agent de mort et comme il ne faut pas mêler la vie à la mort, l'homme et la femme n'auront pas de relations sexuelles pendant cette période, parce que le sperme (sang blanc) est une source créatrice de vie:

> Chaque goutte de *sang blanc** est formé de dix gouttes de sang rouge; c'est pour cela qu'une *jeunesse** est toujours plus forte qu'un homme qui *voit une femme**[51].

Selon Hocart, le sperme, comme le sang et le lait qui a gonflé la mamelle, ne doit pas être contaminé par la mort inhérente au sang menstruel. Les peuples antiques identifiaient le sperme au souffle originel et croyaient qu'il communiquait la respiration[52].

En Acadie, il s'ensuivra des effets néfastes si le sang menstruel entre en contact avec la nourriture qui donne la vie. La femme menstruée ne fera pas de pain, ni de beurre, ni de gâteau: et elle ne mettra pas les mains dans le baril à poisson[53], et n'ira pas à l'église; car l'odeur qui émane d'elle empêchera la crème de tourner en beurre, le pain et le gâteau de gonfler et fera aigrir le vin (qui est du sang) dans le calice du prêtre. Une expression populaire pour signifier qu'une femme est menstruée, se dit *ne pas être vigoureuse**.

Une religieuse acadienne rapporte qu'étant sacristine, elle n'allait pas dans le chœur de la chapelle lors-

---

50. *Ibid.*, doc. ms. 8600-B 413 (282, 19).
51. Coll. Jean-Claude DUPONT, doc. ms. 8630-S (347); 5126-A 56, T 357 (300).
52. A. M. HOCART, *op. cit.*, p. 178.
53. Coll. Jean-Claude DUPONT, doc. ms. 9034-T 337 (13).

qu'elle était menstruée. Cette même croyance qui prévient la contamination de la nourriture par la mort fait que l'on ne préparera pas de nourriture dans une maison où un mort est exposé, et que l'on fermera alors tous les récipients qui contiennent de la nourriture solide ou liquide[54].

C'est toujours avec le même souci que l'on défend à la femme menstruée d'aller danser, parce que la danse est un rituel qui symbolise la recherche de la vie[55].

Rappelons avec quelle hâte le sang et le placenta étaient brûlés ou enfouis dans un tas de fumier lors d'une naissance à la maison.

La période des jours néfastes des menstruations chez la femme acadienne était l'objet de bien d'autres abstentions, comme celle de se peigner ou d'exterminer ses poux; sans doute pour conserver la moindre force vivante qui pourrait combattre le fluide de mort. «Lorsque la femme était menstruée, elle devait se couvrir la tête, même lorsqu'elle était dans la maison»[56].

> Pendant les menstruations, il était dangereux pour une jeune fille de monter des marches, *corder** le bois, manger de la moutarde et de se laver la tête[57].

Nos vieillards ne racontent-ils pas encore que les poux se sauvent rapidement de la chevelure d'un mort et partent à la recherche d'une autre *tête chaude**.

Il n'y a pas que le placenta qui doit disparaître, puisqu'il en est de même pour tout ce qui a touché au sang:

---

54. Coll. Jean-Claude DUPONT, doc. ms. 3132-T 337 (195); 8744-T 366 (311).
55. A. M. HOCART, *op. cit.,* p. 182-184.
56. Coll. Jean-Claude DUPONT et Charline A. LÉGER, doc. ms. 33-T 337, Inf. Jeannette LÉGER, Moncton, N-B., A.F.U.L., 1973.
57. Coll. Jean-Claude DUPONT, doc. ms. 8601-S (208); 5244-A 36 (31, 131); 5245-T 34 (31, 131); 5265-T 337 (304).

Il fallait jeter au feu une dent qu'on se faisait enlever, parce qu'une dent de cochon pousserait à la place si un chien mangeait la dent extraite[58].

La verrue que l'on extirpe sera également enterrée ou brûlée, de même que l'élément médical qui aura touché cette verrue pour la faire disparaître:

> Pour guérir les *verrures**, on prend un morceau de steak, on le place sur la *verrure**, et ensuite on l'enterre. La personne guérie ne doit pas savoir où on a mis le steak. Si on le lui dit, la *verrure** reviendra[59].
> Pour faire disparaître des *verrures**, il s'agissait de les frotter avec une couenne de lard et d'enterrer cette viande dans le jardin. Quand la viande avait pourri dans la terre, les *verrures** avaient disparu[60].

58. *Ibid.*, doc. ms. 8631-S (16); 2891-S (128); 3684-S et T 32 (315); 2308-B 80 (148).
59. *Ibid.*, doc. ms. 8604-B 83 (216).
60. *Ibid.*, doc. ms. 8603-B 83 (272).

V LES SCIENCES POPULAIRES

Les sciences populaires sont les traditions relatives aux connaissances et aux usages servant à découvrir les secrets de la nature, dans le but premier d'assurer l'existence et d'orienter la conduite de la vie. Par exemple, de tradition, on connaît la force de la glace. On dit:

> La glace transparente de deux *pouces* d'épaisseur porte un homme;
> La glace transparente de quatre *pouces* d'épaisseur porte un cheval;
> La glace transparente de six *pouces* d'épaisseur porte un cheval et sa charge[61].

De nombreuses données de cette sagesse du peuple sont basées sur la vision humaine des mutations de phénomènes et d'éléments naturels, comme les astres, la végétation, etc. Cependant les explications que l'on donne de ces phénomènes n'ont pas toutes un sens pratique; certains n'ont qu'un but, celui de divertir. Le folklore du tonnerre illustre bien ce dernier aspect fantaisiste. Certaines disciplines du corpus des sciences populaires, comme la médecine et la météorologie, se veulent plus sérieuses, et le peuple leur porte quotidiennement une attention particulière.

a) La médecine populaire

La médecine populaire est fondée sur trois principaux types de médication: la médecine religieuse, la

---

61.   Julie D. ALBERT, *op. cit.*, (traduction), p. 82.

médecine magique et la médecine naturelle. En Acadie, les remèdes faisant appel à la religion sont beaucoup moins importants en nombre que ceux relevant des préparations naturelles tirées des végétaux, des minéraux ou des animaux. La médecine magique se situe entre les deux types précédemment cités; elle n'est pas si importante que la médecine naturelle, mais elle est beaucoup plus en usage que la médecine religieuse.

La médecine magique est la seule à posséder une existence propre. Par contre on ne peut en dire autant de la médecine religieuse et de la médecine naturelle avec lesquelles la médecine magique s'associe. L'étude de deux cents relevés de médecine populaire donne les proportions suivantes: 68% des relevés appartiennent à la médecine naturelle; et la médecine naturelle est constituée d'éléments minéraux dans 26% des cas, d'éléments végétaux dans 45% des cas, d'éléments animaux dans 20% des cas, et d'autres éléments dans 9% des cas.

La médecine magique est utilisée dans 24% des cas, tandis que la médecine religieuse est en usage dans 8% des relevés seulement.

Dans 12% des relevés de médecine naturelle, celle-ci s'associe à des éléments tirés de la médecine magique; tandis que dans 3% des cas elle est assistée de la médecine religieuse. Cette dernière pour sa part, s'associe dix fois sur cent à la magie.

Les remèdes religieux sont surtout des manifestations de foi (récitations de neuvaines, prières, signes de croix, etc.); l'utilisation d'objets bénits (médailles, eau bénite, et autres), ou encore, certains moments de la liturgie comme l'élévation pendant la messe, etc.

L'utilisation des remèdes magiques est beaucoup plus complexe; trois aspects principaux sont à considérer:

1. L'agent;
2. La disposition du temps et de l'espace propice;
3. La matière qui extirpe le mal.

1. L'agent

La personne qui fait le geste, ou applique la médication, ou *exerce un secret**, peut être un intermédiaire. Cette personne est généralement reconnue pour ses capacités naturelles de guérir, ou comme étant détentrice d'un don qui lui fut transmis à la naissance (le septième fils de lignée) ou par un legs. Cet héritage peut être familial (le plus jeune de la famille) ou avoir été légué par une personne quelconque de sexe opposé.

Le malade peut aussi se *médiciner** lui-même, en se basant sur ses propres connaissances ou sur les dires d'une autre personne connaissant le remède.

2. La disposition du temps et de l'espace

Il faut choisir un temps propice pour médiciner au moyen de forces magiques et cette circonstance idéale est celle où le monde est faible et le malade est fort. Le monde est faible lorsque les phénomènes cosmiques de l'univers céleste effectuent des transitions, lorsqu'il y a rupture dans l'ordre établi de la nature ou lorsqu'il y a désordre dans le milieu ambiant immédiat du malade. Par contre, le malade est fort lorsqu'il n'est pas à jeun.

L'univers céleste est à son point faible au moment où le vent change de direction; lorsque la lune est dans le *décroissant**; lorsque le mouvement de la mer termine sa phase du flux pour entreprendre celle du reflux; lorsque la nuit passe au jour ou lorsque le soleil n'est pas encore levé. Les points forts de l'univers sont, par contre, le moment de la pleine lune (l'enfant né lors de la pleine lune ou pendant la marée haute sera fort physiquement), et le moment de la nuit où il fait le plus noir (c'est alors que les mourants ont de la difficulté à ne pas trépasser)[62].

---

62. Jean-Claude DUPONT, *Contribution à l'ethnographie des côtes de Terre-Neuve*, p. 55.

La rupture de l'ordre établi dans la disposition des êtres et des choses, ou dans la succession des gestes habituels, est créée par le malade qui fait des actes «contre nature» au moment du traitement. Ainsi, le malade subissant la médication ou sur le point de la subir, s'il rencontre un ami ne lui adressera pas la parole, ou placera un membre ou un organe du corps d'une façon inhabituelle (fermer fortement les mains, tenir la langue appuyée au palais). Tel remède pourra être utilisé lorsque le malade aura réussi à rencontrer tel nombre d'êtres ayant une conformité rare (après avoir rencontré un bossu; avoir compté sept, neuf, ou douze chevaux blancs, ou noirs; avoir trouvé une personne portant le même nom que lui, etc.).

On brisera l'ordre de la nature en changeant un caillou de place, en le tournant à l'envers, ou en le lançant au loin.

Il y a cependant des exceptions à la règle puisqu'il arrive que le malade soit guéri seulement si son comportement biologique, dans une période donnée, est normal. Par exemple, certaine médication n'aura pas d'effet sur un enfant qui ne grandit pas dans le courant d'une année. Un enfant souffrant de l'asthme est amené dans la forêt. Il s'adosse à un arbre, et le *soigneur** perce un trou dans le tronc de l'arbre à la hauteur atteinte par l'enfant. L'enfant met dans ce trou des rognures d'ongles d'orteils et de doigts, ainsi que quelques cheveux. Le *soigneur** fabrique une cheville de bois et bouche fermement le trou. L'année suivante, à la même date, l'enfant retourne se mesurer contre le même arbre; s'il a grandi, c'est-à-dire s'il dépasse le trou pratiqué dans l'arbre, il est guéri[63].

Monsieur Aurèle Maillet de Saint-Simon, Nouveau-Brunswick, âgé de 60 ans en 1973, raconte ainsi comment il a soigné sa petite fille asthmatique vers 1945:

---

63.   Coll. Jean-Claude DUPONT, doc. ms. 9031-B (248); 9032-B 80 (252).

Moi, j'avais une petite fille qui avait l'asthme, elle nous faisait passer des nuits blanches. Quand la petite fut assez grande pour se tenir debout toute seule, à un an et demi, je l'ai amenée dans le *bois**. Je me rappelle que c'était le printemps, il y avait encore de la neige. J'ai choisi un arbre vert qui avait de la vie, et j'ai mis la petite debout au pied de l'arbre. À la hauteur de sa tête, j'ai fait un trou dans le corps de l'arbre, et j'ai pris des cheveux de la petite que ma femme lui avait coupés avant de l'amener là, et je les ai mis dans le trou. J'ai ensuite bouché le trou avec une cheville de bois.

L'année d'ensuite, j'ai encore amené ma petite fille au pied du même arbre, et sa tête dépassait le trou d'un poil. Après ça, elle est devenue moins tanante, et quand elle a grandi, son asthme est parti tout d'un coup[64].

La brisure du milieu ambiant immédiat (comme l'atmosphère enveloppant le corps), ou l'oubli de l'existence réelle, est une autre façon de disposer d'un espace physique ou mental propice.

Telle médication est mise en place alors que le malade fera trois fois ou sept fois le tour d'un arbre de telle essence, ou décrira des cercles avec un doigt autour de la plaie, ou gesticulera avec ses mains comme pour éloigner les esprits. Ces gesticulations prennent parfois l'aspect de formes religieuses (des signes de croix, l'imposition des mains comme pour bénir, etc.). Quand il s'agit d'échapper aux préoccupations quotidiennes, on se retirera par la pensée (qui demeure secrète); on regardera au loin sur la mer, etc.

3. La matière qui extirpe le mal

Le mal provoquant la douleur ou l'infirmité sera retiré du corps de quatre façons principales; par une formulette secrète ou des paroles prononcées à haute voix; par l'utilisation de matériaux (du bois, des métaux, de la pierre, du sel, de l'eau, etc.); par l'alimentation de la cause réelle ou imaginaire du mal (médica-

---

64. Coll. Jean-Claude DUPONT et Denise HÉBERT, doc. ms. 5-B 80, *Inf. cité.*

tion de graisse d'oie sur le clou rouillé qui est entré dans le pied, mie de pain placée dans un jonc que l'on utilise pour guérir, etc.) ou finalement, par l'exposition à la chaleur ou au froid.

Il arrive souvent qu'une médication fasse appel, en même temps, à l'ensemble des moyens ci-haut mentionnés. Par exemple, pour se guérir des verrues, on fait des signes de croix (les gestes) sur une porte de cuisinière (le fer) chaude (la chaleur) tout en récitant une formule secrète (le secret).

En Acadie où les gens vivent nombreux auprès de la mer, on utilise davantage des matériaux tirés des eaux (eau salée, poissons, écailles d'huîtres, huile de foie de morue, vieux cordages, etc.).

Pour terminer, mentionnons que par ordre d'importance, les différents composants de la médecine naturelle sont constitués, pour ce qui est des minéraux, par l'eau, le soufre, le sable, le fer, le plomb, l'or, le charbon, et la coquille de mollusques. Pour les végétaux, on utilise quatre fois plus les plantes (chardon, plantain, lin, absinthe, anis, blé, *fèves**, pommes de terre, oignons, etc.) que les parties d'arbres (écorce, bourgeons, racines, gomme et autres) provenant du cerisier, du pin, du sapin, du hêtre, du peuplier, du tremble et du bouleau. Chez les poissons, on utilise d'abord la graisse ou la peau (morue, hareng, anguille, etc.), et on se sert de la graisse de l'ours, du porc, de l'oie et du bœuf.

Pour établir ces données sur les différents règnes participant à la médecine naturelle, j'ai laissé de côté des éléments non rattachés à une catégorie principale, comme les boissons alcoolisées, la mélasse, le camphre, la peinture, la parafine, etc. De même, j'ai négligé certains remèdes appartenant à la nature, mais qui sont difficilement intégrables à quelque règne que ce soit; mentionnons la fumée, la crasse du corps ou du *bouquin de pipe**, la bave de chien, le fumier de cheval, ou de vache, ou de poule, la moisissure d'auge à cochon, le fil d'araignée, etc. Nous avons cependant retrouvé un sixième de ces dernières recettes naturelles lors du dépouillement des deux cents relevés.

Par ordre alphabétique de maux, voici quelques exemples des différentes façons de se guérir:

Appétit (perte de l')

Faire bouillir ensemble de l'écorce de sapin et de l'écorce de *violon**. Conserver le remède au froid et en boire quelque fois par jour.

—Mettre à tremper de la *tansée** dans une cuve pendant huit jours. Après le huitième jour, les membres de la famille en prennent deux ou trois cuillerées chaque jour et font une neuvaine. Après le neuvième jour, on peut *manger mer et monde**[65].

Blessure

Faire lécher la plaie par un chien[66].

Brûlure

Appliquer de l'huile de foie de morue. Placer une feuille de hêtre sur la plaie[67].

Chancre

Brûler de la coquille de *mouque** et en appliquer la cendre sur les lèvres[68].

Cheveux (perte de)

Appliquer de la graisse d'ours ou laver avec de l'*eau de trempe** de forgeron[69].

Clous

Appliquer de la mie de pain ou de l'amidon de patates sur le clou[70].

Coliques

Boire du *gin** dans de l'eau chaude sucrée[71].

65. Coll. Jean-Claude DUPONT, doc. ms. 2637-B 80 (139, 141); 1614-B 80 (102).
66. *Ibid.*, doc. ms. 1876-B 80 (30).
67. *Ibid.*, doc. ms. 1887-B 80 (30); 641-B 80 (35).
68. *Ibid.*, doc. ms. 1888-B 80 (30).
69. *Ibid.*, doc. ms. 1601-B 80 (193).
70. *Ibid.*, doc. ms. 1884-B 80 (30).
71. *Ibid.*, doc. ms. 2065-B 80 (227).

Coupures

Placer du lard salé ou de la mie de pain sur la plaie[72].

Dartres

Décrire des cercles autour de la dartre avec un jonc (de femme) béni. Il faut faire trois fois le tour de chaque dartre avec le jonc[73].

Dents (mal de)

Tremper le visage dans l'eau salée. Prendre des *écarts** de chevaux, les mettre dans la dent. La personne doit ignorer ce qu'on met dans la carie[74].

Enflure (œdème)

Envelopper avec du cordage goudronné en faisant trois tours à rebours du soleil.
— On peut aussi fixer un hareng salé sur la partie enflée[75].

Faiblesse

Boire de l'eau de mer[76].

Fièvre (contre la)

Placer un hareng salé dans chaque bas[77].

Gorge (mal de)

Prendre un hareng salé, chaud et poivré, et le placer sur la gorge.
Se laver les mains avant le visage[78].
Prendre du fumier de vache chauffé sur le poêle et l'étendre sur un tissu blanc. On s'enveloppe ensuite la gorge avec ce pansement[79].

72.   Coll. Jean-Claude DUPONT, doc. ms. 1675-B 80 (224).
73.   *Ibid.,* doc. ms. 3857-B 80 (255); 2283-B 80 (166).
74.   *Ibid.,* doc. ms. 1889-B 80 (30); 1285-B 80 (99).
75.   *Ibid.,* doc. ms. 1890-B 80 (30).
76.   *Ibid.,* doc. ms. 1891-B 80 (30).
77.   *Ibid.,* doc. ms. 647-B 80 (332).
78.   *Ibid.,* doc. ms. 639-B 80 (89); 653-B 80 (73); 1612-B 80 (102).
79.   Coll. Jean-Claude DUPONT et Louise P. BELLIVEAU, doc. ms. 32-B 80, Inf. Laurie LEBLANC, 63 ans, Saint-Anselme, N-B., 1973.

Hoquet

Mettre une clé de porte dans le dos.

— Boire un verre d'eau en comptant jusqu'à dix.

— Placer un dix *sous,* sous la langue.

— Boire sept gorgées d'eau. La septième doit être plus grosse que les précédentes.

— Prendre une cuillère à thé de vinaigre avec du sucre[80].

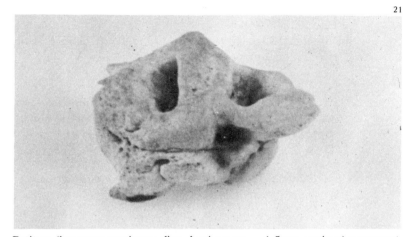

21

Petit os (longueur maximum d'un demi pouce — 1,5 cm environ) provenant de la tête du porc. La personne qui le porte sur son corps, vis-à-vis du cœur est préservée des maladies cardiaques. On le fixait sur sa camisole en le plaçant dans un petit sac normalement utilisé pour contenir des médailles. *(Photo des A.F.Ų.L., topo. Jean-Claude Dupont, 2014)*

Mal de mer

Pour empêcher le mal de mer, il faut mettre du sable dans ses bottes. On peut aussi manger de la morue sèche ou regarder au loin sur la mer[81].

Marcher

Faire marcher l'enfant pendant l'Élévation (messe).

— L'eau salée fortifie les jambes et les reins des enfants[82].

---

80. Coll. Jean-Claude DUPONT, doc. ms. 1881-B 80 (297); 1882-B 80 (297); 1883-B 80 (297); 1896-B 80 (173).
81. *Ibid.,* doc. ms. 622-B 80 (297).
82. *Ibid.,* doc. ms. 638-B 80 (175).

Oreilles (mal d')

Une goutte de graisse d'anguille suffit pour guérir le mal d'oreilles[83].

Oreillons

Se frotter le cou avec un morceau de bois pris à l'intérieur d'une auge à cochon[84].

Panaris ou *fouilleu**

Envelopper le doigt avec du tabac à mâcher (tabac à chiquer). Si l'ongle tombe, pour arrêter la douleur, mettre du fumier de poule sur la plaie[85].

Peau (mal de)

Frotter une lime sur une hache pour produire une poudre de fer. Ensuite brûler ce résidu. Appliquer la poudre sur la peau malade[86].

*Picote**

De la fiente de poule bouillie et mêlée à de la graisse et du soufre guérit ce mal[87].

Point de côté

Soulever une pierre, cracher dessous et la replacer[88].

Rhume

Contre le rhume, préparer un mélange de mélasse, de gingembre et de *soda à pâte*, ou un mélange de clou de girofle, de mélasse et de soufre[89].

Saignement de nez

Mettre des fils d'araignées dans les narines.

---

83. Coll. Jean-Claude DUPONT, doc. ms. 646-B 80 (220).
84. *Ibid.,* doc. ms. 1879-B 80 (277).
85. *Ibid.,* et Louise P. BELLIVEAU, doc. ms. 26-B 80, Inf. Madame Edmond BELLIVEAU, 58 ans, Saint-Paul de Kent, N-B., 1973.
86. Coll. Jean-Claude DUPONT, doc. ms. 1968-B 80 (30).
87. *Ibid.,* doc. ms. 1652-B 80 (301).
88. *Ibid.,* doc. ms. 1878-B 80 (34).
89. *Ibid.,* doc. ms. 660-B 80 (181); 1970-B 80 (30).

— Faire un signe de croix en arrière du malade, sans qu'il s'en aperçoive[90].

Seins (mal aux)

Pour guérir les ganglions des seins, placer une casquette chaude sur les seins (casquette d'homme encore chaude de sueur)[91].

Verrue

Frotter chacune des verrues avec un caillou différent, mettre ces derniers dans un sac et les jeter.

— Faire un certain nombre de tours avec un fil noir autour du doigt, et enterrer le fil. Lorsque le fil sera pourri, la verrue sera disparue[92].

Vers (intestinaux)

Faire boire une goutte de paraffine et une goutte de térébenthine pour chaque année de l'enfant; par exemple, 5 gouttes de paraffine et 5 gouttes de térébenthine si l'enfant est âgé de cinq ans.

— Prendre des coquilles d'œufs et les faire griller dans le *fourneau** du poêle. Les écraser en ajoutant de la mélasse. On faisait ensuite manger cela aux enfants pendant neuf jours de suite.

— Appliquer un collier d'ail au cou[93].

b. La vision des phénomènes et des éléments naturels

Certaines actions sont vouées au succès ou à l'échec selon qu'elles sont effectuées de jour, quand le soleil brille, ou de nuit, à la pleine lune. Par exemple, un pêcheur crèvera une ampoule dans sa main, quand la lune aura succédé au soleil, afin de ne pas avoir mal lorsqu'il mettra les mains dans l'eau salée[94].

---

90. *Ibid.,* doc. ms. 662-B 80 (299).
91. *Ibid.,* doc. ms. 2336-B 80 (299).
92. *Ibid.,* doc. ms. 1872-B 80 (297); 3776-B 80 (99).
93. *Ibid.,* doc. ms. 650-B 80 (318); 2895-B 80 (25); 3563-B 80 (302).
94. *Ibid.,* doc. ms. 681-D 1 (111); 4023-S (171).

De même, le cycle de la pleine lune, de la nouvelle lune et des phases transitoires, sont à surveiller; parce qu'il en découle pour les hommes des effets allant des meilleurs aux pires. Et sur certains points, la tradition ne semble pas montrer de contradiction.

Quand la lune est *pleine**, c'est le temps d'accomplir certaines activités comme celle de couper les cheveux (ils épaissiront)[95]; de tuer les porcs (la *viande fera du profit**); de couper le bois de chauffage (il donnera plus de chaleur); de raser les oignons (ils pousseront plus fournis)[96]; etc.

Quand la lune est *déclinante**, surtout celle du mois de mars, le bois coupé pour faire des clôtures ne pourrira pas[97]. C'est aussi le temps idéal pour semer les graines de légumes qui se développent sous terre, comme les carottes. Le bois dont on se sert pour faire des patins de traîneau doit aussi être coupé pendant la *déclinaison** de la lune[98].

Quand la lune est *profitante**, ou nouvelle, on doit semer les légumes ou céréales qui produisent hors de terre, comme les *fèves**, les tomates, l'avoine, le blé et l'orge[99]. C'est un excellent moment pour couper les bois servant à faire des essieux de voiture. Cette *lune profitante** est si forte qu'elle aurait la vertu de changer un poteau en arbre:

> J'ai pris un poteau de huit *pieds* (2,4 m) de longueur et je l'ai planté dans la terre, environ à deux *pieds* (0,7 m) de profondeur. Puis ensuite, j'ai mis un morceau de pelouse sur le faîte du poteau. Les branches ont poussé faisant un arbre. C'était dans la lune *profitante**[1].

95. Coll. Jean-Claude DUPONT, doc. ms. 2999-D 24 (173).
96. *Ibid.*, doc. ms. 676-D 22 (19, 281); 677-D 22 (19, 281); 678-D 22 (218); 761-D 21 et D 24 (78); 762-D 21 et D 22 (78).
97. *Ibid.*, doc. ms. 766-D 22 (19, 282).
98. *Ibid.*, doc. ms. 701-D 22 (184); 3919-D 22 (141, 204).
99. *Ibid.*, doc. ms. 757-E 7 (175, 178); 763-D 22 (120, 141, 204); 764-D 22 (19, 282); 765-D 22 (19,282).
 1. *Ibid.*, doc. ms. 770-D 22 (19, 282).

Lors de la nouvelle lune, si celle-ci a les *cornes** vers le haut, de sorte qu'on puisse y accrocher un seau ou suspendre son chapeau, il ne pleuvra pas[2]. Si les *cornes** sont vers le bas, c'est un signe de mauvais temps[3]. Cette période est mauvaise pour la coupe des cheveux, car ils repousseront trop vite.

La superstition tient également compte des étoiles. On doit faire son jardin le lendemain d'un ciel très étoilé[4]. Lorsque les étoiles sont *creuses**, ou peu nombreuses, elles annoncent un temps froid pour le lendemain. Selon certains, une vieille fille doit compter souvent les étoiles pour trouver à se marier. Par contre, d'autres disent que les personnes qui font le compte des étoiles sont certaines d'attraper des verrues[5].

Le pêcheur porte une attention spéciale au soleil. Entre autres gestes, lorsqu'il amarre sa barque, il faut qu'il manœuvre en la faisant tourner dans le sens de la marche du soleil, du lever au coucher, pour finalement mettre le devant de la barque dans le sens où le soleil se dirige[6]. Au départ du quai, le matin, il ne faut pas que le pêcheur fasse tourner sa barque contre le sens de la marche du soleil[7]. De plus, si un coq chante après le coucher du soleil, c'est signe de décès[8]. Le matin, quand le soleil se lève et se cache immédiatement dans les nuages, il y aura des averses dans la journée[9].

Il y a un moyen de prévoir s'il fera tempête ou non en examinant le ciel. La météorologie puise beaucoup de son répertoire dans la conformation de la lune et de son entourage immédiat. Par exemple, lorsque la lune est entourée d'un halo, elle annonce de la neige et si

---

2. *Ibid.*, doc. ms. 518-E 10 (173).
3. *Ibid.*, doc. ms. 710-D 25 (135, 141); 712-D 25 (71); 713-D 25 (322).
4. *Ibid.*, doc. ms. 760-D 4 (87, 285).
5. *Ibid.*, doc. ms. 3048-T 3471 (283); 759-D 5 et S (124).
6. *Ibid.*, doc. ms. 758-D 1 et V 5 (328).
7. *Ibid.*, doc. ms. 727-V 58 et S (332).
8. *Ibid.*, doc. ms. 4058-S (290).
9. *Ibid.*, doc. ms. 5194-E 10 (198).

22

23

Il fera beau en mer si le pêcheur peut *accrocher sa mug** à la lune, ou si la lune *ramasse la pluie**, ou si le pêcheur peut *accrocher son chapeau** à la lune. (*Dessins d'après les informateurs*).

Il pleuvra si la lune *renverse** la pluie; il neigera si la lune a des *anneaux**; il ventera* si la lune est cachée par de petits nuages. (*Dessins d'après les informateurs*).

116

Lorsque les nuages sont petits et hauts, et que le vent vient de la mer, le pêcheur n'a qu'à tourner sa barque dans le sens du mouvement du soleil en laissant la *côte** et il fera une bonne journée de pêche.

elle se lève dans les nuages, il y aura de la pluie[10]. Les *cernes** autour de la lune ou les nuages sous la lune sont de mauvais augures.

Le rouge, symbole du sang, est l'annonce d'un malheur en mer: «Au soleil couchant, si les nuages sont rouges, c'est l'annonce de tempête en mer pour le lendemain». Le noir autour du soleil serait aussi révélateur d'une prochaine tempête en mer. Le moment du jour ou de la nuit pendant lequel la tempête a lieu est significatif: «S'il tonne après minuit, il peut tonner encore pendant les prochaines vingt-quatre heures[11].

10. Coll. Jean-Claude DUPONT, doc. ms. 515-E 10 (297); 713-D 25 (322); 1756-E 10 (173); 3203-E 10 (297); 3206-E 10 (30); 5196-E 10 (198).
11. *Ibid.*, doc. ms. 587-E 2 (313); 2913 à 2936-E 10 (76, 25, 173, 30, 297, 188, 195).

25

Il fera *méchant temps** si le soleil est dans le noir, si les nuages de forme allongée voyagent et si les oiseaux viennent vers la terre. Par ce temps, le pêcheur ne partira pas. Lorsqu'il amarre sa barque le soir, le pêcheur doit la faire tourner dans le sens du soleil sinon, la pêche ne sera pas bonne le lendemain.

Il faut aussi tenir compte du vent[12]. S'il vient du nord-est le vendredi saint, le vent viendra du nord-est trois jours sur quatre durant l'année entière[13]. Ce vent est appelé *vent haïssable** par les pêcheurs[14]. Le vent du sud-ouest s'appelle le *suète** au Cap-Breton et il est considéré comme très mauvais. Le *vent des orphelins** aux Iles-de-la-Madeleine provoque des naufrages et crée des orphelins. On a souvent mentionné au cours

---

12.   Coll. Jean-Claude DUPONT, doc. ms. 2939-E 10 (195).
13.   *Ibid.*, doc. ms. 424-M 493 (195); 429-M 493 (148).
14.   *Ibid.*, doc. ms. 683-M 493 et E 7 (178, 175); 716-M 14 (178, 175).

des enquêtes que le *vent des orphelins** fait entendre des plaintes semblables aux pleurs d'enfants. Il ne faut pas mettre d'oeufs à couver quand le vent arrive de la mer, car les poulets n'écloront pas[15]. Par contre, au printemps, si le vent arrive des terres pour se diriger vers la mer, le hareng n'approchera pas des côtes[16].

Les nuages n'ont d'importance que dans les prédictions météorologiques. Des nuages blancs, petits et hauts, annoncent le beau temps, tandis que les nuages en long et qui voyagent vite, sont signes de tempête en mer.

La mer, dans son ensemble, et l'eau en particulier, ne sont pas sans être interrogées par les pêcheurs; ces derniers prétendent que c'est la mer qui est responsable de la température sur les *terres**. La *marée montante* est toute indiquée pour le moment de la naissance d'un enfant, et l'enfant né à la *marée montante* n'aura jamais le mal de mer[17]. C'est pendant la *marée montante* qu'il faut tuer un porc pour que la viande soit meilleure et que le gras fonde moins vite dans le poêlon. Si l'on veut baratter le beurre, il faut le faire pendant la *marée baissante*[18].

Au printemps, si l'eau est assez chaude, le hareng passera davantage vers les côtes; il en va de même pour le maquereau, la morue et le homard[19].

Lorsque les corbeaux viennent de la mer vers la terre, c'est signe de mauvais temps.

Enfin, disons qu'il y a des périodes néfastes, comme celle des canicules, pendant lesquelles les agrès de pêche en fer rouillent, et qu'il y a des jours du mois pendant lesquels les truites ont le sang à la tête et mordent davantage[20].

La foudre que l'on désigne sous le nom de *tonnerre** serait un élément surnaturel contrôlé par Dieu

---

15. *Ibid.*, doc. ms. 714-S (297).
16. *Ibid.*, doc. ms. 2960-V 50 (297).
17. *Ibid.*, doc. ms. 711-D 26 (171).
18. *Ibid.*, doc. ms. 717-M 14 (175, 177); 718-D 2 et T 42 (209, 339); 719-D 2 (171); 720-D 2 et T 42 (285).
19. *Ibid.*, doc. ms. 2960-V 50 (297).
20. *Ibid.*, doc. ms. 723-M 14 et V 5 (93); 724-M 835 et S (304).

26

Lorsqu'un enfant atteignant l'âge de trois ou quatre ans n'était pas encore propre, c'est-à-dire portait encore la couche, on lui disait que la *brouette des puants** viendrait le chercher. Lorsqu'il tonnait, on racontait aux enfants que c'était cette brouette qui faisait du bruit.

qui s'en servirait pour «punir le monde qui est trop méchant». Lorsqu'un enfant avait peur du tonnerre, on le faisait jeûner le jour de la Fête-Dieu[21]. On dit, par boutade, que les femmes vont se confesser au *quart à farine** dans la *pantry** quand il tonne[22]. Aux enfants, on dira que le bruit du tonnerre est produit par la *brouette des puants**, un véhicule qui vient chercher ceux qui mouillent leur lit[23]. Pour empêcher les enfants de s'amuser avec des objets religieux on leur dit qu'il ne faut jamais faire de croix dans le sable, parce que le petit Jésus va répondre par le tonnerre[24]. On dit

---

21. Coll. Jean-Claude DUPONT, doc. ms. 3027-A 93 (159).
22. *Ibid.*, doc. ms. 585-E 2 et P 43 (171, 205).
23. *Ibid.*, doc. ms. 3025-A 93 (34).
24. *Ibid.*, doc. ms. 1782-E 10 (30).

encore que les bruits du tonnerre sont causés par les anges ou saint Pierre qui vident des patates dans des barils, ou que ce sont les saints qui font la récolte des patates, ou encore que le petit Jésus *corde** des barils de patates et qu'ils *déboulent** [25].

Le *tonnerre tombe en pierre** avant la Saint-Pierre (le 29 juin), et en feu après cette date. Quand il est en pierre, il détruit comme le ferait un tremblement de terre. Lorsqu'il tombe en feu, l'objet frappé est brûlé. On compare le tonnerre en pierre à de la pierre qui roule et se fend.

Parfois on peut empêcher le tonnerre d'entrer dans la maison, ou on essaie de faciliter son entrée pour tenter de le détruire ensuite [26]. Pour empêcher le tonnerre d'entrer dans la maison, on a recours à des pratiques religieuses. Celles-ci se traduisent par des récitations de prières ou par l'utilisation d'objets sacrés.

Les pratiques religieuses, dans ce cas, seront le plus souvent la récitation du chapelet. On a également des prières spécialement conçues pour se préserver de la foudre, comme la prière à sainte Barbe (que nous citons ailleurs dans ce volume), et celle de Notre-Dame des Oliviers :

> Notre-Dame des Oliviers,
> Protégez-nous du tonnerre,
> Et préservez nos *bâtisses** [27].

Une prière que l'on croit particulièrement efficace est l'*Angelus*, récité trois fois de suite [28], ou l'invocation « Jésus, Marie, Joseph », dite à chaque coup de tonnerre [29].

Les objets bénits, comme les médailles, préservent aussi bien du tonnerre que des autres fléaux. Le cierge bénit à la Chandeleur, tout comme l'eau bénite,

---

25. *Ibid.*, doc. ms. 582-E 2 (166); 583-E 2 (315); 3021-E 2 (30).
26. *Ibid.*, doc. ms. 596-E 2 (297).
27. *Ibid.*, doc. ms. 9026-E 24 (6).
28. *Ibid.*, doc. ms. 608-E 10 et P 43 (13); 9023-E 2 (148).
29. *Ibid.*, doc. ms. 9022-E 24 (112).

sont aussi populaires que les médailles[30]. L'eau bénite est lancée en direction des fenêtres et de la porte lors d'un orage; ou bien on y trempe la main pour ensuite tracer un signe de croix sur son corps. On peut aussi mettre l'image de Sainte Face dans la fenêtre, ou la Croix de Tempérance, ou la croix bénite par le prêtre le jour de la Pentecôte ou différentes statues religieuses[31]. Madame Laurie Leblanc de Saint-Anselme, Nouveau-Brunswick, âgée de 59 ans en 1973, raconte ceci:

> Maman avait reçu du père Meckan une petite cloche bénite par le pape. Pendant les orages, on sonnait cette clochette dans chaque chambre de la maison. Maman plaçait aussi une image de la Sainte Face la figure tournée du côté d'où venait l'orage[32].

Pour ce qui est des talismans profanes, un morceau de bois provenant d'un arbre ou d'une maison ayant déjà été frappés par la foudre est un excellent protecteur. On peut aussi porter sur soi un charbon de bois brûlé le jour de Noël[33]. Le tonnerre ne tombera pas là où il y a une femme enceinte[34].

Si le tonnerre tombe sur une maison, il faut le laisser passer. Il suffit alors d'ouvrir la porte du poêle ou celle de la maison pour lui livrer passage[35].

Pour détruire la foudre, on prend une poignée de sel[36], et on en lance une partie dans le feu, et le reste sur le poêle: le *tonnerre se fendra alors en deux**. Une hache placée dans une fenêtre aurait également la propriété de *fendre le tonnerre**. On peut aussi demander au prêtre de détruire la foudre[37].

---

30. Coll. Jean-Claude DUPONT, doc. ms. 620-E 10 (142, 209); 596-E 2 (297).
31. *Ibid.*, doc. ms. 594-E 2 (82); 2944 à 2951-E 10 (30, 297).
32. Coll. Jean-Claude DUPONT, et Louise P. BELLIVEAU, doc. ms. 2-E 2, *Inf. citée*. AFUL, 1973.
33. Coll. Jean-Claude DUPONT, doc. ms. 615-E 2 (101); 617-E 2 (131, 31); 597-E 2 (128).
34. *Ibid.*, doc. ms. 9024-E 2 et T 303 (201).
35. *Ibid.*, doc. ms. 598-E 2 (332); 604-E 2 (332).
36. *Ibid.*, doc. ms. 618-E 2 (31, 131).
37. *Ibid.*, doc. ms. 593-E 2 (82).

Si l'on craint le tonnerre, certains gestes rendront plus hardi, comme le fait de se coucher au centre d'un lit[38]. Assister à la cérémonie de la bénédiction de l'eau le samedi saint[39] chasse également la peur de la foudre. Mais le moyen le plus sûr est de trouver un prêtre qui accepte de lire le prologue de l'Évangile selon saint Jean, et cela après avoir ouvert et déposé la Bible sur la tête du peureux[40]. Finalement, on peut aussi porter sur soi la *Prière d'un soldat* :

> Ô croix de Jésus de Nazareth, ayez pitié de nos enfants ; que les méchants ennemis s'éloignent de nous, dans ce moment et pour toujours. En l'honneur de sa sainte résurrection et glorieuse ascension, qu'il daigne nous mener dans le vrai chemin de la gloire.
> Ô Jésus, prolongez nos jours et sauvez-nous des ennemis visibles et invisibles, je me donne à vous pour toujours. Ô Jésus ayez pitié de nous. Marie et Joseph priez pour nous particulièrement quand vous pensez à nos péchés, ayez pitié de notre pauvre âme. Ô Jésus, donnez-nous la force de porter notre croix, donnez-nous le Seigneur afin que l'on ne pèche pas.
> Cette prière est aussi vraie que la circoncision de Jésus-Christ. Aussi vrai que les trois rois sont allés adorer et apporter leurs offrandes à l'Enfant Seigneur, jour de l'Épiphanie, aussi vraie que notre Père est mort sur la croix. *Ceux qui auront cette prière dans leur maison n'auront pas besoin d'avoir peur du tonnerre et des éclairs.* Ceux qui la réciteront ou qui l'entendront lire seront avertis trois jours avant de mourir. Cette prière a été écrite en l'honneur de Notre-Seigneur Jésus-Christ, espérant qu'elle éloignera du malheur, et que le Saint-Esprit nous préservera de tout danger et nous conduira au bonheur.
> Ainsi soit-il
> Jésus, Marie, Joseph, priez pour nous.
> Ceux qui réciteront cette prière ou qui l'entendront lire ou qui la porteront sur eux-mêmes ne seront jamais tués à la guerre.
> Si vous voyez une personne *tomber d'un mal**, mettez-la sur son côté droit et elle se lèvera et vous remerciera[41].

38. Coll. Jean-Claude DUPONT, doc. ms. 9025-E 2 (6).
39. *Ibid.,* doc. ms. 590-E 2 (214).
40. *Ibid.,* doc. ms. 589-E 2 (94).
41. *Ibid.,* doc. ms. 9028-P 28 (48).

VI LES TRÉSORS CACHÉS[42].

a) Les lieux et les origines

Depuis longtemps les côtes accidentées et les cavernes riveraines de l'Acadie ont suscité la curiosité. Ces endroits n'étaient-ils pas des lieux rêvés pour les pirates qui voulaient cacher des trésors? Les pêcheurs acadiens disent que « les trésors sont toujours cachés au bord de l'eau »[43].

C'est sûrement sur les côtes de Shediac, au Nouveau-Brunswick, qu'il y a le plus de chances de trouver des trésors: sur vingt personnes qui ont parlé de trésors, quatorze les situent à Shédiac. Certaines personnes ont même désigné les endroits précis où en chercher:

— L'île Sauvage (3 personnes).
— La côte, près de la homarderie Landry & Landry (1 personne).
— Près de l'ancien quai, au bout du *Quenn's Road* (2 personnes).
— Sur la côte de Grande-Digue, face à l'église, dans l'eau de la baie de Shediac (2 personnes).
— Certains pêcheurs disaient vaguement qu'il y avait des trésors sur la côte allant de Shediac à Cape Tourmentine.

Selon la tradition, à Robichaud Office, sur la *terre** de G.G., et sur les deux côtés de la rivière, on ferait des découvertes intéressantes si l'on effectuait des fouilles.

---

42. Coll. Jean-Claude DUPONT, doc. ms. 2518 à 2550-K 6, K 62, K 651, K 67, K 69, K 65, K 66, A 541, K 73 (41, 237, 20, 233, 81, 226, 46, 63, 276, 231, 125, 51, 52, 47, 349, 44).
43. *Ibid.*, doc. ms. 8583-K 6 (16).

Il y aurait également des trésors cachés aux endroits suivants: Scoudouc, Pointe-des-Morts (Richibouctou), Shemogue (à quatre *milles* (6,2 km du village), et Barachois (dans les rochers au haut de l'église, près des chalets de Madame P.X. et du docteur G.X.). Près d'un arbre marqué d'une entaille, au confluent des rivières Auboujagane et Kenere, on «trouverait sûrement un trésor», de dire deux informateurs. il faudrait aussi chercher dans les rochers de Bouctouche. Le lieu le plus sûr, selon un autre informateur, serait à Grande-Digue:

> Sur la rivière Shédiac, alors que l'on est à Grande-Digue, il y a un endroit où un canot fait terre facilement, juste à la limite de la *marée montante*. Ce lieu est en bas des ruines d'un ancien *moulin à scie**[44].

Les lieux où l'on a déjà repéré des trésors seraient ceux de la rue Gallagher, à Shédiac; de l'Île Sauvage, dans la baie de Shédiac et le long des côtes d'Aboujagane.

Certaines fouilles ont conduit à des découvertes: un pied de poêle en fer à Shédiac, quelques barils de clous, le gouvernail et une ancre du *Médéa*, des pièces de monnaie française, un pot de métal sans valeur, des ossements, des tessons de poterie, des ustensiles de cuisine, de l'or au cap des Jacques et au cap de Cocagne, etc. «Monsieur J.G. avait trouvé un baril qu'il n'avait pas pu sortir de l'eau, et il est retourné sur les lieux avec un palan, mais il n'a pas réussi à le repérer à nouveau.» Si l'on en croit les pêcheurs, un monsieur M.X., de Haute-Aboujagane, s'était établi à Barachois, mais il dut en repartir, parce que les gens de la *place**, qui le soupçonnaient de s'être enrichi en découvrant un trésor, lui faisaient la vie dure. Un monsieur K.X., aurait trouvé un trésor et s'en serait servi pour acheter un *moulin à scie**; et un monsieur B.X. de Shédiac

---

44. Coll. Jean-Claude DUPONT, doc. ms. 8803-K 6 (44).

«garderait son secret pour ne pas payer de taxes». Souvent on dira: «Il a fait instruire ses enfants avec cela».

Selon des informateurs répartis dans dix villages différents, on devrait surtout trouver de l'or et de l'argent, mais aussi «sept briques en or», des bijoux précieux, des cartes de repère, etc. On prétend que ces objets seraient contenus dans des coffres, des pots ou des barils (sept barils d'or). On parle aussi de *corps mort** de bois de pin remplis d'argent.

D'après neuf personnes qui ont fait des recherches pour retrouver ces trésors, ces derniers proviendraient de bateaux forbans, voire même de celui du capitaine Kidd. Ce dernier aurait fait naufrage sur l'Île Sauvage, par une nuit de tempête, et pour récompenser les Amérindiens qui l'avaient soustrait aux policiers, le capitaine Kidd aurait remis un coffre d'argent à ses protecteurs. Ces derniers l'ont caché, ne sachant qu'en faire. Parfois on dit que ces trésors ont été volés dans les bateaux par des marins qui échappaient à leur maître endormi; ou bien ils proviennent de fortunes jetées à l'eau avec l'intention de revenir les chercher après le passage des inspecteurs du gouvernement. Lors de la Déportation, des Acadiens auraient soustrait leurs vases sacrés et leurs richesses aux Anglais en les cachant dans la terre, croyant pouvoir revenir les prendre plus tard. Mais, malheureusement, très peu d'entre eux y seraient revenus; d'autres sont revenus trop tard et n'ont pu retrouver l'endroit de leur cachette.

Certains trésors proviendraient de naufrages, comme celui du navire *Médéa*, qui coula en 1938. D'autres caches auraient été faites par des Acadiens qui ne se fiaient pas aux banquiers anglais. Parfois aussi les banques n'existaient pas:

> Daniel Harrington aurait enfoui « 50 000 *pounds** en argent comptant» sous terre, à cent cinquante *pieds* (44 m) du coin de sa maison, parce qu'il n'y avait pas de banque[45].

---

45. Coll. Jean-Claude DUPONT, doc. ms. 2532-K 62 (276, 44).

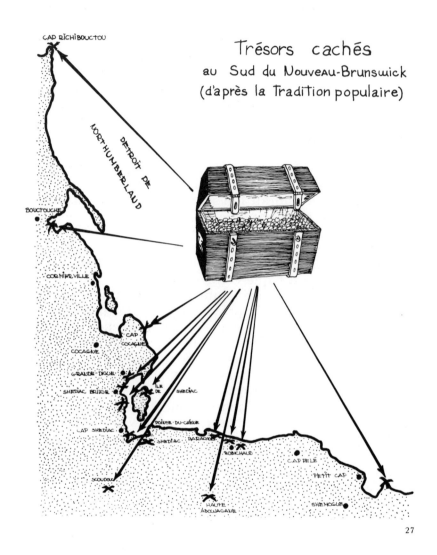

Trésors cachés
au Sud du Nouveau-Brunswick
(d'après la Tradition populaire)

27

On dit souvent: «C'étaient des vieux Français»,
ou encore des vieux garçons qui avaient caché les trésors. On prétend aussi que lors de mutinerie ou d'atta-

ques de vaisseaux pirates, des barils de métaux précieux seraient tombés à l'eau[46].

Souvent, ce seraient des Anglais qui auraient révélé l'emplacement des trésors et les Acadiens se seraient hâtés de se mettre à creuser le sol ou à scruter le fond des eaux.

Cependant, des faits aussi insolites que les suivants seraient à la source de fouilles pour repérer des trésors :

— On a rêvé à un trésor pendant la nuit.
— Un pêcheur a vu à tel endroit un bateau-fantôme qui se dirigeait vers un rocher.
— À Shédiac, un cercueil trouvé dans le sol contenait une carte sur laquelle se trouvaient des symboles indéchiffrables.
— Dans l'église de Saint-Martin-in-the-Woods, à Shédiac Cape, des Français auraient caché une autre de ces cartes.
— Un membre très riche de la parenté est mort sans laisser d'argent et on prétend alors qu'il s'était fait une cachette dans sa cave ou ailleurs.

Si le trésor est introuvable, on dira que c'était de l'argent de papier. Parfois, les rochers recélant des trésors auront été détruits par la vague et réduits en sable, entraînant le trésor vers l'inconnu. On dira encore que le trésor était dans un arbre qui a brûlé avec la forêt, ou bien encore les marques de repères sont disparues[47].

Un fait est confirmé, on effectue des fouilles tous les étés, même de nos jours. De riches Acadiens qui demeurent maintenant aux États-Unis viennent faire des recherches et tentent aussi de situer sur des cartes les lieux de naufrages réels ou légendaires. Mais la grande période de recherche semble s'être située entre 1850 et 1935.

---

46. *Ibid.*, doc. ms. 2518-K 62, K 651 (41, 44); 2519-K 62, K 67 (237, 44).
47. *Ibid.*, doc. ms. 1141-K 6 (195); 1142-K 682 (297).

Messieurs E.D. et P.B. de Shédiac, et un monsieur D.X. et ses deux nièces d'Edmonton, viennent chaque été depuis quelques années pour y faire des recherches (ces chercheurs prétendent qu'un Acadien leur aurait remis une carte avant de mourir, il y a une cinquantaine d'années). Le père E. Leblanc et monsieur G. Gallant de Barachois; messieurs C. Léger, R. Poirier, et M. Boudreau, de Shédiac; messieurs H. Pellerin et Clément à E. de Shediac; sont autant d'Acadiens qui ont cherché ou cherchent encore des trésors. Mais les chercheurs sont surtout des étrangers venant de l'Île-du-Prince-Édouard, de la Nouvelle-Écosse et des États-Unis, et ils apportent parfois sur les lieux indiqués des détecteurs de métaux modernes.

b) De la réalité à l'imaginaire

Si de nombreux trésors cachés n'existent que dans l'imagination des conteurs ou des chercheurs, il n'en est pas toujours ainsi, puisque certaines fouilles ont donné des résultats. Une légende situait depuis longtemps un trésor à Saint-Louis de Kent, et il fut retrouvé un matin de 1939 par M Dominique Martin de Saint-Louis de Kent. Voici ce qu'il nous raconte:

C'était en 1939, après une tempête, à la marée haute. Ce matin-là, je vois un gros pot en bronze d'environ un boisseau (5 à 6 gallons) (environ 25 litres). Je retourne le chaudron et j'y trouve un morceau de chamois dessous. J'ai laissé tout ça là et je m'en suis allé à la maison. J'ai dit à ma femme:
— J'ai trouvé un trésor, un pot.
Elle m'a dit:
— As-tu bien regardé dessous?
— Oui, j'ai trouvé un morceau de cuir tout roulé.
Elle m'a dit:
— Gratte donc dans la terre, il y a peut-être quelque chose.
J'y suis retourné et j'ai creusé un peu. J'ai trouvé treize haches en acier, très grosses; sous les haches, trois pots, pas gros. Puis j'ai trouvé des perles et des os enveloppés dans du *moskois**. Il y avait aussi de la pelleterie. Un docteur de Shédiac a expédié cela à Saint-Jean, au

Musée Provincial, pour en faire l'analyse. On nous a dit que cela avait quelques trois cents ans de vieux et que ça venait apparemment de France[48].

Le grand chaudron qui recouvrait ce trésor est maintenant conservé au Musée Acadien de l'Université de Moncton, au Nouveau-Brunswick.

Mais le folklore a tôt fait de s'emparer d'un fait pour en faire une légende. Le trésor retrouvé par Monsieur Dominique Martin en 1939 s'est transformé en légende en 1966. Monsieur Gérald Richard nous présenta alors sa version:

> Il y a vingt-cinq ou trente ans, il avait fait une grosse tempête et la mer était montée très haute, et elle rongeait le cap. Le lendemain soir, un homme qui ne restait pas loin de la *côte**, vit, vers huit heures, trois hommes dans le champ d'avoine de son voisin. Il vit ces trois hommes trois soirs de suite dans le même lieu. Il est alors allé avertir son voisin qui alla voir dans son champ, mais il ne vit aucune trace de personnes qui auraient marché là. Alors le soir, cet homme décida d'aller avec un autre surveiller vers huit heures. Ils virent les trois hommes, mais ne les dérangèrent pas. Le lendemain, ils allèrent voir le curé qui leur dit de laisser faire. Ce même jour, des enfants passèrent sur la *côte** où apparaissaient ces trois hommes, et ils trouvèrent des ossements humains sur le sable, de même qu'un couvert de pot. Le voisin ayant appris cela, creusa le cap où les ossements avaient été trouvés. Il trouva des haches et des outils posés sous un pot. Il emporta les haches et les outils, mais laissa le pot, car il avait peur. La même nuit, il entendit beaucoup de bruit dehors pendant qu'il était couché: des planches claquaient. Sa femme et lui ne dormirent pas de la nuit. Le lendemain matin, ils trouvèrent une mare de sang sous la véranda où ils avaient entendu le bruit. Ils allèrent voir le curé qui vint avec eux. Ils prirent le pot, et enterrèrent les ossements, les haches et les outils, dans le cimetière. Après ceci, tout alla bien, et ils vivent encore. On dit qu'ils ont trouvé une fortune dans le pot, mais ils ne veulent pas l'avouer. Cette famille était pauvre avant cet événement, et depuis, ils ont toujours vécu de mieux en mieux au

---

48.   Coll. Jean-Claude DUPONT, doc. ms. 529-K 6 (259); 8582-K 6 (297).

point de vue financier. Cette famille demeure à Saint-Louis de Kent, et c'est ma mère qui me raconte cette histoire puisque cet homme est son oncle[49].

c) *Les croyances populaires*

Un sujet comme les trésors cachés en passant de bouche à oreille, était tout désigné pour s'enrichir de nombreux éléments folkloriques. On prétend que pour chercher un trésor caché, il faut être trois personnes, travaillant de nuit, et ne pas faire de bruit[50].

La hart de coudrier est souvent mentionnée comme objet utilisé par le chercheur. Les chercheurs de trésor l'utilisent de la même façon que les sourciers le font pour trouver des sources d'eau. Une autre hart connue est la *mine-rode**, on la façonnait ainsi:

> ... dans une petite bouteille grosse comme le pouce on renfermait de l'eau forte (acide), de la «vive argent» (mercure) et de l'huile qui ne gèle pas. Sur l'extérieur de cette bouteille, on fixait deux barbes de baleine au moyen de plâtre de Paris. Le tout prenait la forme d'un «Y». On tenait la *mine-rode** par les barbes et, quand elle passait au-dessus d'un trésor, elle se mettait à siffler et à bourdonner et elle s'inclinait fortement vers la terre. Bien entendu, ces *mine-rode** étaient considérées comme des instruments très précieux. On en a fabriquées à diverses reprises dans la région, mais la plupart étaient importées des États-Unis. Nous en avons retrouvées encore quelques-unes qui ont été conservées jusqu'à nos jours[51].

On dira qu'il faut apporter quelque chose à boire sur les lieux de recherche, et qu'il faut se mettre une pièce de monnaie sous la langue pour la jeter dans le pot ou le coffre trouvé[52]. On conseille de labourer et de herser le sol qui recouvre un trésor. Les descriptions que donnent les pêcheurs, des nuits de recherches

---

49.   Coll. Jean-Claude DUPONT, doc. ms. 2955-K 6 (297).
50.   *Ibid.*, doc. ms. 2955-K 6 (297).
51.   Alain DOUCET, *La littérature orale de la Baie-Sainte-Marie,* p. 66.
52.   Coll. Jean-Claude DUPONT, doc. ms. 2954-K 65 (195).

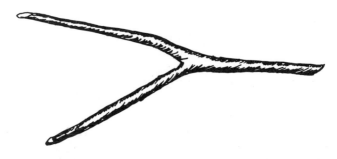

28

La fourche de bois de coudrier (environ vingt pouces — 50 cm de longueur) ne doit pas être pelée. Lorsque le sourcier s'en sert, il tient une branche dans chacune de ses mains, marche doucement en se courbant légèrement vers la terre, et maintient la pointe avant dans un angle d'environ 50 degrés. Le corps de la hart tressaille lorsqu'il y a de l'eau.

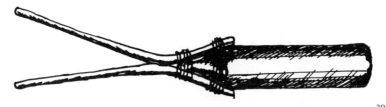

29

La *mine-rode** du chercheur de trésor était utilisée de la même manière que la hart de sourcier. Cependant, sa fabrication était plus complexe: il fallait une fine bouteille de verre, de l'acide, du mercure, de l'huile et du plâtre. (Voir Alain Doucet, *La littérature orale de la Baie-Sainte-Marie*, p. 66.)

sont presque toujours des plus fantastiques. Lors du creusage, on aurait entendu des bruits de chaînes, ou vu une dame blanche (ce serait la Vierge habillée à la mode du XVIIIᵉ siècle et qui se fait la gardienne du trésor caché); parfois on entend un cheval courir vers les chercheurs et le coffre s'enfonce à mesure qu'on le déterre, ou bien l'emplacement disparaît ou se couvre d'eau. Parfois, c'est un fantôme ou un bateau-fantôme qui apparaît. Un informateur certifie qu'une nuit sa montre s'est arrêtée et que son automobile n'a pas voulu démarrer après avoir creusé[53]. Pour revenir à la normale, après des contacts avec les fantômes, il faut s'asperger d'eau bénite.

Si on a vu la dame gardienne du trésor, on a trouvé le bon endroit. Si un trésor est introuvable, c'est qu'un homme a été tué lors de la mise en terre du trésor[54].

53. Coll. Jean-Claude DUPONT, doc. ms. 1141-K 6 (195).
54. *Ibid.*, doc. ms. 2518-K 62, K 651 (41, 44); 2519-K 62, K 651, K 67 (237, 44).

DEUXIÈME PARTIE

Le rituel de la vie

Dans cette deuxième partie, je présente une description de pratiques et de croyances qui se rattachent aux principales étapes de la vie. Ce sont des survivances réelles ou symboliques de règles religieuses et de

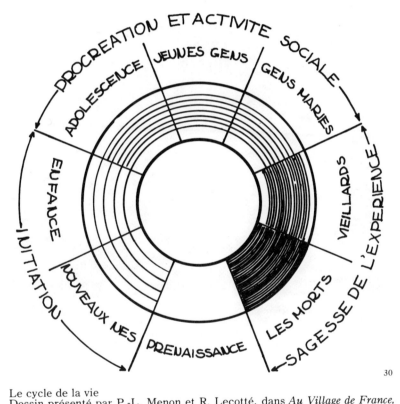

30

Le cycle de la vie
Dessin présenté par P.-L. Menon et R. Lecotté, dans *Au Village de France,* Tome II, p. 102.

rites de passage traditionnels «qui accompagnent tout changement de place, d'état, de situation sociale et d'âge»[1]. Les groupements acadiens des côtes atlantiques et du golfe Saint-Laurent (Nouveau-Brunswick, Nouvelle-Écosse, Ile-du-Prince-Édouard, Terre-Neuve, Îles-de-la-Madeleine et certains endroits de la Gaspésie et de la Côte-Nord) sont les plus représentés, mais occasionnellement, je rapporte des faits relevés chez des Acadiens de la Beauce et du comté de Bellechasse dans la province de Québec. Quelques versions relevées chez les Acadiens louisianais y figurent aussi.

Cette imagerie populaire montre, sur différents paliers, les positions sociales de la femme. On retrouve la paysanne, l'ouvrière, la servante, la marchande, la maîtresse d'école, la sage-femme et la sœur* de charité. *(Collection privée, 16 ½" × 12 ½" — 42 cm × 32 cm. Photo des A.F.U.L., topo Jean-Claude Dupont, 103)*

1. Madeleine DOYON FERLAND, *Coutumes populaires du Canada français*, p. 6.

Ces étapes de la vie, du berceau à la tombe, sont ici présentées selon leur succession normale. Dans la première partie, sous le titre de l'attente de l'enfant et la naissance, j'ai regroupé les usages relatifs à la mère; soit la grossesse, l'accouchement et les relevailles. Suivent ensuite les traditions se rapportant à l'enfance, la petite et la grande.

La partie intitulée «Vie de jeunesse» nous présente surtout des traditions relatives à la puberté et à l'éducation, tant dans le milieu familial que scolaire. S'insèrent aussi dans ce cycle de la jeunesse, les faits et croyances qui se rattachent aux fréquentations.

Le mariage fait l'objet d'un autre chapitre qui englobe également quelques traits de la vie familiale.

Cette description se termine par les traditions qui entourent la vieillesse et la mort, et le culte des morts.

I L'ATTENTE DE L'ENFANT ET LA NAISSANCE

Bien avant le mariage, les jeunes filles sont préoccupées par le nombre d'enfants qu'elles auront une fois mariées. Cemment percer ce secret? Une première façon consiste à ouvrir un livre de messe à un passage de l'Évangile, et à y placer la clé de la serrure de la porte d'entrée de la maison. On referme le livre en laissant à l'extérieur l'anneau de la clé. On attache fermement le livre avec de la ficelle. Deux jeunes filles tiennent le missel en équilibre au moyen d'un doigt qui s'accroche à la clé. Celle qui veut faire parler le livre n'a qu'à poser la question suivante: «Combien aurais-je d'enfants?» Chacun des mouvements que fait le livre vers la droite indique la naissance d'un enfant. Si le missel tourne vers la gauche ou ne bouge pas, la jeune fille n'aura pas d'enfant[2]. Voici ce qu'en dit une informatrice:

> Ma sœur Marie a essayé cela, et le livre lui a dit qu'elle aurait onze enfants. Elle ne voulait pas le croire, mais elle a eu onze enfants. Moi, j'ai eu quatorze enfants, et l'expérience faite par deux fois me l'avait dit[3].

Voici maintenant une autre croyance pas moins superstitieuse, mais beaucoup plus populaire de nos jours que la précédente, puisqu'elle se retrouve à plusieurs endroits:

> Dans la main droite, tenir une aiguille par un fil et la laisser toucher pendant quelques instants au poignet

---

2. Coll. Jean-Claude DUPONT, doc. ms. 8635-S (78).
3. *Ibid.*, doc. ms. 8636-S (78).

gauche. Remonter ensuite l'aiguille au-dessus de la main gauche, et compter les mouvements de pendule et de cercle faits par l'aiguille. Autant de mouvements de pendule, autant de garçons; autant de mouvements de cercle, autant de filles[4].

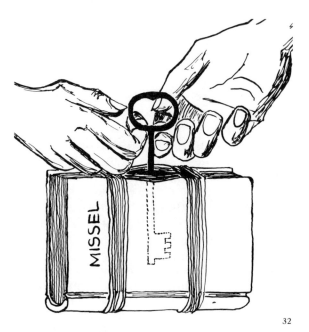

32

Lorsque deux femmes tiennent le missel par l'anneau de la clé, les mouvements du missel, de gauche à droite, indiqueront le nombre d'enfants qu'auront les participantes.

Si, à l'occasion de la fête donnée en l'honneur de la future mariée (*shower**) peu de temps avant le mariage, la jeune femme reçoit des porte-verres, elle n'aura qu'à les compter pour savoir combien elle aura d'enfants; s'il s'y trouve une théière, le premier bébé sera une fille[5].

4. Coll. Jean-Claude DUPONT, doc. ms. 8637-S (338, 227).
5. *Ibid.*, doc. ms. 8639-S (174, 243).

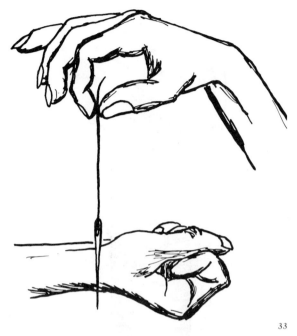

33

L'*aiguille à deviner** devra d'abord toucher au poignet.
Ensuite, autant de fois qu'elle décrira un cercle, autant
de filles naîtront. Les mouvements de pendule annoncent la naissance de garçons.

a) La grossesse

Peu avant la naissance d'un enfant, alors qu'on
fête la future mère (*baby-shower*)*, s'il y a un petit pot
de chambre pour enfant au nombre des cadeaux, le
bébé sera un garçon[6]. À cette occasion, les femmes as-
sises en cercle découpent un ruban dont les bouts ont
été cousus ensemble. Celle à qui revient les bouts cousus du ruban aura le premier bébé[7].

Pendant la grossesse, de nombreux signes peuvent
renseigner sur le sexe de l'enfant qui naîtra. Si la mère
a le ventre pointu, elle attend une fille; si elle a le ven-

6. Coll. Jean-Claude DUPONT, doc. ms. 8638-S et T 304 (174, 243);
    8640-T 304 (304).
7. *Ibid.,* doc. ms. 1803-T 302 (297).

143

34

Le jonc de mariage, retenu par un cheveu humain et trempé dans un verre d'eau à trois reprises, sonnera contre le verre autant de fois que la jeune fille aura d'enfants lorsqu'elle sera mariée.

tre bas ou large, ce sera un garçon[8]. Si la mère a mauvais caractère, elle porte une fille. On dit aussi que si la mère ressent des douleurs du côté gauche, c'est que les pieds de l'enfant sont là, et que ce sera une fille[9]. Une autre croyance dément cependant cette dernière, puisqu'on croit également que le fait de ressentir des douleurs du côté gauche, lors de la dernière ovulation, annonce la naissance d'un garçon[10].

---

8.   Coll. Jean-Claude DUPONT, doc. ms. 2838-T 303 (173); 8641-T 303 (173).
9.   *Ibid.*, doc. ms. 8642-T 304 (25).
10.   *Ibid.*, doc. ms. 8643-T 304 (289).

144

On pourrait même choisir le sexe de l'enfant que l'on désire; mais de nombreux procédés relevés sont malheureusement trop grotesques pour être rapportés. En voici quelques-uns parmi les plus acceptables: si le mari a l'habitude de coucher le long du mur, il n'a qu'à céder sa place à son épouse et ils auront un garçon. Quand les époux ont des relations sexuelles, le mari n'a qu'à s'enrouler les orteils dans un vieux drap de laine s'il veut un garçon. La femme peut aussi, à l'insu de son mari, déposer des plumes sous les oreillers: un nombre impair de plumes assurera l'arrivée d'une fille[11].

35

Certains curés conseillaient aux mères de famille de rester couchées pendant au moins une heure après avoir eu des relations sexuelles, ceci pour ne pas empêcher la fécondation. On avait alors l'habitude de fixer une corde à une des quenouilles du berceau, et lorsque le bébé pleurait, la mère, sans se lever, pouvait bercer l'enfant. *(D'après les informateurs)*

---

11.   Coll. Jean-Claude DUPONT, doc. ms. 2839-T 304 et T 303 (30).

Le plus grand secret entourait jadis le phénomène de la naissance. Les enfants les plus âgés se rendent compte de l'état de la mère lorsqu'elle prend du poids et qu'elle porte continuellement un *wrapper**[12]. La femme enceinte sort le moins possible de la maison et elle évitera de parler de son état, même aux femmes. Quand les dangers d'une fausse-couche sont passés, soit vers le sixième mois de la grossesse, la future maman commence à préparer son trousseau[13]. Pour cacher son état, elle dira aux enfants qu'elle coud un vêtement de bébé pour une future maman du voisinage, ou bien qu'elle prépare un cadeau pour le prochain bingo.

Pendant la période de grossesse, une série de pratiques, souvent superstitieuses, s'avèrent nécessaires pour protéger la mère et l'enfant[14]. Par exemple, la mère ne doit pas passer sous une *bouchure** ou laver des plafonds, et ne rien porter autour de son cou: il y aurait danger que le cordon ombilical s'enroule autour du cou du futur enfant et l'étouffe[15]. La mère ne doit pas prendre de boisson alcoolisée, car l'enfant deviendrait alcoolique[16]. La mère doit s'abstenir d'aller danser ou au cinéma[17]; et surtout ne pas se rendre à un cirque où il y a des monstres[18].

La mère ne doit pas préparer le berceau de l'enfant avant qu'il ne soit né, car il mourrait[19]. Une informatrice raconte le fait suivant:

> Une de mes filles avait préparé d'avance le berceau de son enfant et l'enfant est mort. La mère a passé près de mourir elle-même. Ma fille ne vivait pas par ici; si j'avais su qu'elle avait fait cela, je l'aurais avertie[20].

---

12. Coll. Jean-Claude DUPONT, doc. ms. 2840-T 301 (227, 236, 77).
13. *Ibid.*, doc. ms. 2841-T 301 (25).
14. *Ibid.*, doc. ms. 5215-T 303 (214).
15. *Ibid.*, doc. ms. 2842-T 303 (14); 8704-T 303 (25); 5239-T 303 (131, 31).
16. *Ibid.*, doc. ms. 2843-T 303 (195).
17. *Ibid.*, doc. ms. 2848-T 303 (77, 227, 236).
18. *Ibid.*, doc. ms. 2846-T 303 (77, 227, 236).
19. *Ibid.*, doc. ms. 2844-T 303 (14).
20. *Ibid.*, doc. ms. 8705-T 303 (293).

On dit encore qu'une femme menacée de faire une fausse-couche n'a qu'à mettre un petit sac de blé sur son lit et en manger des grains[21].

On ne doit pas empêcher une femme enceinte de manger, quelle que soit la chose ou l'heure, sans quoi l'enfant pourrait être infirme[22].

Si l'enfant naît avec une tache sur le corps dite tache de vin, c'est que la mère a conçu l'enfant pendant sa période de menstruation, ou qu'elle a eu peur de quelque chose lorsqu'elle le portait[23]. La femme enceinte qui boit du vin donnera le jour à un enfant qui aura de petites taches rouges au poignet[24]. Une tache de naissance a presque toujours la forme de ce qui a provoqué la peur chez la mère. De plus, la tache de vin, sur le corps, se trouve à l'endroit où la mère s'est touchée lorsqu'elle a eu peur. C'est pourquoi une femme enceinte qui est surprise ne doit jamais porter ses mains à son visage[25]. On trouve cependant une exception à cette hantise de la tache de vin. Si la tache ressemble à une fleur de lis, l'enfant sera comblé de bonheur dans sa vie et il aura le pouvoir de guérir certaines maladies[26].

La chance sourit à la femme enceinte qui joue à des jeux de hasard, surtout au bingo[27]. De plus, si quelqu'un a peur du tonnerre il peut avec sécurité se placer près d'une femme enceinte puisque la foudre ne la touchera jamais.

Jusqu'aux années quarante, c'étaient les sages-femmes qui procédaient à l'accouchement. Il y en avait presque toujours deux dans chaque région. Celle qui avait le plus d'expérience, procédait toujours à l'accouchement, et celle qui l'assistait n'était pas toujours

---

21. Coll. Jean-Claude DUPONT, doc. ms. 8706-S et T 303 (14).
22. *Ibid.*, doc. ms. 8707-T 303 (227, 236).
23. *Ibid.*, doc. ms. 2333-T 337 (300).
24. *Ibid.*, doc. ms. 8708-T 303 (25).
25. *Ibid.*, doc. ms. 2849-T 303 (77, 227); 5238-T 303 (31).
26. *Ibid.*, doc. ms. 2869-B 411 (195); 2849-T 303 (77, 227).
27. *Ibid.*, doc. ms. 2851-T 303 (173, 311).

la même [28]. En se rendant à la maison de la future mère, la sage-femme s'arrêtait souvent chez le curé qui la bénissait et lui remettait des médailles pour la mère [29]. En arrivant à la maison de l'accouchée, la *mère-feu** ou la *râpe** [30], commençait par faire prier la future mère. Cette coutume se retrouve presque partout en Acadie.

Madame Lorette Arsenault, 50 ans en 1973, de Saint-Joseph, Memramcook, raconte ainsi ses souvenirs au sujet de la sage-femme des années 1935:

> La grande Régina Dupuis habitait le vieux Shédiac Road. Elle avait rencontré un vieux missionnaire qui lui avait donné des médailles. Il lui avait dit de faire un collier avec ces médailles et d'en entourer le ventre de la mère [31].

Évariste Léger, dans une monographie paroissiale, dit que la vieille *Martchure*, qui était sacristine et sage-femme à Saint-Antoine dans le premier quart du XXᵉ siècle, desservait aussi les villages de Notre-Dame, Sainte-Marie, Cocagne et autres endroits avoisinants, vers la même période. On lui donnait, en guise d'honoraires, la valeur de cinquante *sous* en provision de la ferme [32].

b) L'accouchement

Nulle part, il n'était bien vu que le père assiste à l'accouchement, il en était encore guère coutume en

---

28. Coll. Jean-Claude DUPONT, doc. ms. 2854-B 417 (77, 227); 8644-B 417 (238, 227).
29. *Ibid.,* doc. ms. 2855-B 417 (128); 5252-B 417 (214); 5257-T 301 (73); 8645-B 417 (227, 238).
30. Coll. Jean-Claude DUPONT et Alberta MAILLET, doc. ms. 25-B 417, Inf. Théotime MAILLET, 85 ans, Richibouctou Village, 1973. AFUL.
31. Coll. Jean-Claude DUPONT et Paul ARSENAULT, doc. ms. 7-B 417, *Inf. citée.*
32. *Op. cit.,* p. 63.

1967[33]. La plupart des pères s'en allait à l'étable pendant l'accouchement; quelque-uns disent que cela les énervait de voir accoucher leur femme.

Des Acadiens de Saint-Théophile de Beauce, dans le Québec, décrivent ainsi la naissance d'un enfant:

> La femme qui enfantait était étendue sur une paillasse en avant du poêle et elle se trouvait légèrement assise puisqu'on avait couché une chaise droite par terre sous la paillasse. Les montants arrières de la chaise servaient de points d'appui à la mère. Vis-à-vis des reins, on plaçait un *casse-rein**, c'est-à-dire une bande de tissu en lin servant d'essuie-mains, et qui tournait sur un rouleau placé au mur. Deux femmes, une de chaque côté, pressaient fortement *l'essuie-mains du rouleau** sur les reins de la mère.

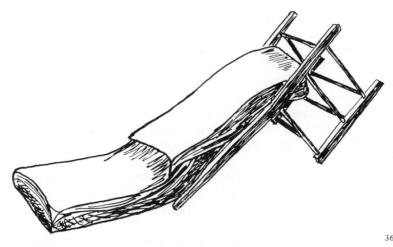

36

Reconstitution de la mise en place de la paillasse et de la chaise pour accoucher. La parturiente, au moment d'accoucher, est étendue sur cette paillasse. À demi assise et afin de s'aider au moment des contractions, la mère se tenait fermement après les montants du dossier de la chaise. Deux personnes placées de chaque côté de la femme tiraient fortement, en faisant des mouvements de va-et-vient sur le *casse-rein**, une lisière de tissu de lin qui passait sous les bras de l'accouchée et lui frictionnait les reins. *(Dessin d'après le doc. photo. A.F.U.L. topo. Jean-Claude Dupont — 2485).* N.B. Le *casse-rein** était généralement l'*essuie-main-rouleau**.

---

33. Coll. Jean-Claude DUPONT, doc. ms. 1542-T 301 (285).

> La femme accouchait par terre pour ne pas salir le lit, et parce que c'était plus chaud près du poêle dans la cuisine (Une informatrice de 72 ans en 1971, dit avoir encore accouché ainsi en 1930)[34].

Dans le passé, comme les voisins tenaient à connaître le sexe de l'enfant immédiatement après sa naissance, la sage-femme avait l'habitude de coller sur une vitre de la fenêtre, la plus proche du chemin, un petit papier dont la couleur indiquait le sexe de l'enfant[35]. Chez les Acadiens de la Louisiane, voici comment on faisait part du sexe de l'enfant:

> Elle (la naissance) était annoncée par des coups de fusil tirés par le père du nouveau-né, ou par quelqu'un de la famille. Trois coups indiquent l'avènement d'un garçon, deux celui d'une fille[36].

Lorsque le moment de la naissance arrivait, on envoyait le reste de la famille chez les voisins ou chez des parents. De retour à la maison, il fallait bien expliquer aux enfants la présence du nouveau-né et le pourquoi de l'alitement de la mère. C'était presque toujours une *taweille**,* ou une *mi-carême** qui avait frappé la mère à une jambe, et la sage-femme était venue soigner la mère en apportant un bébé[37]. D'autres disaient plutôt que le petit Jésus avait un bébé de trop dans le ciel et qu'il était venu le porter dans cette famille. Souvent aussi, on avait trouvé l'enfant sous une souche, ou devant la porte[38]. En Nouvelle-Écosse, c'était de sous le tas de bois de chauffage que l'enfant avait été retiré[39].

Aussitôt après l'accouchement, on procédait à l'emmaillottement du nouveau-né. On mettait d'abord

---

34. Coll. Jean-Claude DUPONT, doc. ms. 8650-T 308 (335).
35. *Ibid.,* doc. ms. 2856-T 301 (173).
36. Jay K. DITCHY, *op. cit.,* p. 152.
37. Coll. Jean-Claude DUPONT, doc. ms. 8648-A 94 (77, 227); 5029-M 472 (75).
38. *Ibid.,* doc. ms. 8647-A 94 (195).
39. Anselme CHIASSON, cap., *Chéticamp, histoire et traditions acadiennes,* p. 217.

de la ouate sur les pieds et les mains de l'enfant et on l'entourait si fortement de bandes de flanelle que l'enfant ne pouvait plus se mouvoir. Finalement, une large bande soutenait le corps de l'enfant et on l'enveloppait dans deux couvertures. L'enfant demeurait ainsi pendant le premier mois de son existence[40].

On lavait peu l'enfant pendant les premiers jours qui suivaient sa naissance, mais on lui enduisait le corps d'huile de castor ou d'huile d'olive[41]. On croyait que l'enfant qui n'était pas fortement emmailloté aurait les jambes *croches** et l'échine faible[42].

Au lieu de distribuer des cigares, comme on le fait de nos jours, on servait du brandy aux hommes qui venaient à la maison du nouveau-né[43].

De nombreux faits entourant la naissance de l'enfant, peuvent renseigner sur le sort que lui réserve la vie. S'il a des veines bleues sur les tempes, il ne vivra pas[44]. S'il a deux petites couronnes de cheveux derrière la tête, il sera intelligent[45]. S'il naît avec un voile sur la tête, il sera chanceux sa vie durant[46]. S'il a de grands doigts, il fera un musicien[47]. S'il naît les mains fermées, il sera intelligent[48], mais si elles sont ouvertes, il souffrira de maladie mentale[49].

Le jour de la naissance l'enfant est aussi l'indice de réalités futures:

> Lundi, il sera beau de figure;
> Mardi, il sera gracieux;

---

40. Coll. Jean-Claude DUPONT, doc. ms. 2857-T 301 (77, 227); 3583-T 32 et T 25 (303); 3584-T 32 et T 25 (303); 8650-T 308 (159).
41. *Ibid.*, doc. ms. 8646-T 308 (77, 227); 3579-T 32 (53); 3580-T 32 (318).
42. *Ibid.*, doc. ms. 3581-T 32 (345, 78).
43. *Ibid.*, doc. ms. 2858-T 301 (77, 227); 8649-T 308 (77, 227).
44. *Ibid.*, doc. ms. 3549-T 303 (148).
45. *Ibid.*, doc. ms. 2861-B 453 (25).
46. *Ibid.*, doc. ms. 3547-S (218).
47. *Ibid.*, doc. ms. 2862-B 453 (25).
48. *Ibid.*, doc. ms. 2863-B 453 (14).
49. *Ibid.*, doc. ms. 2864-B 453 (14); 2865-B 453 (14).

Mercredi, il aura de grands malheurs;
Jeudi, il vivra très vieux;
Vendredi, il sera affectueux et généreux;
Samedi, il devra travailler fort pour gagner sa vie;
Dimanche, il sera gai[50].

L'enfant né en lune croissante sera grand; tandis que celui qui naît pendant le *décroissant** sera de petite taille[51].

c) *Les relevailles.*

Les coutumes se rapportant aux relevailles sont assez rares chez les Acadiens. Celles qui existent assurent surtout la protection de la vie de la mère qui a enfanté.

La sage-femme allait chez l'accouchée pendant les huit premiers jours pour faire la toilette de l'enfant, car les *servantes** n'osaient pas se risquer à faire ce travail[52]. Souvent, c'est aussi la sage-femme qui connaissait le secret de la tisane propre à redonner des forces à la mère. La femme alitée boit avec un *biberon** à long bec en porcelaine ou en fer-blanc[53].

La mère devait rester au lit *embourbée** dans les couvertures pendant sept jours et bien qu'elle se levait le huitième jour elle se remettait au lit le neuvième, car c'est ce jour-là que les organes se replacent dans le *corps** et il est dangereux de se mouvoir[54]. À Richibouctou, la même coutume est observée, mais c'était le onzième jour que le mère devait se remettre au lit[55].

Pendant les quarante jours suivant l'accouchement, la mère ne devait rien soulever de plus lourd que son bébé. Pendant cette même période, elle ne devait

---

50. Coll. Jean-Claude DUPONT, doc. ms. 8652-S (14).
51. *Ibid.*, doc. ms. 2859-B 453 (77, 227).
52. *Ibid.*, doc. ms. 2870-B 417 (25).
53. *Ibid.*, doc. ms. 8653-S (25).
54. *Ibid.*, doc. mis. 2871-T 319 (77, 227).
55. *Ibid.*, doc. ms. 8654-T 319 (14).

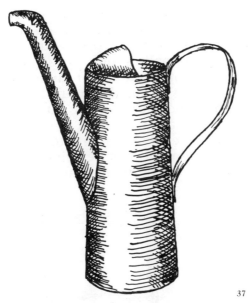

37

Biberon servant à donner des breuvages à la
mère lorsqu'elle était alitée après la naissance
d'un enfant. On s'en servait aussi occasionnellement, pour allaiter des petits moutons re-
jetés par leur mère. Ce contenant avait une
hauteur approximative de six pouces (15 cm),
et il était fabriqué par les ferblantiers.

38

Biberon de grès que l'on utilisait pour donner des breuvages à la mère alitée après la naissance d'un enfant.
Comme le contenant de fer-blanc, bien qu'il soit plus
récent que ce dernier, on le nommait *biberon de relevailles*.

153

pas se laver, ou très peu. Elle devait surtout faire attention de ne pas prendre froid. Dans la région de Moncton, la femme ne devait pas sortir de la maison pendant les sept semaines qui suivaient son accouchement[56]. Si elle voulait se servir du pot de chambre, on le faisait chauffer avant de le lui donner, ou on y versait de l'eau chaude. Un meuble que l'on retrouvait dans certains foyers acadiens était la *chaise de relevailles**. Elle servait de cabinet de toilette. La mère ne devait pas *se bercer** durant sept semaines après l'accouchement, cela lui aurait porté malheur[57].

39

La chaise de relevailles consistait en une chaise droite dont le fond était percé d'un trou, à la façon d'un siège de toilette. Le siège, recouvert, cachait le pot de chambre que l'on pouvait retirer en ouvrant une porte.

---

56. Coll. Jean-Claude DUPONT, doc. ms. 8655-T 319 (227, 236).
57. *Ibid.*, doc. ms. 2872-T 319 (14); 2873-T 319 (227, 236); 2874-T 301 (227, 236).

D'après l'étude du père Anselme Chiasson sur la culture populaire aux Iles-de-la-Madeleine, « si le bébé mourait, de vieilles femmes faisaient l'office de téter la mère; et la maman se mettait de vieux *casques** chauffés sur les seins »[58].

Le 5 octobre 1819, le curé Poirier de Memramcook écrit à monseigneur Plessis, et il fait état des « vices » qui ont cours dans sa *paroisse**; entre autres, il se plaint d'une coutume relative à l'allaitement:

> ... une chose que je trouve fort indécente, c'est que les femmes apportent à l'église leurs enfants à la mamelle, et les font téter jusque dans la maison de Dieu où il arrive même qu'on leur voit le sein découvert. Vouloir arrêter cette coutume, ce serait vouloir bouleverser la *paroisse*[59].

d) Le baptême

La première sortie de l'enfant était celle de son baptême. On le faisait baptiser le jour même de sa naissance ou le plus tôt possible. Seules les grosses tempêtes pouvaient retarder cet évènement.

Les traditions qui entourent le baptême sont très variées. Ainsi à Rogersville, lorsqu'on allait faire baptiser en voiture, c'est la marraine qui portait l'enfant et comme il n'y avait guère de place dans la voiture, on choisissait un parrain dans le village, en arrivant à l'église[60]. On appelait cette coutume *hatchiner un parrain**[61]. Une informatrice de Saint-Louis de Kent dit qu'ils « *hatchiniont itou* » chez eux. À Memramcook,

58. *La vie populaire des Madelinots,* C.E.A., Univ. Moncton, man., p. 54.
59. Coll. Régis BRUN, *Lettre du curé Poirier à monseigneur Plessis, le 5 octobre 1819,* à Memramcook, Dorchester, N-B. C.E.A., Univ. Moncton, man.
60. Coll. Jean-Claude DUPONT, doc. ms. 2875-T 31 et T 313 (173, 311); 2876-T 313 (58).
61. *Ibid.,* doc. ms. 3550-T 313 (35).

c'était presque toujours le bedeau qui était *hatchiné*[62]. À Pré-d'en-Haut, c'était la voiture du parrain et de la marraine qui servait pour se rendre à l'église et le père prenait place avec eux[63]. Chez les Acadiens de Nouvelle, en Gaspésie, au début du XXe siècle, le père et la porteuse s'assoyaient sur l'unique siège de la voiture roulante; le parrain et la marraine s'assoyaient à l'arrière, les jambes pendantes[64].

La chandelle utilisée lors du baptême d'un enfant allait aussi servir lors de la première communion[65].

Il fallait observer les présages qui se manifestaient pendant la cérémonie du baptême. L'enfant qui pleure sera un pleurnicheur sa vie durant[66]. Par contre, un enfant qui pleure dans son jeune âge sera très heureux toute sa vie. D'autres diront que l'enfant qui pleure au baptême aura une belle voix en vieillissant[67].

40

À Nouvelle, en Gaspésie, vers 1930 les Acadiens se rendaient ainsi à l'église pour faire baptiser un enfant. Le père et la porteuse s'assoyaient sur l'unique siège de la voiture, et les compères s'assoyaient jambes pendantes en arrière de la voiture. (*Dessin d'après un témoignage du docteur Catherine Jolicoeur, folkloriste acadienne*).

62. Coll. Jean-Claude Dupont, doc. ms. 3552-T 313 (204); 5352-T 313 et Gloss. (313).
63. *Ibid.*, doc. ms. 8656-T 313 (343, 175).
64. Inf. Dr Catherine JOLICOEUR, Nouvelle, *Gaspésie*.
65. Coll. Jean-Claude DUPONT, doc. ms. 8658-T 31 et T 312, (289).
66. *Ibid.*, doc. ms. 2880-T 31 et B 453 (173, 311).
67. *Ibid.*, doc. ms. 2881-T 31 et B 453 (173, 311).

On prétend que le parrain et la marraine ont le privilège de faire un souhait au baptême et que ce souhait se réalise toujours: «Mon grand-père avait demandé, au baptême d'un de ses petits-fils, qu'il soit prêtre; et ce souhait se réalisa»[68].

---

68. *Ibid.*, doc. ms. 8659-T 31 (270).

II L'ENFANCE

a) La petite enfance.

Pendant les premiers mois de son existence, le bébé est l'objet de nombreuses superstitions. Lorsqu'il est dans le berceau, il ne faut pas le regarder par en arrière: il loucherait en vieillissant[69]. Il ne faut pas non plus laisser un chat approcher du berceau, car si le chat miaule c'est signe que le bébé mourra[70]. Au nombre des interdits qui s'appliquent à la vie du nouveau-né, les cheveux et les ongles semblent attirer particulièrement l'attention de ceux qui l'entourent. On ne peut couper les ongles d'un bébé le dimanche; il lui pousserait des griffes de diable[71]. On ne doit pas non plus lui couper les ongles avant qu'il ait atteint un an, il deviendrait voleur[72] ou ses doigts se déformeraient[73]. À Memramcook, tous les jours de la semaine dont le nom contient la lettre « r », sont néfastes pour la coupe des ongles[74].

Plus on attend pour couper les cheveux d'un enfant, plus il sera intelligent[75]. On dit encore que la première fois que l'on coupe les cheveux d'un enfant, on doit les jeter au feu si l'on veut qu'il ait une belle chevelure[76].

---

69. Coll. Jean-Claude DUPONT, doc. ms. 2883-T 32 (77, 227, 236).
70. *Ibid.,* doc. ms. 558-S (204, 211).
71. *Ibid.,* doc. ms. 2885-T 32 (173).
72. *Ibid.,* doc. ms. 2884-T 32 et S (77, 227); 3553-B 453 (204, 62); 3556-B 453 (255).
73. *Ibid.,* doc. ms. 8660-T 32 et S (77, 227).
74. *Ibid.,* doc. ms. 8661-T 32 et S (195).
75. *Ibid.,* doc. ms. 2890-T 32 et S (128); 8662-T 32 et S (173).
76. *Ibid.,* doc. ms. 2886-T 32 (173).

De plus, un bébé ne doit pas être pesé, sinon il arriverait malheur[77]. On ne doit pas *bercer** un berceau vide, parce que l'enfant mourrait[78]. Il ne faut pas chatouiller ou faire rire un jeune enfant, il bégaierait plus tard[79]. L'enfant qui se voit dans une glace risque de devenir fou[80] ou sera malchanceux[81].

L'enfant qui meurt doit amener son nom avec lui; il serait malchanceux qu'un enfant de la même famille reprenne le nom de l'enfant décédé[82].

41

Petit berceau à quenouilles conservé au Musée acadien de l'Université de Moncton. Les cinq boutons de bois apparaissant sur chacun des côtés du berceau servent à croiser des cordes au-dessus de l'enfant couché pour le tenir au chaud et l'empêcher de tomber. Dimensions: longueur 35", largeur 13", hauteur des côtés 10" (90 × 33 × 21 cm environ). *(Photo des A.F.U.L., topo. Jean-Claude Dupont, 968).*

L'enfant qui a la hoquet grandit ou engraisse[83], et celui que l'on change souvent de position dans son sommeil aura une belle tête[84].

77. Coll. Jean-Claude DUPONT, doc. ms. 2887-T 32 (128).
78. *Ibid.,* doc. ms. 2888-T 32 (128).
79. *Ibid.,* doc. ms. 2889-T 32 (128); 3557-B 453 (148); 3559-B 453 (198).
80. *Ibid.,* doc. ms. 8663-T 32 et S (77, 227).
81. *Ibid.,* doc. ms. 3565-S (304).
82. *Ibid.,* doc. ms. 3576-S (318).
83. *Ibid.,* doc. ms. 8864-S et T 32 (128).
84. *Ibid.,* doc. ms. 8665-S et T 32 (304).

Comme les médecins étaient assez rares et que, par surcroît, les familles étaient nombreuses et souvent pauvres, on avait l'habitude de soigner les enfants avec des remèdes de fortune. Entre autres, on guérissait les échauffaisons en laissant couler de l'eau froide sur les fesses du bébé; on y mettait ensuite de la fécule de maïs que l'on faisait *grâler** sur le poêle[85]. Un autre remède connu partout en Acadie contre le même mal est le suivant: prendre un morceau de bois de cèdre pourri, le broyer en poudre et mettre cette poudre sur les fesses du bébé[86]. Quand un enfant se blessait il fallait l'empêcher de dormir car il risquait de devenir infirme[87].

L'enfant avait la tête recouverte d'une *capuche** jusqu'à l'âge de huit mois et parfois plus[88]. Un petit garçon portait encore une robe à l'âge de cinq ans[89].

Les mères acadiennes connaissaient nombre de berceuses pour endormir leurs bébés. Certaines de ces chansons sont originaires de France, d'autres sont de *facture** acadienne. Il en est dont la simplicité témoigne d'une création spontanée: les berceuses intitulées Colas et Penoche seraient de celles-là:

> Fais dodo Colas mon petit frère,
> Fais dodo tu boiras du lait chaud.
> Papa est en haut, qui scie du bardeau,
> Maman est en bas, qui fait son *barda**[90].

ou

> Fais dodo Penoche,
> Papa ira aux noces,
> Maman fera sa couture,
> Ta petite sœur viendra demain
> Emporteras *catin** pour Penoche[91].

---

85. Coll. Jean-Claude DUPONT, doc. ms. 3000-B 80 (277).
86. *Ibid.*, doc. ms. 3567-B 80 (318).
87. *Ibid.*, doc. ms. 3005-B 80 et T 32 (159).
88. *Ibid.*, doc. ms. 1192-T 3761 et T 2 (31).
89. *Ibid.*, doc. ms. 2303-T 2 (35).
90. *Ibid.*, doc. ms. 8668-Berc. (124).
91. *Ibid.*, doc. ms. 8667-Berc. (304).

En Louisiane, on chante :

> Too-roo-too-too pour la mère Acadie :
> Elle est morte ; elle est morte.
> Too-roo-too-too pour la mère Acadie :
> Elle est morte ; elle existe non plus.
> Elle a laissé pour héritage du pain,
> Du beurre et du fromage.
> Et du sel, dans ses sabots,
> Pour saler ses haricots [92].

Pendant les neuf ou dix premiers mois, la nourriture de l'enfant se composait uniquement de lait. Si l'enfant voulait sucer, on lui façonnait une tétine de tissu contenant de la mie de pain trempée dans de la mélasse [93]. Beaucoup d'informatrices connaissent ce moyen de fabriquer une sucette pour le bébé et certaines ont mentionné que parfois on se contentait de tremper un morceau de tissu dans de l'eau sucrée ou dans du sucre granulé.

Lorsque le bébé pouvait commencer à prendre des aliments plus consistants, il fallait lui apprendre à manger une nourriture solide. Pour ce faire, la mère mâchait du pain et quand cette bouchée était bien mastiquée, elle la mettait dans la bouche de l'enfant [94]. On appelait ces bouchées des *becquées**. On disait, en parlant de cette nourriture : « Préparer les *becquées** du p'tit » [95].

Quand l'enfant avait sept ou huit mois, on trempait du pain dans du lait auquel on avait ajouté du sucre ; cette nourriture de bébé s'appelait de la *sappe* [96].

À Eel River, l'enfant qui avait un an mangeait des patates trempées dans du lait de beurre [97]. Générale-

---

92. Jeanne and Robert C. GILMORE, *Chantez la Louisiane!* p. 11.
93. Anselme CHIASSON, cap. *La vie populaire des Madelinots,* man. C.E.A., Univ. Moncton, p. 53.
94. Coll. Jean-Claude DUPONT, doc. ms. 3002-T 32 et T 40 (159).
95. *Ibid.,* doc. ms. 8669-T 32 (159).
96. *Ibid.,* doc. ms. 3003-T 40 (173, 311); 3571-T 32 (303); 3677-T 32 (148).
97. *Ibid.,* doc. ms. 3570-T 32 (255).

ment, un peu plus tard, le bébé mangeait des carottes et des oeufs mélangés dans du lait et préalablement mastiqués par la mère; ce mélange se nommait *tchas*[98]. À certains endroits, comme à Memramcook, le *tchas** était plutôt constitué de pain et de mélasse[99].

Des informatrices nous ont dit que le meilleur temps pour sevrer l'enfant, vers l'âge d'un an, était pendant la *lune déclinante*[1] et on prétend qu'il ne faut jamais sevrer un enfant pendant les canicules, il aurait le choléra[2].

On donnait des couennes de lard salé à l'enfant qui commençait à percer ses dents[3]. Le révérend A.E. Burke de l'île-du-Prince-Édouard écrit que chez les Acadiens de cet endroit il n'était pas permis à l'enfant de manger à la même table que les parents avant sa première communion[4]. Ce fait est isolé, je ne l'ai retrouvé nulle part ailleurs en Acadie.

Les premiers pas du bébé étaient surveillés attentivement. Généralement, on croyait que l'enfant ne devait pas marcher trop tôt, car il serait d'intelligence inférieure[5]. Par contre, l'enfant serait intelligent s'il murmurait ses premiers mots alors qu'il était encore très jeune[6]. On invoquait une autre raison pour ne pas laisser marcher les enfants trop tôt; on pensait qu'ils auraient les reins faibles toute leur vie[7]. Une coutume très répandue en Acadie est celle de faire faire les premiers pas pendant l'Élévation de la *grand'messe**[8]. Une informatrice de Drummond rapporte que c'est

---

98. *Ibid.*, doc. ms. 3670-T 32 (75); 3004-T 32 et T 40 (173, 311).
99. *Ibid.*, doc. ms. 3010-T 32 et T 42 (77, 227, 236).
 1. *Ibid.*, doc. ms. 3011-T 301 et D 24 (25).
 2. *Ibid.*, doc. ms. 3572-T 32 et M 835 (323).
 3. *Ibid.*, doc. ms. 3578-T 32 (224).
 4. *Egmont Bay, Prince-Edward Island,* man. C.E.A., Univ. Moncton, p. 2.
 5. Coll. Jean-Claude Dupont, doc. ms. 3008-T 32 (195).
 6. *Ibid.*, doc. ms. 3009-B 453 (195).
 7. *Ibid.*, doc. ms. 3007-T 32 (159).
 8. *Ibid.*, doc. ms. 8770-T 32 (285).

pendant que l'on sonne le *sanctus** au cours de la *grand'messe** que l'enfant doit faire ses premiers pas[9]. Si un enfant marchait trop tôt et avait les reins faibles, les parents y rémédiaient en faisant bouillir des patates non pelées auxquelles on ajoutait un peu de sel. Le bouillon servait à frictionner les reins de l'enfant[10]. Il existe également deux autres moyens d'aider l'enfant qui tarde à faire ses premiers pas: le laver dans de l'eau de mer[11], ou, comme nous le dit un Acadien de la Beauce, faire coucher l'enfant sur de la fougère. Cet informateur prétend que l'enfant faible est né dans le *décroissant** de la lune[12].

Pour ce qui est des autres troubles physiques, voici certaines manières de guérir un enfant. L'enfant qui bégaie doit être forcé de parler quand le vent change[13]. Si l'enfant louche, on doit le forcer à regarder dans la direction où un de ses yeux ne veut pas aller.

À un an, l'enfant choisit sa profession. Il faut alors l'asseoir à terre et disposer différents objets autour de lui. Ces objets seront un marteau, un livre, un chapelet, une bouteille, etc. Si l'enfant choisit le chapelet, il deviendra religieux; si c'est le marteau, il sera charpentier; si c'est le livre, il sera professionnel; et si c'est la bouteille, il sera alcoolique[14].

> Un garçon avait choisi la bouteille lorsqu'il était jeune, et maintenant, il boit beaucoup trop. Il vient tout juste de perdre son emploi à cause de la boisson[15].

En fait, dès le jour de sa naissance, l'enfant par sa façon d'agir, détermine quelle sera sa vocation. Par exemple, s'il fait entendre ses premiers pleurs au mo-

---

9. Coll. Jean-Claude DUPONT, doc. ms. 638-B 80 et S (343, 175).
10. *Ibid.,* doc. ms. 3015-B 80 (227, 77).
11. *Ibid.,* doc. ms. 3013-B 80 (14).
12. *Ibid.,* doc. ms. 3014-T 32, D 24 et B 80 (34).
13. *Ibid.,* doc. ms. 3012-B 80 (14).
14. *Ibid.,* doc. ms. 3016-B 453 (4); 3019-B 453 (14).
15. *Ibid.,* doc. ms. 8671-T 32 et S (306).

ment où sonnent les cloches du *sanctus**, il sera prêtre [16].

Quand l'enfant a atteint quatre ou cinq ans, il entre dans cette période de découverte du monde; c'est le début de la formation des groupes d'amis qui participeront aux mêmes jeux d'équipe. Un peu plus tard, il joue à l'école, à la messe, aux enterrements, à la recherche de trésors, à la fabrication de jouets, etc. [17] Une informatrice de Memramcook rapporte que vers 1900, comme sa famille était pauvre, les enfants se fabriquaient des poupées pour jouer «au père et à la mère». La poupée était faite de vieux tissus et on traçait les yeux, le nez et la bouche, en utilisant du charbon de bois [18].

42

Ces petites poupées sont fabriquées d'écorce et de cheveux d'épis de maïs. Photo prise à l'occasion du festival de l'artisanat au *Lafayette Natural History Museum and Planetarium,* Lafayette, Louisiana, 26 octobre 1975. *(Photo des A.F.U.L., topo. Jean-Claude Dupont, 2562)*

16. *Ibid.,* doc. ms. 543-S (306).
17. *Ibid.,* doc. ms. 3023-T 32 (30).
18. *Ibid.,* doc. ms. 8677-T 81 (230).

165

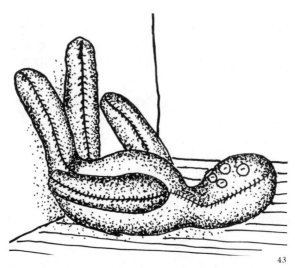

43

Cette poupée fabriquée de deux pièces de tissu était rembourrée avec des guenilles ou du papier journal et décorée de boutons.

Lorsque les parents faisaient des corvées, les enfants en profitaient pour jouer dehors plus tard qu'à l'ordinaire et ils aimaient alors jouer dans le tas de *senti**. Mais, devenus grands, ils préféraient jouer à *kick-the-can,** un jeu de cache-cache dont le but à atteindre pour être délivré consiste à donner un coup de pied à une vieille canisse. Le *naurittte** est un jeu semblable mais il s'agit plutôt de frapper le pourchasseur[19].

D'autres jeux souvent relevés, furent ceux de la *bouchicachette**, de la *roche**, de l'*herbe attachée**, et de *brasser la soupe**.

Après avoir *tillé** pour choisir l'enfant qui se *bouchera** les yeux et restera immobile à un endroit choisi, généralement un coin de la maison ou le pied d'un arbre, la *bouchicachette** commence. Cet enfant, désigné par le sort, compte jusqu'à cent et aussitôt qu'il a terminé il crie: «*Paré** pas *paré**, je me *débouche**».

---

19. Coll. Jean-Claude DUPONT, doc. ms. 8864-X (166).

166

En haut à gauche: tracteur. Bobine dentelée mue par un élastique tordu. Une des extrémités de l'élastique est immobilisée et l'autre est tournée au moyen d'un bâtonnet. Une mince tranche de *savon du pays** placée entre le bout du fuseau et le bâtonnet de torsion permet ensuite au *fuseau** de se mettre en action lentement.
En haut à droite: moine. Bobine découpée en cône pour en faire une toupie.
En bas à gauche: tire-pois. Une cheville de bois que l'on retire du *fuseau** est relâchée sous la poussée d'un élastique. La cheville percute le pois placé dans le centre du *fuseau**.
En bas à droite: *fuseau** à tricoter. Avec de la vieille ligne à pêcher, les fillettes se tricotaient des cordes à danser, des napperons, des poignées pour les plats chauds, etc.

Entre-temps les joueurs ont eu le temps de gagner une cachette sûre. Le premier participant découvert devra se fermer les yeux à son tour et le jeu recommencera ainsi de suite[20].

20.   Coll. Jean-Claude DUPONT et Roger-Paul LEBLANC, doc. ms. 10-T 83, Inf. Madame Rose-Ida Leblanc, 61 ans, Village de Malakoff, N-B, 1973, A.F.U.L.

167

46

Figurines à membres articulés se mettant en mouvement lorsque l'on frappe du doigt sur la corde tendue qui tient les personnages debout. *(Dessin d'après un jouet fourni par Mme Alberta Maillet de Richibouctou Village, Comté de Kent, 1973).*

47

Ces deux marionnettes-boxeurs ont les pieds fixés au plancher qui est fait d'une planchette de bois très mince. En frappant de la main sur le milieu de la plate-forme, les figurines agitent les bras en se penchant en avant. *(Dessin d'après un jouet fourni par Mme Alberta Maillet de Richibouctou Village, Comté de Kent, 1973)*

Pour jouer à la *roche**, on repère un gros caillou et on y place dessus une petite *roche**. Les participants se rangent en ligne, à une distance de douze *pieds* (3,6 m) du caillou et lancent à tour de rôle des pierres contre la *roche**, en essayant de la faire tomber[21].

21. Coll. Jean-Claude DUPONT et Roger-Paul LEBLANC, doc. ms. 9-T 83, inf. Madame Edna MELANSON, 85 ans, Village de Malakoff, N.-B., 1973, A.F.U.L. et Madame Yvonne GOGUEN, 60 ans, *idem*.

168

Le jeu de *l'herbe attachée** consiste, à se façonner une lanière avec de longues herbes tordues et à frapper les joueurs avec celles-ci. Le premier qui est fouetté devient le *chasseur**, et les autres essaient de le frapper avant d'être touchés par lui. Si tous les participants réussissent à fouetter le *chasseur**, ce dernier ne peut transmettre son rôle et perd la joute[22].

Pour *brasser la soupe**, on place des chaises sur une rangée, en mettant une chaise de moins que le nombre de participants. Par exemple, pour cinq participants, il n'y aura que quatre chaises. Un des enfants désigné se rend auprès du poêle, et y *brasse la soupe** avec une grande cuillère, pendant ce temps-là, les autres enfants courent autour des chaises. À un moment donné, celui qui *brasse la soupe** frappe fortement la cuillère sur le bord de la chaudronne; les participants se jettent alors, aussi vite qu'ils le peuvent, sur les chaises et celui qui reste debout devra *brasser la soupe** à son tour[23].

Lorsque les enfants se chamaillaient au jeu, on leur disait qu'une vieille bête leur apparaîtrait quand ils seraient seuls. Cette bête avait une tête de lion et une queue d'un *mille* (1,6 km) de longueur. Les informateurs ajoutent ne jamais l'avoir vue, mais qu'elle a réglé bien des chicanes[24]. Dans l'Ile-du-Prince-Édouard, cette bête est la *sournatchette**, et elle se cache en arrière de la grange. Catherine Jolicoeur (dans Légendes acadiennes, p. 27) dit que ces *Bonhomme-Sept-Heures* avaient des traits effrayants, des vêtements sordides, une grande poche dans laquelle ils enfouissaient les enfants attardés qu'ils emportaient dans le bois pour en faire du savon.

22. Coll. Jean-Claude DUPONT et Roger-Paul LEBLANC, doc. ms. 18-T 83, inf. Madame Edna MELANSON, 85 ans, Village de Malakoff, N.-B., 1973, A.F.U.L.
23. Coll. Jean-Claude DUPONT et Marielle GODIN, doc. ms. 18-T 84, Inf. Madame Hélène BROUSSARD, 80 ans, Moncton, N.-B. (1973).
24. Coll. Jean-Claude DUPONT, doc. ms. 3680-A 29 (244).

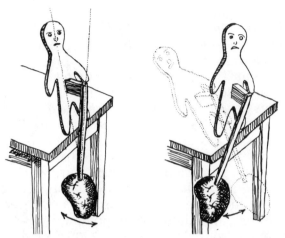

48

Ce pantin fait par les vieux Acadiens pour amuser leurs petits-enfants, consiste en une figurine légèrement décorée qui a été taillée dans une planchette de bois. Ce bonhomme se tient en équilibre grâce à un poids (une patate) qui, lorsqu'il tombe à angle droit, retient la planchette découpée et de forme arquée. Selon la direction donnée à la patate par une poussée de la main, le pantin se balance dans un mouvement d'arrière et d'avant, ou il se dandine tour à tour sur le pied droit et le pied gauche. On le place sur le bout d'une table. *(Dessin d'après un jouet fourni par Mme Alberta Maillet de Richibouctou Village, Comté de Kent, en 1973).*

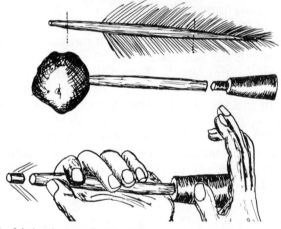

49

Méthode de fabrication et d'utilisation: couper les deux extrémités d'une grosse plume de *pirouine**; découper une cheville de bois de la dimension intérieure du tuyau de la plume; façonner la tête de la cheville de bonne grosseur, pour pouvoir frapper dessus avec la main. Insérer le bout du tuyau dans une patate à une profondeur d'un demi pouce (1,5 cm environ). En frappant vivement sur la cheville, le morceau de patate jaillit vers l'avant et le fusil fait entendre un bruit sec. *(D'après doc. ms. 1-T81, coll. Jean-Claude Dupont et Roger Leblanc, Inf. Mme Edna Dupuis-Melanson, 85 ans, Village de Malakoff, N.-B., 1973)*

170

50

La vilaine bête à tête de lion et à queue d'un mille de long (1,6 km) allait apparaître aux enfants qui se chicanaient entre eux. Nous ne l'avons jamais vue, de dire un informateur, mais elle a réglé bien des chicanes.

On aimait jouer à la balle et au ballon et on conservait précieusement la vessie de cochon qu'on gonflait pour faire un jouet d'enfant. Bien séchée, cette *balloune** durait des mois [25].

Les garçons surtout ont tendance à échanger des objets. Si un enfant a donné quelque chose à un autre et qu'il veuille le reprendre, on le traite d'*Indian giver** [26].

---

25.   Coll. Jean-Claude Dupont, doc. ms. 5328-T 811 (75).
26.   *Ibid.*, doc. ms. 3018-T 32 (227).

51

Vessie de porc gonflée et séchée, dans laquelle on mettait trois ou quatre pois. Ce ballon était suspendu au plafond au moyen d'une corde, vis-à-vis de la chaise haute du bébé. Ce dernier s'amusait longuement, tant par les bonds légers de la vessie que par les bruits faits par les pois sur la membrane.

52

Le sifflet plus souvent appelé *sublet** est découpé dans une branche d'arbre surtout en temps de sève. Les essences de bois les plus populaires pour fabriquer ce sifflet sont l'*aulne**, le tremble et le saule. (*Jean-Claude Dupont, doc. ms. 3261-T 81 (250)*)

172

Voici de quelle façon les enfants s'y prennent pour savoir si le nouveau venu est digne de se joindre aux jeux de groupe:

> On disait, en touchant chaque bouton de ses vêtements: riche, pauvre, voleur, menteur, et on recommençait cette série d'épithètes jusqu'à ce que chacun des boutons ait passé. Le dernier adjectif nommé déterminait ce que valait l'enfant[27].

Le droit de punir fait aussi son apparition; et tout comme l'enfant prisonnier, l'animal doit payer une amende s'il veut être libéré. Lorsque des enfants attrappent une sauterelle, ils chantent:

> Sauterelle, sauterelle,
> Donne-moi de la mélasse,
> Ou je te tue, toi,
> Ton père, ta mère,
> Tes frères, tes sœurs[28].

Dans la région de Moncton, où on est plus anglicisé, on dira plutôt:

> *Grasshopper,*
> *Give me some molasses*
> *And I'll let you free*[29].

Comme la culture traditionnelle des Acadiens a subi une grande influence de la mer, il arrive souvent que les comptines qui expriment le droit de punir se rattachent à l'eau. Ainsi au bord de la *côte** où il y a des *borlicocos**, on faisait sortir les cornes du *borlicoco** en disant:

> *Barlicorne**, *barlicorne**,
> Montre-moi tes cornes,

---

27. Coll. Jean-Claude DUPONT, doc. ms. 8678-T 8 et X (315).
28. *Ibid.*, doc. ms. 8679-X (315); 2644-X (148); doc. son. 573-X (128).
29. *Ibid.*, doc. ms. 3022-X (227).
   «Sauterelle,
   Donne-moi de la mélasse,
   Et je te laisserai aller».

Ou bien je te tue, toi,
Ton père, ta mère,
Tes frères, tes sœurs[30].

Le *barlicorne** que l'on tient fermement dans sa main pour ce jeu est le bigorneau que l'on trouve sur les grèves (dans certaines régions on récite la même formulette en utilisant le terme *borlicoco** [31].

Quand un enfant veut montrer qu'il dit la vérité ou qu'il gardera un secret, il prononcera le serment: «Ma grande foi de Dieu mortel», ou «*Cross my heart and hope to die*», ou «*Honest to God*» [32].

Le *Bonhomme-Sept-Heures**, ou le *Boogie Man**, (cet homme dangereux qui est un Américain aux Iles-de-la-Madeleine) est très souvent une *taweille* au Nouveau-Brunswick; et cette dernière menace de mettre à la broche les enfants qui ne veulent pas se coucher le soir[33]. Il y a aussi la *brouette des puants** venant prendre les enfants qui ne veulent pas se coucher ou qui ne sont pas *propres** [34].

Si un enfant perd une dent, il la mettra sous son oreiller; on lui dit alors que pendant le nuit une fée viendra la chercher et déposera une pièce de monnaie en échange (les parents se chargeaient de faire l'échange pendant la nuit)[35]. Si, à son réveil, l'enfant s'aperçoit qu'il a avalé une dent, on lui dit qu'une dent de cochon poussera à la place[36]. On avait également l'habitude de dire à un enfant qui perdait une dent qu'il

---

30. Coll. Jean-Claude DUPONT, doc. ms. 8897-X (25); 8681-X (227); 2646-X (148); doc. son. 572-X (128).
31. *Ibid.*, doc. ms. 2644 à 2648-X (148); 2510-X (283).
32. Coll. Jean-Claude DUPONT, doc. ms. 8680-T 88 (77, 227).
   «Croix sur mon cœur devant Dieu»
   «Serment à Dieu».
33. *Ibid.*, doc. ms. 3024-A 92 (30); 3026-A 93 (227, 358).
34. *Ibid.*, doc. ms. 3025-A 93 (34).
35. *Ibid.*, doc. ms. 3028-T 32 (30).
36. *Ibid.*, doc. ms. 8682-T 32 et S (304).

avait raconté un mensonge[37]. Plusieurs informateurs connaissent le tour suivant:

> On demandait *vingt-cinq sous* aux parents pour aller se faire extraire une dent et nous nous rendions chez le forgeron qui nous l'enlevait gratuitement[38].

C'est souvent le grand-père ou la grand-mère qui tout en amusant les enfants, leur apprenait le nom des jours de la semaine, les diverses parties de l'anatomie, les lettres de l'alphabet, les chiffres, etc. Ces formulettes traditionnelles prennent différentes formes qui ne sont pas toujours galantes:

> A, b, c, d, la vieille Babée,
> E, f, g, h, elle a pris une hache,
> I, j, k, l, elle s'est coupée une aile,
> M, n, o, p, elle s'est coupée un pied,
> Q, r, s, t, le cul est resté[39].

Il y a bien d'autres formulettes que récitaient les vieillards et les enfants[40]. Nous en donnerons quelques-unes seulement: en voici une dite à la fois en latin et en anglais:

> *Patres conscripti took a boat,*
> *And went at Philippi,*
> *Stormus surgebat,*
> *Et boatum overturnabat,*
> *Qui non swim away*
> *Potuerunt drowndebant*[41].

---

37. Coll. Jean-Claude DUPONT, doc. ms. 8684-T 32 (304).
38. *Ibid.,* doc. ms. 3695-B 414 et B 408 (334).
39. *Ibid.,* doc. ms. 546-T 852 (306); 543-T 852 (58).
40. Anonyme, *Rencontres,* Journal du N.D.A., vol. 2, novembre-décembre 1964, p. 7.
41. Les comptines acadiennes ont déjà fait l'objet d'une étude très complète: Jeanne d'Arc DAIGLE, *Les rimes enfantines en Acadie,* thèse de M.A., U.L., 1972, 390 p. man.

Comme nous avons pu le constater, certaines de ces comptines, même si elles étaient destinées aux enfants, étaient formulées dans un langage vulgaire. Les enfants n'en faisaient pas trop de cas, puisque souvent ils n'en retenaient que les sons:

Pouce rotte,
Liche pot,
Longui maladie,
Ti-ti-ti-ti (à ce moment l'adulte fait mine
de vouloir pincer le coccyx de l'enfant[42].

Pi-po-po.
Chapeau d'*épinette**,
Pi-po-pot,
Fait bouillir tes pots[43].

Un *grain d'tchu* nous avons trouvé (bis),
Saute, saute, saute, *grain de cul** comme les autres.
Bien entendu, il nous faudra un autre *grain de cul**[44].

P'tit bout de ligne, grand bout de ligne,
Pour *amarrer** mes bottines,
P'tit bout de ligne à morue,
Pour *amarrer** mon *tu**,
P'tit bout de ligne à maquereau,
Pour l'*amarrer** comme il faut[45].

J'ai vu.
Qu'as-tu vu?
Un renard qui chiait du lard pour son déjeuner.
J'ai vu.
Qu'as-tu vu?
Une anguille qui peignait sa fille pour la marier
C'est *vré**.

Nicolas demain ta fête,
Une boucle pour tes cheveux,
Une couronne pour ta tête,
Un baiser si tu veux,
Aime-moi, aime-moi pas,

42. Coll. Jean-Claude DUPONT, doc. ms. 8672-X (269).
43. *Ibid.,* doc. ms. 8673-T 85 (269).
44. *Ibid.,* doc. ms. 8674-X (332).
45. Anselme CHIASSON, cap. *La vie populaire des Madelinots,* man. C.E.A., Univ. Moncton, p. 64.

Ça m'est égal mademoiselle,
Si vous m'aimez, moi je ne vous aime pas,
Laissez-moi planter mes pois[46].

Les Acadiens louisianais faisaient sauter leurs enfants (assis sur un de leur genou ou à cheval sur un de leur pied), tout en chantant:

À Gueydan, à Gueydan, sur un petit cheval blanc.
À Pont Breaux, à Pont Breaux, sur un petit cheval
à galop![47].

b) *La grande enfance*

La deuxième étape de l'enfance, lorsque l'enfant est âgé de sept à quinze ans environ, se caractérise surtout par la vie scolaire.

Chez les Acadiens, avant les années 1940, les parents n'étaient pas très portés à faire instruire leurs enfants. Les écoliers qui atteignaient la septième année de scolarité n'étaient pas nombreux[48].

Vers 1925, il n'y avait pas beaucoup de Français à l'école. Il n'y avait pas de *grade**; on disait de quelqu'un qu'il était dans son premier livre, dans son deuxième livre, ou dans son troisième livre. Celui qui se rendait au quatrième livre était bien instruit. On aimait ça aller à l'école, mais les parents ne nous encourageaient pas. Quand on pouvait gagner sa vie, la question de l'école ne nous préoccupait plus du tout[49].

Pour compléter ce témoignage de Saumarez et pour la même période, ajoutons celui d'une vieille institutrice qui a enseigné à Haute-Aboujagane, à Saint-Louis de Kent, à Cap-Pelé et à Sainte-Anne de Madawaska:

46.   Coll. Jean-Claude DUPONT, doc. ms. 8675-8676-X (272, 332).
47.   Jeanne and Robert C. GILMORE, *Chantez la Louisiane!* 1970, p. 18. (Gueydan et Breaux Bridge sont des villes louisianaises).
48.   Coll. Jean-Claude DUPONT, doc. ms. 3031-T 332 (128).
49.   *Ibid.,* doc. ms. 3698-T 332 (285); 3692-T 332 (343); 6866-T 332 (154, 147).

Les enfants manquaient beaucoup de jours de classe;
s'ils ne venaient pas dans la matinée, ils ne venaient pas
dans l'après-midi. Les petits commençaient en septembre, mais dès les premiers froids de l'hiver, ils ne venaient plus. Ils recommençaient seulement vers le début
du mois de mai suivant. Au commencement de mai, les
grands ne venaient plus à l'école, parce qu'ils restaient à
la maison pour herser les patates, pour ensemencer, ou
pêcher[50].

Les excuses données par les enfants pour justifier
leur absence à l'école sont diverses:

> Faire laver son linge de dessous (sous-vêtement);
> *Avoir le corps changé**;
> Aider les parents;
> Aller pêcher des palourdes;
> Ne pas avoir de bottines à se mettre dans les pieds;
> Etc.[51].

53

«Adolphe à Nicolas» Comeau demeurait jadis dans le
rang des Concessions à Pointe-de-l'Église en Nouvelle-
Écosse. Il a 85 ans et vit à la Villa Acadienne à Mete-
ghan, N.E. Il allait sur les routes en été, tirant sa charrette sur laquelle était monté son théâtre de marionnettes. Il donnait son spectacle en bordure de la route,
devant les maisons. Monsieur Comeau fabriquait ses
marionnettes dans du bois et il les décorait avec des
capsules de bouteilles. Des clochettes et des grelots
étaient fixés à sa charrette. Le marionnettiste portait,
pour la vente, un sac au dos rempli de marionnettes
de bigorneaux et de couronnes de Noël façonnées avec
des rameaux de sapin. *(Dessin d'après doc. ms. 2511,
2 coll. Jean-Claude Dupont).*

50.   Coll. Jean-Claude Dupont, doc. ms. 8685-T 332 (294, 73).
51.   *Ibid.*, doc. ms. 8686-T 332 et H 3 (161, 99).

178

54

Le manège multicolore comprenait six ou huit figurines humaines suspendues à des fils, et lorsque «Adolphe à Nicolas» frappait sur deux cordes principales à l'aide de petits bâtons, les personnages agitaient les bras et tapaient du pied sur le fond doublé de tôle de la charrette. Lorsqu'il donnait son spectacle, le marionnettiste tapait lui-même du pied et fredonnait un air à danser. Il était accompagné d'un chien et sa charrette était décorée de papillotes multicolores. *(Dessin d'après doc. ms. 2511, Y2 coll. Jean-Claude Dupont).*

À l'école, pour des manques sérieux à la discipline, ou pour des leçons mal apprises, le coupable devait sortir et se tenir sur le bûcher. Ce supplice était le suivant:

> L'enfant, coiffé d'un chapeau de pierrot, se tenait debout sur un monticule, devant l'école, et il devait saluer avec grandes révérences tout vivant qui venait à passer devant l'école, les animaux comme les hommes[52].

Cette coutume était en vogue dans le nord comme dans le sud du Nouveau-Brunswick, mais il existait des variantes. Ainsi à Memramcook, l'élève devait aussi porter un objet qui allait renseigner les passants sur la cause de la punition; par exemple il devait tenir son livre de lecture s'il n'avait pas su sa lecture ou sa leçon; celui qui avait été expulsé parce qu'il mâchait de la *gomme**, portait cette *gomme** collée sur le bout du nez[53].

---

52. *Ibid.*, doc. ms. 3034-T 326 (115).
53. *Ibid.*, doc. ms. 3696-T 326 (204).

55

Lorsqu'un enfant manquait à un devoir d'écolier, il devait sortir et se placer sur le bûcher devant l'école. Portant un *casque** de pierrot, il devait saluer tout vivant qui passait. *(D'après doc. ms. 2046-T 326-332 (115) Coll. Jean-Claude Dupont)*

Tous les informateurs septuagénaires sont unanimes à dire que les maîtresses d'école de leur temps étaient d'une grande sévérité et que c'était là une des raisons qui décourageaient les enfants d'y aller. À Cap-Pelé et à Saint-Paul de Kent, il existait une façon de se venger des punitions reçues à l'école. Au début de septembre les jeunes garçons qui cessaient d'aller à l'école faisaient parvenir aux institutrices, soit par la poste, soit par les élèves, un joli petit colis renfermant une queue de cochon[54].

Selon certains informateurs, voici d'autres raisons militant en faveur des enfants qui ne voulaient plus aller à l'école:

54.   Coll. Jean-Claude DUPONT, doc. ms. 8688-T 332 (154, 147).

> L'hiver, on gelait dans l'école; il n'y avait qu'un gros poêle placé en avant du bureau de l'institutrice. Tandis que les élèves des premières rangées avaient chaud, ceux des dernières rangées avaient froid[55].

Une dame de cinquante ans révèle que, dans son temps, les élèves des dernières rangées avaient la permission de garder leurs mitaines et de se frapper les pieds sur le plancher pour les réchauffer[56]. L'expression consacrée pour dire que l'institutrice chauffait le poêle, était la suivante: «*Tenir aller le poêle en bois**».

À la fin de l'année scolaire, il y avait toujours l'examen public en plein air; d'après une dame de Saint-Chrysostome de l'Ile-du-Prince-Édouard, cet évènement annuel se déroulait ainsi:

> Ordinairement, on bâtissait une estrade en avant de l'école, et toutes les familles ayant des enfants à l'école s'y retrouvaient réunies. Les petites filles avaient souvent, pour cette occasion, une robe neuve dont elles étaient très fières. L'examen durait toute la journée; l'*avant-midi** était consacré aux petits et l'après-midi aux grands. On pouvait demander à n'importe qui dans l'assistance de faire réciter la leçon des élèves; c'était un grand hònneur d'être choisi pour cette tâche, puisque cette personne était normalement l'une des plus instruites de la *place**. Tout ce qui avait été enseigné pendant l'année était matière à l'examen et les parents rougissaient de honte si leur enfant ne pouvait répondre correctement à la question, d'autant plus que le curé était toujours assis dans la première rangée de l'auditoire. À la fin de la journée, on remettait un cadeau à l'institutrice[57].

La dernière journée de classe donnait souvent lieu à des scènes peu appréciées de l'institutrice dont on voulait se venger. Parfois on *chantait des poignées de bê-*

---

55. *Ibid.*, doc. ms. 8689-T 332 (145).
56. *Ibid.*, doc. ms. 8689-T 332 (145).
57. *Ibid.*, doc. ms. 8690-T 332 (279).

*tises** à celle qui avait *commandé** l'année durant. Souvent, on composait une chanson que tous les élèves entonnaient en chœur en sortant de l'école :

> Vive les vacances,
> Au diable les pénitences,
> On met l'école en feu,
> La maîtresse (ou les *pisseuses**) dans le milieu[58].

À Moncton, on retrouve encore ce mot *pisseuses** pour désigner les religieuses, mais la chanson devient :

> Vive les vacances,
> Au diable les récompenses,
> Le couvent est à vendre,
> Les *pisseuses** sont à marier[59].

56

Dessins découpés au couteau sur un pupitre d'écolier, à Saint-Antoine de Kent, Nouveau-Brunswick. *(Photo des A.F.U.L., topo. Jean-Claude Dupont, 2322)*

---

58. Coll. Jean-Claude DUPONT, doc. ms. 2513-X (283); 8691-X (166).
59. *Ibid.,* doc. ms. 8692-X (1); 8693-X (73).

Voici trois versions de chansons destinées à des institutrices nommées Joséphine, Mélina et Marie:

1. Joséphine ma cousine,
   T'as de la *gomme,**
   Tu veux pas m'en donner,
   Un jour j'en aurai,
   J'te la passerai sous le nez[60].

2. Mélina a été au bois pour cueillir des noisettes,
   La branche a cassé, Mélina a tombé,
   Le premier qu'a passé la trouva bien jolie,
   Le deuxième qu'a passé la trouva endormie,
   Le troisième qu'a passé l'emmena avec lui,
   Au bois Mélina[61].

3. Marie Couture c'est quelque chose,
   Marie Couture c'est tout,
   Monsieur le curé l'a dit au prône,
   Marie Couture c'est quelque chose,
   Marie Couture c'est tout[62].

Ces dernières chansons pouvaient aussi s'adresser à quelqu'un qui se donnait des airs ou s'en faisait accroire. Les noms propres qu'on y insérait changeait alors à volonté.

La période de la grande enfance est aussi celle de la découverte du monde imaginaire des contes de la littérature orale. On fait alors connaissance avec un univers fantastique peuplé de héros, d'ogres, de fées, de rois, etc. Ces récits de la prose populaire ou contes folkloriques n'ont qu'un but, distraire ceux qui les écoutent. Souvent il arrive que les mêmes contes ont survécu à plusieurs générations dans une même famille, les petits-enfants les apprenant de leurs parents.

Il existe des centaines de contes populaires, et ceux que je présente ici n'ont été retenus que pour illustrer cette catégorie de récits de la littérature orale acadienne. Le premier conte a été enregistré sur ruban magnétique et j'en ai fait le relevé aussi fidèlement que

---

60. *Ibid.*, doc. ms. 8694-X (275, 171).
61. *Ibid.*, doc. ms. 8694-X (275, 171).
62. *Ibid.*, doc. ms. 8695-Ch. brève (166).

possible, tout en apportant quelques corrections grammaticales qui ne changeaient pas le sens. Les expressions populaires typiques ont été conservées, et je donne, entre parenthèse, des explications nécessaires à la compréhension du texte.

57

Le conteur Carolus Duguay, 81 ans en 1952, Petite Lamèque, Ile Shippagan, Nouveau-Brunswick. *(Photo Luc Lacourcière)*

Le garçon adopté par le roi.

C'était l'histoire d'un roi et puis d'une reine..., et d'un jeune homme qui était dans une *cabane**, un vrai *camp** de *pièces sur pièces**, ce qu'on appelle des *billots**; puis pas tout le temps *de quoi manger**. Et puis *toujours*, ce jeune homme-ci passait dans les villages et puis chantait et *ça* y donnait du *manger* (il chantait pour se mourrir).
Oh! il y avait plusieurs années qu'il se promenait... puis c'était un joli homme. *Toujours ça adonnait** que cette année-là, c'était l'année *que* le roi et la reine passaient voir leur colonie, leur *monde**. Ce jeune homme-ci s'en

184

allait dans un chemin qui était un peu tortueux, qui était *pas* droit, puis c'était dans *le bois**. Puis *toujours*, quand il fut arrivé (à un tel endroit), tout à coup, il lui *a venu* à l'idée qu'il fallait dire une complainte (chanter une complainte). Puis il *s'est planté**, puis il chantait tout seul. Il savait pas *qu'est-ce qui* venait à l'autre bout du chemin; mais ils (le roi et la reine) *descendaient**.

Quand ils *ont arrivés* là, il chantait. Sa surprise a été de rencontrer le carosse. C'était le roi puis la reine. Mais il ne savait pas que c'était le roi puis la reine, il avait *jamais* vu *ça*. *Toujours* quand le roi est arrivé *à lui*, il (le roi) s'est mis à parler avec lui, il lui a demandé son nom :

— Mon jeune homme il faut que tu viennes avec moi, je crois bien que tu sais ce que je suis. Je suis le roi d'une telle *place**. Il dit tu vas venir avec *nous autres*.

— *Il dit* je peux *pas* laisser maman. Maman a une *grosse** famille, elle est pauvre, elle a *rien* à manger; c'est moi qui passe dans les villages et qui chante pour la *soutiendre**. Il dit je peux *pas* laisser maman.

— *Il dit* casse-toi *pas* la tête, *embarque** avec nous autres, viens.

— *Il dit* faut que vous veniez à la maison. Vous avez dit que vous êtes roi, et puis nous autres...

— Pas de différence, puis *embarque**.

Il *a embarqué** avec *eux autres*, il a *viré de bord**, puis s'en a été trouver sa mère. Puis elle était là dans un petit chemin de bois, pas riche. Puis arrivé là sa maman a été surprise bien sûr, de voir que c'était le roi... Puis elle a dit à son garçon :

— T'aurais pas dû, dans la situation qu'on est...

Le roi dit :

— Madame, votre situation est telle qu'elle est, et vous serez soulagée tout *de suite*. *Il dit* vous, savez-vous pourquoi je suis venu? Je veux que tu me *signes** ton garçon... Et pour toi et toute la famille, je te donnerai des terres, *assez*, je te donnerai de l'argent pour que tu passes ta vie, pour que tu *sois pas en peine**, ton esclavage est fini. Que tu veuilles ou que tu veuilles *pas*, je veux le jeune homme. Il chante bien, puis il *est à mon joint**, puis je le veux.

Puis aussitôt dit aussitôt fait. Le roi sort, puis il a été fait tel qu'il avait dit, il a *signé** les documents, qu'ils hériteraient. Quand il a été *aseulé**, il *a deviré de bord**, puis il a dit :

185

— *On* s'en va.

Bien sûr, cet enfant là avait *jamais* été à l'école, il savait *rien*. Ça fait *toujours,* qu'il dit :

— *À cette heure*, faut* que tu ailles à l'école, *faut* que tu apprennes à lire…, pour venir avec moi, *faut* que tu sois instruit…

Le garçon voyait que le roi aimait *terriblement** ses actions, puis il voyait que la vieille reine aussi aimait *terriblement* ses actions. Il était affable, il était aimable. Ça fait qu'il chantait et que le roi disait que c'était l'une des plus belles voix qu'il avait *jamais* entendue. Puis là, ils ont pris le jeune homme, et l'ont envoyé à l'école.

Ils avaient une fille qui *alliont* à l'école. Il y avait un vieux garçon aussi qui était là, puis il aurait voulu que la fille sorte (fréquente) avec lui, *à cause qu'*il était riche, qu'il était bien de ce monde. *Toujours,* quand ils *alliont* à l'école, ils étudiaient leurs leçons et ils faisaient leurs exercices (devoirs). Quand ils avaient fini, je sais *pas* ce qu'ils faisaient, mais *toujours* ils *alliont* se coucher, puis c'était fini.

La fille regardait *point* le vieux garçon; puis je la *blâmions pas* non plus, c'était une jolie fille.

Ils travaillaient ensemble puis un bon soir, ils s'en venaient, et la fille bien sûr a *tombé en amour** avec lui (le jeune homme). Il était *smatte**, intelligent, il y avait *rien* de plus intelligent. Il apprenait si bien, qu'il avait *pas* été six mois à l'école, qu'il *passait devant** la fille. Il apprenait comme il voulait, c'était *rien* pour lui. C'était un homme avec un grand talent.

Le roi aimait ça. Puis à l'école, les maîtresses, elles en *faisaient toujours de grands vents**.

Puis il y avait toujours un gars avec eux autres (le vieux garçon). Le roi *avait signé** son héritage au vieux garçon qui était poltron.

Un bon soir, le vieux garçon puis la vieille reine, ils étaient dans une chambre. Le vieux garçon dit à la reine :

— *À cette heure**, il faut qu'il parte, ce jeune homme-là. *Il dit* un tel soir, telle journée, il sera tué, puis ce sera fini, ça nous sauvera tous.

La vieille reine voulait *point.* Elle dit :

— Un jeune homme intelligent, un jeune homme de grand talent, tu auras du regret, je t'avertis.

La jeune fille avait tout entendu ça. Le lendemain matin, elle s'est levée, puis il dormait, il s'était *rien* aperçu, il avait *rien* entendu. Puis elle avait tout entendu l'histoire. Elle s'en va, puis elle a ramassé (pris) de l'argent. Puis là, l'a emportée. *Fallait* marcher (aller) à l'école, ils *s'étaient greyés** pour marcher à l'école. Il a dit:

—*À matin*, il *me semble* que tu es *pas comme de coutume**.

Elle dit:

— Si tu savais ce que je sais, tu le serais *pas* toi non plus, tu serais *aussi* triste *comme* que je suis. *Elle dit* mon cher ami, le vieux garçon qui est là, il veut que je lui parle (que je devienne amoureuse de lui), je lui parlerai pas.

Bien *toujours*, ils *s'avaient signés**. Ils défaisaient leur chair, se *signaient* un papier de leur sang, pour en *point* marier d'autre (ils s'étaient fait promesse de s'épouser en mêlant leur sang). C'était son homme, puis *à lui* c'était sa femme (ils étaient faits l'un pour l'autre). Quand elle a vu ça elle a dit:

— Demain quand *on* se lèvera, toi, tu partiras, ils sauront *pas* où tu es.

Bien, *toujours*, elle *a sorti*. Elle avait de l'argent, puis elle est allée trouver son couturier pour lui demander un bel habit pour son jeune homme, *pareil comme* un habit de prince. Ils écrivirent sur un écriteau dans son chapeau qu'il *était la bonne compagnie**. La fille du roi avait de l'argent *assez*. Tout marchait bien. Elle a *viré de bord**, puis lui a acheté un cheval avec une selle. Elle l'a *greyé**. Puis elle a dit:

— Demain matin vous viendrez à une telle *place**, à une telle heure.

Le lendemain matin, ils s'*étiont* levé puis *étiont* été (ils sont partis). Quand il est arrivé là, tout était tel que la princesse l'avait commandé. Elle lui a dit:

— Jette-toi dans le *bois**, puis habille-toi; puis quand tu seras parti, je ferai brûler tes *hardes**. Embarque, je t'ai mis une somme d'argent, *faut* que tu y fasses attention. Lui qui savait pas la valeur de l'argent! Fais attention à toi, puis va.

Puis il a été en ville en croyant qu'il pouvait se trouver quelque chose (de l'ouvrage). Il payait sa pension, payait ses *coûtances**. Il est venu un moment *qu'*il n'avait plus d'argent. Il a pensé en lui-même, je *vas* me décourager. Il a été trouver un vieux roi qui était dans cette *place**-là, puis il s'est fait connaître (présenté). Il *a demandé* *pour* emprunter un certain montant d'argent. Dans les sept ou huit mille *piasses**, un *moyen* montant**. Puis il a dit:

— Si je peux *pas* vous le rendre, mes chevaux seront à vous, puis tout (tout ce qui m'appartient).

Il a encore quitté le vieux roi, puis il a descendu, puis il essayait de *se poigner* quelque chose* pour pouvoir faire de l'argent. Mais ça n'arrivait point. Il a encore tout dépensé l'argent. *Vire de bord**, puis va mener son *joual** chez le roi, puis *met** son habit à caution. Il *laissait* son habit en *garant**.

— *Il dit*, si j'ai de l'argent pour vous payer, je le réclamerai, puis si j'en ai *pas*, ce sera à vous.

Il (le roi) lui a offert de lui prêter d'autre argent. Il a dit:

— Non, j'ai tout dépensé déjà l'argent de ma princesse, puis j'ai passé *à travers de la vôtre*, ça va faire. M'en *va* essayer de trouver d'autre chose.

Là, il a tout laissé là, puis s'en est allé à la *côte**. Il (le jeune homme) *a gagné** la mer, puis il s'est jeté à la mer et a dit:

— Je souhaite *que* je me *noyons*, je suis toujours pauvre.

Il était venu avec *pas trop* de *linge** sur lui; il avait laissé le meilleur au roi. Quand il est arrivé là, il était *quasiment** tout *à l'air**.

Il arrive à un rivage et c'était une île de fruits. Il y avait un tel roi qui était là, puis c'était *pareil comme* l'autre (le premier roi), il (le roi) avait une fille... Sa fille et puis le roi avaient embarqué dans le gros bateau, puis ils avaient été chercher une charge de fruits pour vendre. *Toujours*, il est arrivé là, puis il est allé boire et la fille l'a vu. Elle l'avait *trouvé à* son goût. Elle a dit à son père:

— Vous apporterez du linge, puis vous *greyerez** ce jeune homme puis vous l'amènerez au *bac**.

Il a été fait tel qu'elle avait dit. Les soldats du roi sont montés lui porter son habit. Ils l'ont amené, et lui ont *donné à manger**. Puis là, sa mère (la reine) parla avec lui, puis tu sais, elle a trouvé qu'il était pas mal *capable**, puis déjà instruit. C'était un homme intelligent, il s'est fait valoir (montrer ses qualités) avec le roi. Le roi l'*avait pris dans sa manche**. La fille le regardait. Elle était *pas* belle, elle était brune...

Le lendemain, il (le jeune homme) lui a *donné à manger*. Dans l'après-midi, il parla avec la fille du roi. Ils sont partis, ils ont marché dans les fruits, *où c' que* les hommes travaillaient. Ils (les hommes) étaient à casser des fruits puis à charger le bateau pour s'en aller au marché. Il y avait longtemps qu'il (le jeune homme) avait *pas*

188

chanté. Il avait trouvé qu'il avait été si bien reçu, que ça été une réjouissance, et il est *venu à* chanter. Il s'est lancé à chanter. Le vieux roi l'avait entendu. Il (le roi) a été *à lui*, puis lui a dit:

— T'es pas venu ici *pour que* tu travailles, viens avec moi, tu es un joli homme pour chanter (tu chantes bien), tu as une jolie voix.

Toujours qu'il a monté dans le *boat**, il contait des histoires, puis chantait des chansons et bien sûr que ça les divertissait. Puis là, il s'est mis à parler, puis il était aimable. *Toujours* ils ont chargé le bateau, puis quand le bateau a été chargé, ils ont (le roi et l'équipage) dit:

— On va s'en aller.

Quand ils sont arrivés à telle *place,* le vieux roi a débarqué, puis a dit:

— Tu iras à telle *place**, puis tu vendras ça.

Il avait aidé au vieux roi, puis il était pour marier la fille du roi. C'était bon, elle était riche, *même** si elle était pas belle. Il allait toujours vivre à son aise. Puis elle a dit:

— *À cette heure**, vends ça, puis l'argent sera à toi.

Il est parti, mais la fille a *pas* été avec lui. Il a tout vendu le chargement de fruits. Il a eu un *montant du diable**. Quand il est revenu, il a *d'joigné* une petite escousse** avec le vieux roi. Puis a dit:

— Je vais charger une autre charge.

Il était obligé d'aimer la fille, mais c'était une manière de *forçage** (malgré lui), il la trouvait *pas* à son goût. Il pensait à l'autre (à la fille du premier roi). Ils ont tout embarqué, ils ont mis *de quoi* à bord pour avoir du *manger** assez pour tout le monde. *De coutume**, ça prenait trois mois à charger le bateau, mais dans cinq semaines, le bateau était chargé.

Ils avaient un gros *voyage** de fruits, puis ils avaient levé l'ancre. C'était une *moyenne** distance *où ce qu'ils* travaillaient. Ça prenait plusieurs jours avant de pouvoir être attendus (à son point d'arrêt). Quand il est arrivé, avec une longue-vue, il était content de voir encore la terre. De voir où il était; c'était lui qui héritait de tout. Le vieux roi lui avait tout *signé* le royaume, ce serait à lui. *Toujours*, il s'est aperçu qu'il y avait des drapeaux. C'était tous des drapeaux noirs qui étaient tous à mimât. Il a dit à ses hommes:

— Savez-vous ce que ça veut dire ça?

— Oh! *ils ont dit* ça doit être une épidémie qui est passée ou quelque grosse maladie grave.

Ils approchaient... Quand ils furent arrivés, il est débarqué et a dit:

— *Faut* que je *save* où est l'épidémie, voir si elle est grande ou pas.

Ils ont dit :

— Oui, c'est une terrible épidémie.

Le vieux roi en était mort. La vieille reine *était* bien *au bord**. Pas de *sauvation**. Ça *pas* été long, la reine était morte.

L'enterrement passé, les cérémonies, il a rembarqué dans son bateau et *a regagné**, puis a été vendre (le bateau avec le chargement). Quand il eut vendu ça, il s'est racheté un autre bateau. Il avait sept *lieues* de voile *dessus*, puis il avait sept *engins**.

Là, il a donné l'ordre (de greyer), puis ça pris *un petit bout de temps** et quand le bateau a été prêt, il a mis *de quoi* manger à bord. Là il est monté.

Quand il est arrivé où il avait emprunté l'argent de l'autre roi (le deuxième roi), il *a rentré** là et a été trouver le vieux roi. Il lui a dit qu'il voulait *ravoir** son *chevau** et sa selle, et son habillement qui portait des écriteaux (l'habit de prince sur lequel était écrit qu'il était l'amant de la fille du premier roi).

— Ah ! le *roi a dit* c'est bien.

— *Comment** je vous dois ?

Il a payé le vieux roi comme il faut. Le vieux roi a dit :

— Tu me *payeras* pas tout.

— *Pantoute**, *il a dit*, vous me l'avez prêté, voilà votre paiement.

Il l'a remercié, puis s'est *viré de bord** et a ramassé son chaval. Il avait fait une place dans le *boat** pour les chevaux, puis a mis *de quoi* à manger, et a rembarqué.

Là, *à cette heure**, il avait passé des années, *quasiment** vingt ans, à *faire voyage**. *Toujours*, quand il est arrivé là (il est revenu chez le premier roi qui l'avait adopté et envoyé à l'école), la fille de roi *se greyait** pour se marier avec le vieux garçon, le lendemain, c'était la cérémonie.

Puis, *toujours*, il y avait un vieux jardinier et une vieille. Il s'est *greyé* de *hardes** qui étaient *moyennes** et a été trouver le *vieux homme* qui lui a tout conté l'histoire (c'est-à-dire) que la princesse se *greyait** pour se marier avec le vieux garçon le lendemain, pour la cérémonie.

Le vieux dit :

— Ma femme travaille là pour les grands préparatifs, ça va être une grande fête.

*Vire de bord** (le jeune homme), puis s'en va.

La princesse avait une *façon**, tous les matins. Elle se levait de bon matin, puis s'en allait et se promenait sur la galerie (du château). *Toujours*, lui, il savait ça.

190

Quand le matin arrive, il a *pas* perdu de temps, il avait le *chevau** qu'il avait mis à bord. Puis il a pris son habit qu'elle lui avait donné, son *chevau**, sa selle, puis il a sauté *là-dessus* et a été faire une tournée. Il était quasiment cinq heures du matin. Bien sûr qu'elle l'a vu. C'était pas bien loin et elle voyait ses écritures; c'était elle qui les avait écrites. Elle *est tombée en bas** de la galerie**, puis elle *a manqué* se tuer. Lui, il *vire de bord**, puis s'en va à son bateau qui était resté là. Il a ôté son habit, puis là, il avait *plus* ses écriteaux, il a tout ôté ça. Il s'est greyé comme un docteur.

Toujours là, il *a gagné** là, puis il y avait beaucoup de monde. Il a dit aux *gardes** qu'il était docteur. Ils (les *gardes**) ont conté le *trajet** qui était arrivé, un terrible accident, que la fille du roi *avait manqué** se tuer. Il a dit:

— Est-ce qu'elle va mourir?

Ils ont dit:

— Je crois *pas*.

Puis il est arrivé là en haut (du château) avec *eux* autres. Les *gardes** ont dit au roi, c'est un tel docteur... *Comme de fait*, il a monté, puis elle *s'avait* fait mal, mais pas beaucoup.

Toujours là, il a dit:

— Je veux *pas* une âme (personne) *alentour**, sauvez-vous tous, *faut* envoyer tout le monde dehors. Quand je descendrai, je vous dirai d'entrer.

*Comme de fait**, tous s'en ont été dehors. Puis lui et elle, ils ont fait leur plan. Il a dit:

— Demain matin, je viendrai ici, puis ton père m'arrêteras *pas*; t'*embarqueras** on se mariera et nous nous en irons.

Il avait été faire sa tournée chez le vieux jardinier. Il y allait souvent. La vieille était là, puis elle lui a tout conté, qu'il pouvait *pas* avoir de noces (étant donné l'accident). Toujours, lui, il savait ça mieux qu'elle, mais il ne disait rien.

Là, il s'en a été, puis le lendemain matin il était *greyé**. Dans ce temps-là, ils avaient ce qu'ils appellent des carosses. Il était roi, il avait des soldats, tout en ligne. Puis après, il est monté, puis a été à la porte. La princesse était là, elle était *greyé** et elle a *embarqué**. Là, il l'a embrassée. Après ça il a dit:

— Bonne chance!

Puis ils se sont mariés.

Là ils ont embarqué dans son bateau et s'en ont été chez eux (dans le royaume hérité du roi mort lors d'une épidémie) puis pour une *moyenne** distance (une longue distance). Ça pris du temps; ça devait leur avoir pris, dans le moins, dans les six mois. Nos *jeunesses** s'en retournaient.

Là, le vieux garçon avait *pas* eu la fille, puis après ça, moi, je m'en a venu, puis je vous conte l'histoire[63].

Outre la série des contes merveilleux dont je viens de présenter un exemple, nous retrouvons aussi une série de contes religieux qui peuvent mettre en cause saint Joseph, Dieu, les anges, ou différents saints populaires dans le peuple. Dans la version Oudlette, c'est la Sainte Vierge qui rencontre une pauvre fille. Ce conte fut présenté sous forme écrite par l'informatrice.

Oudlette.

Il y avait une fois, une petite fille qui s'appelait Oudlette. Elle n'avait ni père, ni mère et elle était bien pauvre. Elle était si pauvre qu'elle vivait dans le fond d'un vieux puits desséché.

Un jour qu'elle était allée à la fontaine, puiser de l'eau, elle rencontra la Sainte Vierge qui lui dit:

— Bonjour Oudlette.

— Bonjour, Madame Marie.

— Es-tu heureuse, Oudlette.

— Oui, Madame Marie, mais... je le serais davantage, si j'avais une petite poule.

— Fais la bonne fille, Oudlette, et tu en auras une.

Oudlette fit la bonne fille et, un matin, en s'éveillant, elle entendit une poule qui faisait: «*Cot, cot, cot*, à l'entrée de son puits. Elle monta bien vite et trouva la poule qui venait tout juste de pondre un œuf. Elle se fit une bonne omelette et retourna à la fontaine pour y puiser de l'eau. En chemin, elle rencontra de nouveau la Sainte Vierge qui lui dit:

— Bonjour Oudlette.

— Bonjour, Madame Marie. Je vous remercie de la belle petite poule que j'ai trouvée, ce matin.

— Es-tu heureuse, Oudlette?

— Oui, Madame Marie, mais... je le serais davantage si j'avais une petite vache qui me donnerait du lait.

— Fais la bonne fille, Oudlette, et tu en auras une.

Oudlette fit la bonne fille et, un matin, en s'éveillant, elle entendit une vache qui faisait: «*Meu, meu, meu*», à

63. Coll. Jean-Claude DUPONT, doc. son. 486-C-Type 885** (59). Pour la classification de ce conte voir: Anti AARNE and Stith THOMPSON, *The Types of the Folktale*, 1961, 588 p.

l'entrée de son puits. Elle monta bien vite et trouva une belle vache avec au cou, une cloche qui sonnait: «*Dong, dong, dong*». Ah! ce qu'elle était contente! Elle se fit une autre omelette, but un grand verre de lait et s'en fut de nouveau à la fontaine pour y puiser de l'eau. Cette fois encore, elle rencontra la Sainte Vierge qui lui dit:
— Bonjour Oudlette.
— Bonjour, Madame Marie. Je vous remercie de la belle petite vache que j'ai trouvée ce matin et qui me donne du bon lait.
— Es-tu heureuse, Oudlette?
— Oui, Madame Marie, mais... je le serais davantage, si j'avais une petite maison. Vous devriez voir comme c'est triste dans mon vieux puits.
— Fais la bonne fille, Oudlette, et tu en auras une.
Oudlette fit la bonne fille, et un matin, en s'éveillant, elle se trouva dans une belle petite maison, avec une table, des chaises, un lit, un miroir et jusqu'à des rideaux qui pendaient aux fenêtres! Elle riait et chantait, tant elle était heureuse. Elle mangea encore une omelette, but un grand verre de lait, fit son lit et partit une fois de plus à la fontaine pour y puiser de l'eau. Comme toujours, elle rencontra la Sainte Vierge qui lui dit:
— Bonjour Oudlette.
— Bonjour, Madame Marie. Je vous remercie de la belle petite maison dans laquelle je me suis trouvée en m'éveillant.
— Es-tu heureuse, Oudlette?
— Oui, Madame Marie, mais... je le serais davantage, si j'avais du beau *linge** à porter. Ma robe est tout en guenilles, mes souliers sont troués et mes bas sont percés.
— Fais la bonne fille, Oudlette et tu en auras.
Oudlette fit la bonne fille, et un matin, en s'éveillant, elle trouva sur sa chaise, au pied de son lit, une belle robe avec de la dentelle, des souliers vernis, des bas de soie, etc. Ah! ce qu'elle était contente! Tout de suite, elle mit sa robe et se regarda dans le miroir et se trouva si jolie, qu'elle avait peine à se reconnaître. Elle partit, cette fois, sans déjeuner, sans même faire son lit, tant elle avait hâte de se montrer. Chemin faisant, elle rencontra quelques-unes de ses amies qui, tout ébahies, se demandaient entre elles:
— Est-ce vraiment là, Oudlette?
L'une d'elle s'approcha et lui dit gentiment:
— Bonjour Oudlette.
Mais Oudlette, levant le nez, lui répondit:
— Je parle pas aux petites filles qui sont mal habillées.

La Sainte Vierge n'était pas loin, elle entendit la réponse d'Oudlette, et elle s'en vint à elle et lui dit sur un ton de reproche:
— Oudlette, est-ce ainsi que tu traites tes amies? C'est mal d'être ainsi vaniteuse et de n'être pas aimable parce que tu as une robe neuve. Parce que tu as fait cela, tu vas maintenant tout perdre, ta maison, ta vache et même ta petite poule.
Et Oudlette est redevenue la petite fille pauvre qui vivait au fond d'un vieux puits[64].

Le conte qui suit est un conte à rire; il fut aussi présenté par l'informatrice sous forme manuscrite.

Le petit garçon exécrable.

Dans une campagne il y avait un petit garçon qui était très exécrable. Personne était assez rusé pour le *prendre**, le *bloquer**; il trouvait une réponse à tout. Il n'était pas *craintif**; il aurait parlé au pape, disait-on. On a mis le curé au courant du fait. Celui-ci se promit bien de le *bloquer**. Un jour, il attelle son cheval et part faire une tournée dans sa paroisse. Il rencontre le petit garçon et le fait monter dans la voiture à côté de lui et commence à le questionner un peu et à l'instruire. Il lui parle de Dieu, créateur du monde.
— Enfin, *dit-il*, Dieu peut tout faire. Crois-tu cela?
— Non, *répond le petit garçon*.
— Comment, non! Peux-tu me donner un exemple de quelque chose que Dieu ne peut pas faire?
— Oui, je peux vous en donner un. Dieu ne peut pas vous fendre la bouche plus que vous l'avez, car s'il le faisait, il devrait vous enlever les oreilles.
Le curé mit l'évêque au courant de la chose lui aussi. L'évêque dit qu'il aimerait bien voir ce petit garçon, qu'il saurait bien le *prendre** au piège lui. Alors, une bonne journée, le curé est allé chercher le petit garçon et l'a amené voir l'évêque. Au dîner, l'évêque a fait asseoir le petit garçon en face de lui à table, et le curé était assis à la droite de l'évêque. Le curé avait averti le petit garçon de les surveiller à table et de faire comme ils feraient. L'évêque, lui, avait dit au curé de faire comme il ferait. Quand l'évêque eut fini de manger, il tourna son assiette face à la table; le curé l'imita et

---

64. Coll. Jean-Claude DUPONT, doc. ms. 6245-C-T. 555 (269). D'après la forme « littéraire » de ce conte, on peut supposer qu'il a circulé sous forme imprimée.

194

tourna son assiette. Le petit garçon n'a pas tourné la sienne. L'évêque demanda alors:

— Pourquoi ne tournes-tu pas ton assiette comme nous?

Le garçon répond:

— Quand on allait donner à manger aux cochons avec grand-père, je sais bien ce qu'ils attrapaient quand ils tournaient leur auge à l'envers.

Ce soir-là, le curé a gardé le petit garçon à coucher au presbytère, car il était tard. Il dit au bedeau et au petit garçon:

— Celui de nous trois qui fera le plus beau rêve aura un beau gâteau glacé fait par la ménagère.

Pendant la nuit le petit garçon s'est levé, est descendu à la cuisine et a mangé tout le gâteau. Le lendemain matin le curé s'informa des rêves. Le petit garçon dit:

— Racontez le vôtre le premier.

Le curé commença:

— Je rêvais que je montais au ciel. Je m'élevais graduellement comme Notre-Seigneur à l'Ascension. Je montais, je montais et bientôt, hop! j'étais rendu au ciel et je me suis réveillé.

Le bedeau dit, voici le mien:

— C'est un *coup d'adonnance** mais j'ai rêvé presque la même chose que vous. J'ai vu monsieur le curé monter au ciel et quand j'ai vu qu'il s'élevait je me suis *cramponné** à son bas de soutane et comme ça je l'ai suivi au ciel, puis je me suis réveillé.

Le petit gars, lui, dit:

— C'est un *coup d'adonnance** moi aussi. J'ai eu la même vision que vous autres. Je vous ai vu monter au ciel, je vous ai surveillé monter, puis quand j'ai vu que vous étiez là, tous les deux, je me suis levé et je suis descendu manger le gâteau[65].

La dernière version présentée appartient à la série des contes sans fin; ceux-ci sont généralement constitués d'épisodes qui se répètent indéfiniment sous différentes formes jusqu'à ennuyer l'auditoire. Parfois, le conteur termine son récit en posant une question à l'auditoire, et la personne qui répond se fait prendre au piège du conteur qui dira par exemple: «Si l'ours n'était pas parti, il y serait encore», ou «Si l'écureuil eut la queue plus longue, mon histoire serait plus longue», etc.

---

65. Coll. Jean-Claude DUPONT, doc. ms. 6247-C-T. 1832* et 1626 (186).

Le pou et la puce.

Il y avait une fois un pou et une puce qui vivaient dans une belle maison, à l'orée de la forêt. Un dimanche, le pou dit à la puce :

— Ma puce, je m'en vais à la messe. Pendant que je serai parti, pourrais-tu me faire de la soupe ?

— Mais oui, mon pou, avec plaisir, *lui répondit sa femme.* Le pou n'avait pas sitôt passé le seuil de la porte, que déjà la puce mettait son tablier et s'apprêtait à faire sa soupe. À un moment donné, elle s'approcha un peu trop au-dessus de la marmite, fit un faux mouvement, tomba dans la soupe et se noya. Pauvre petite puce !

À son retour de l'église, le pou frappe à la porte. Pas de réponse.

— Ma puce, *qu'il dit*, viens m'ouvrir la porte.

Personne ne vient. Il va alors chez le voisin, s'informe si on a vu sa puce. Personne ne l'ayant vue, il retourne à la maison et décide d'en finir en enfonçant la porte.

En entrant, il hume la bonne odeur de soupe qui remplit toute la cuisine.

— Ah ! ce que ça sent bon, *dit-il*, ça sent si bon que je ne peux pas attendre ma puce, je mange tout de suite ; sûrement qu'elle reviendra avant trop longtemps.

Il goûte à la soupe, tout doucement, pour ne pas se brûler, en prend trois ou quatre cuillérées, quand tout à coup il aperçoit sa puce qui flotte dans son assiette.

— Ah ! quel malheur, *dit-il*, ma puce est morte.

Et il sort en pleurant.

— Pourquoi pleures-tu, *lui demande le chien.*

— C'est que ma puce est morte, alors je pleure.

— Si la puce est morte et que le pou pleure, *se dit le chien*, moi, je vais japper.

Jappe, jappe, jappe, jusqu'à la charrette.

— Pourquoi jappes-tu, *lui demande la charrette.*

— C'est que la puce est morte et que le pou pleure, alors je jappe.

— Si la puce est morte, que le pou pleure et que le chien jappe, *se dit la charrette*, moi, je vais reculer.

Recule, recule, recule, jusqu'au peuplier.

— Pourquoi recules-tu, *lui demande le peuplier.*

— C'est que la puce est morte, que le pou pleure et que le chien jappe, alors je recule.

— Si la puce est morte, que le pou pleure, que le chien jappe et que la charrette recule, *se dit le peuplier*, moi, je vais m'effeuiller.

Effeuille, effeuille, effeuille, jusqu'à la fontaine.

— Pourquoi t'effeuilles-tu, *lui demande la fontaine.*

196

— C'est que la puce est morte, que le pou pleure, que le chien jappe, que la charrette recule, alors, moi je m'effeuille.

— Si la puce est morte, que le pou pleure, que le chien jappe, que la charrette recule, et que le peuplier s'effeuille, moi, je vais m'assécher.

Assèche, assèche, assèche, jusqu'à ce qu'un petit garçon vienne avec sa cruche pour y puiser de l'eau.

— Pourquoi t'assèches-tu, *demande le petit garçon à la fontaine.*

— C'est que la puce est morte, que le pou pleure, que le chien jappe, que la charrette recule, que le peuplier s'effeuille, alors moi, je m'assèche.

— Si la puce est morte, que le pou pleure, que le chien jappe, que la charrette recule, que le peuplier s'effeuille et que la fontaine s'assèche, *se dit le petit garçon,* moi je vais casser ma cruche.

Il a cassé sa cruche, il est parti en courant et c'est lui qui, en passant, m'a demandé de raconter l'histoire du pou et de la puce qui vivaient dans une belle petite maison, à l'orée de la forêt[66].

66.   Coll. Jean-Claude DUPONT, doc. ms. 6246-C-T. 2021* (269).

III LA VIE DE JEUNESSE

a) *L'adolescence*

Le cycle des fêtes religieuses de l'année, de même que les sacrements qui s'associent aux différentes étapes de la vie, sont en étroite relation avec les rites de passage. Lorsqu'un enfant faisait sa *grande communion solennelle**, au printemps, il franchissait une étape de la vie: il passait de l'enfance à l'adolescence. La jeune fille était alors approximativement âgée de quatorze ans, et le garçon plus vieux d'une ou deux années. Les informateurs de plus de soixante-dix ans disent qu'après la *grande communion solennelle**, le garçon commençait à porter des pantalons longs. Il était alors assez grand pour payer son habillement lui-même par son travail et il commençait à *aller voir les filles** [67].

À cet âge, le garçon pouvait s'engager pour travailler à la pêche ou dans les *chantiers forestiers**. Quant à la jeune fille, il arrivait souvent qu'elle se trouve un emploi de *servante**.

Lorsqu'ils commençaient à *se gagner de l'argent**, les jeunes Acadiens obtenaient en même temps leur indépendance; ils pouvaient aller aux soirées et *faire de l'œil** aux amies du sexe opposé.

J'ai retrouvé peu de coutumes relatives aux rites du temps de l'adolescence. Cela est peut-être dû à la durée relativement courte de cette étape de la vie. En fait, les jeunes gens sont à peine entrés dans cette période qu'ils se tournent aussitôt vers la suivante, celle des amours.

---

67.   Coll. Jean-Claude DUPONT, doc. ms. 3700-T 336 et T 2 (35); 2303-T 3383 et T 2 (35).

En Acadie, comme ailleurs au Canada français, la légende a parfois servi la morale et la religion. Les histoires de diable beau danseur qui enlevait des jeunes filles désobéissantes étaient souvent relatées aux adolescentes qui voulaient danser malgré la défense de leurs parents. Le diable, sous forme d'un beau monsieur, amène la jeune fille avec lui dans les enfers: «C'est arrivé à Shédiac» (dans la salle du *Blue Circle*), «à Routhierville», «dans la Vallée de la Matapédia», «à Memramcook», «à Grande-Digue», «à Sainte-Anne de Madawaska», etc.[68].

> Une fois, il y avait une fille ici qui allait à toutes les danses du village. Sa mère essayait de l'arrêter, mais elle ne l'écoutait pas. Sa mère lui a dit:
> — Bientôt, c'est le diable que tu rencontreras. Ce soir-là, un beau jeune homme lui a demandé pour danser, et elle s'est rendu compte qu'il avait des griffes et qu'elles lui entraient dans les épaules. Elle eut assez peur, qu'elle n'est plus retournée aux danses[69].

La chanson populaire peut également raconter des évènements semblables sous une forme poétique. La complainte de la jeune fille noyée en allant danser dans un navire, malgré la défense faite par sa mère, en est un exemple. La morale qui apparaît en conclusion de cette poésie populaire ne manque pas de fermeté; nul doute que les chanteurs n'eurent jamais à la pratiquer.

La jeune fille punie.

1.

Maman! maman! veux-tu que j'aille danser? (bis)
Non! non! ma fille, tu n'iras pas danser (bis).

2.

Elle monte en haut, se mit à pleurer, (bis)
Son frère arrive dans un joli bateau (bis).

---

68. Coll. Jean-Claude DUPONT, doc. ms. 5234-A 32 (31); 8696-A 32 (44); 8697-A 32 (195).
69. *Ibid.*, doc. ms. 8698-A 32 (195).

3.

Mets ta robe blanche, ta ceinture dorée, (bis)
Embarque, embarque, dans mon joli bateau (bis).

4.

La première danse a bien été dansée, (bis)
La deuxième danse le pont a craqué (bis).

5.

La deuxième danse le pont a craqué, (bis)
La troisième danse le pont a défoncé (bis).

6.

Les cloches du nord se sont mises à sonner, (bis)
La mère demande pourquoi les cloches sonnent (bis).

7.

C'est votre fille qui vient de se noyer, (bis)
Ça bon pour elle, elle m'a désobéi (bis)[70].

Certaines légendes parlent du sort réservé aux adolescents qui liaient connaissance avec des étrangers : un inconnu propose un voyage et dévoile en route sa vraie figure, celle du diable. C'est presque toujours à l'aller ou au retour des soirées défendues que ces voyages s'effectuaient. Parfois, le moyen de transport utilisé par l'inconnu était une planche ou un tronc d'arbre qui volait dans les airs sur le commandement du diable déguisé[71]. C'est ainsi qu'on allait souvent de Moncton à Barachois, ou à Grande-Digue, mais beaucoup plus souvent du Nouveau-Brunswick à l'Île-du-Prince-Édouard :

> À Barachois, sur le bord de la *côte**, il y avait un diable qui faisait traverser les gens jusqu'à l'Île-du-Prince-Édouard sur une planche. Là, il y avait une soirée ; on s'y rendait et en revenait le même soir. Plusieurs personnes de Barachois, selon monsieur Jean-Baptiste Léger, affirment y être allées[72].

Cette légende est celle de la *chasse-galerie** elle appartient au folklore international. Au Québec, c'est

---

70. Coll. Jean-Claude DUPONT, doc. ms. 2659-Ch. (40).
71. *Ibid.*, doc. ms. 1228-A 77 (334).
72. *Ibid.*, doc. ms. 8699-A 77 et A 30 (44).

au moyen d'un canot qu'on volait dans les airs.

Comme les curés défendaient de faire des veillées de danse, les légendes, rapportant des incidents survenus lors de ces réunions, sont nombreuses:

> Ça s'est passé à Sainte-Anne de Madawaska, plus précisément dans les concessions de la Fourche, le long de la rivière Quisibis. Un homme marié avait des filles qui menaient une mauvaise vie et on faisait souvent des soirées de danse dans cette maison. Un soir, un homme s'est présenté à la femêtre avec une chandelle à la main, et après être allé voir à l'extérieur ce qui se passait, on ne vit rien. On a prétendu que c'était le diable[73].

58

Le diable pouvait transporter des hommes dans les airs sur une planche ou sur un tronc d'arbre. Selon la légende, ce voyage aller-retour s'effectuait souvent entre le Nouveau-Brunswick et l'Île-du-Prince-Édouard.

---

73. Coll. Jean-Claude Dupont doc. ms. 8700-A 328 (30).

Les jeunes gens qui sont sur la route après minuit le samedi soir risque de voir le diable sous toutes ses formes :

> Si quelqu'un était dans le chemin après minuit le samedi soir, on disait qu'il allait voir le diable. Un soir, deux jeunes hommes de Saint-Joseph avaient été voir les filles à Pierre à Michel en *wagon**. Ils ont quitté leurs filles vers minuit. En s'en revenant, arrivés vis-à-vis de *l'aboiteau**, un gros chien noir sauta dans le *wagon**. Ce chien était non seulement étranger, mais il avait la gueule pleine de feu et il mordait les deux jeunes hommes. Ce chien disparut aussitôt qu'ils arrivèrent chez eux c'était le diable sous forme de chien[74].

Tout ce qui était défendu trouvait sa contre-partie dans la légende, même les jeux de cartes :

> À Rustico, de 1895 à 1905, personne ne jouait aux cartes. Les mamans disaient que si on avait le malheur de jouer aux cartes, une grosse main noire apparaîtrait sur la table[75].

Les jeunes gens sont souvent portés à surestimer ce qui appartient à leur communauté. Ils se forment souvent des groupes ennemis d'un village à l'autre, et parfois l'affrontement des idées provoque des querelles entre les *jeunesses** de lieux différents. Les batailles entre les habitants de Tracadie et ceux de Néguac sont célèbres. Ces groupes antagonistes n'existent pas seulement entre villages, mais aussi au sein d'un même village, comme chez les «*Haut-de-Track*» et les «*Bas-de-Track*», de Bouctouche, ou chez les «*Flat Bay East*» et les «*Flat Bay West*», de Terre-Neuve. Il arrive aussi que ces querelles soient le fruit de vieilles rancunes entre deux familles. Cet esprit de clocher s'étend parfois à des espaces géographiques de grande étendue :

---

74. Coll. Jean-Claude DUPONT, doc. ms. 559-A 304 (137, 141).
75. *Ibid.*, doc. ms. 562-S (108, 261).

203

Au Nouveau-Brunswick, il peut opposer les Acadiens du sud aux Acadiens du nord, quand ce n'est pas l'un et l'autre groupe qui s'allient contre les *Républicains** du Madawaska.

Les camps de bûcherons et les voyages en train ont été le théâtre de règlements de comptes assez bruyants. C'est surtout dans le Madawaska qu'on se rendait travailler en forêt. Alexandre Savoie décrit un de ces voyages:

> Lorsque les bûcherons retournaient chez eux, au printemps, il n'était pas rare d'assister à de fameuses bagarres. C'est ainsi qu'une chicane commencée à la gare pouvait se poursuivre en s'intensifiant dans le train en marche. Le conducteur fermait alors les portes à clé et laissait les querelleurs se battre. Le tout se terminait à Campbellton. Résultats inévitables de telles bagarres: vitres cassées, bancs fracassés et une vingtaine de bûcherons incarcérés[76].

Les soirées de danse donnaient également lieu à des batailles[77].

Aux Îles-de-la-Madeleine, les *jours de dégras**, c'est-à-dire lorsque le poisson ne mordait pas, les jeunes pêcheurs descendaient sur une île ou sur la rive et jouaient une pièce de théâtre populaire appelée: le *roi des menteurs**; Monsieur Avila Leblanc de Fatima décrit ainsi ce divertissement:

> Les jeunes gens de trois ou quatre barques de pêche, soit une douzaine de personnes, déposent leurs agrès de pêche sur la grève, et debout, autour d'un feu, ils prennent la parole à tour de rôle. Ils se racontent des histoires qui n'ont ni queue ni tête, tout en faisant mine d'y prêter foi. Arrive un moment où un des menteurs oublie le jeu et se met à *mentir pour vrai**; les autres menteurs prennent bien garde de le ramener à la réalité. Le moment est alors venu de brûler des agrès de pêche. Pour que le *menteur-roi** prenne plaisir au jeu, on lui dit que

---

76. *Kedgwick a cinquante ans*, p. 19.
77. Coll. Jean-Claude DUPONT, doc. ms. 556-T 12 (316).

ce sont les *jigs** et les lignes de Michel ou de Pierre, deux autres menteurs qui jouent le jeu. Lorsque la fête est finie, le *roi des menteurs** réalise que c'était lui qu'on fêtait car ses agrès sont réduits en cendre.

Un des rôles réservé à la jeunesse est celui d'exercer le droit populaire en jouant des tours aux personnes qui, selon la conscience populaire, ne se sont pas conformées à la tradition. Les adolescents acadiens se sont toujours fait un plaisir de *faire un chevarry** à ceux qui s'épousent sans respecter la coutume de faire une veillée de danse. On fait aussi un *charivari** lorsqu'un veuf ou une veuve épouse une personne célibataire, ou lorsqu'une femme qui a abandonné son mari revient à lui[78]. Ces *charivaris** ne sont pas toujours sans suite puisqu'en 1945, dans la région de Moncton, un de ces *charivaris** se termina par des arrestations et un procès.

On a beau appartenir à un rang social élevé, on n'est pas pour autant exempt de *charivari** : le millionnaire K.C. Irving, jadis de Bouctouche, au Nouveau-Brunswick, eut droit au sien à cet endroit, il y a quelques années[79].

Voici de quelle façon se déroule le *charivari** à Cocagne :

Quand le couple est de retour de voyage de noce, le premier soir, on commence à faire un tapage sans pareil autour de la maison. Il ne faut pas se tenir sur le terrain des gens qu'on veut punir, mais en bordure de la route. On frappe sur des chaudrons, on crie, on chante, etc., jusqu'à ce que les époux sortent dehors et donnent de l'argent au chef de la troupe. Cet argent servira à acheter des *boissons fortes**, des sucreries, etc. pour régaler les fêtards. Si l'époux ne paie pas, on continue pendant neuf jours consécutifs le *charivari**. Le neuvième soir, on fait un bonhomme de paille représentant le mari et en procession, on se rend l'enterrer, ou encore, on va au

78. Coll. Jean-Claude DUPONT, doc. ms. 9039-T 359 (13).
79. *Ibid.,* doc. ms. 9043-T 359 (100).

bout d'un pont brûler le mannequin qu'on jette finalement à l'eau[80].

En 1966, il y eut un *charivari** à Saint-Joseph de Memramcook qui dura une semaine et rapporta $75.00 aux manifestants[81]. Ordinairement un *charivari** d'une soirée rapporte $5.00. Ce n'est pas à l'époux de fixer le montant, mais plutôt à celui qui est chef du *charivari**, et il arrive souvent que les offres faites par l'époux ne soient pas acceptées. En 1975, les Acadiens font encore le *charivari** à Opelousas en Louisiane.

Le *charivari** eut cours dans nombreux pays et, au Canada, on le retrouve aussi bien chez les Français que chez les Anglais. J.H. Fletcher, dans un article datant de 1902, alors qu'il décrivait le *charivari** de tradition anglaise relevé à l'Île-du-Prince-Édouard, faisait la réflexion suivante: «*The charivari appears to be going out of fashion, and it is well that it is*»[82]. Fletcher serait bien déçu, s'il vivait encore, de constater que le *charivari** existe toujours à l'Île-du-Prince-Édouard, soixante-dix ans plus tard. Dans cette dernière région, le droit populaire, dans un cas donné, s'est même chargé de codifier par écrit le déroulement d'un charivari;

Il est résolu:

1. Que l'annonce du mariage de monsieur X., et de Mademoiselle X., réjouisse tous les membres de la présente société.

2. Que nous nous assemblerons à la croisée du chemin, jeudi, et que nous *charivarirons** l'aimable couple en l'honneur de leur mariage.

3. Que toute notre confiance sera mise dans la personne qui sera nommée *capitaine** du groupe.

---

80. Coll. Jean-Claude DUPONT, doc. ms. 8702-T 359 (195).
81. *Ibid.,* doc. ms. 3676-T 359 (204).
82. *The old time charivari, The Prince Edward Island Magazine,* vol. IV, novembre 1902, p. 310 «Le *charivari* semble en voie de disparition, et c'est heureux qu'il en soit ainsi».

4. Qu'aucune demande ne sera faite à l'heureux couple, de boisson alcoolique, ou autre rafraîchissement.

5. Qu'étant donné que la future* a un beau-frère qui est reconnu comme dangereux et qu'il peut mal interpréter notre geste et nous tirer au fusil, qu'on ne devra pas s'approcher de plus de deux cents verges (180 m) de la maison, à moins qu'on nous y invite à le faire.

6. Qu'on ne tolérera pas de destruction à la propriété, ni de paroles vulgaires qui pourraient servir de provocation.

7. Que chacun des participants soit tenu au secret et qu'il se procure ou un fusil, ou une flûte en ferblanc, ou tout autre instrument bruyant et que plus il sera fait de *bruits d'enfer**, mieux ce sera...[83].

Une tradition que l'on retrouve dans toutes les régions de l'Acadie est celle de l'*enterrement de la cruche**. Les adolescents qui fréquentent les collèges ou les couvents font l'*enterrement de la cruche** lors d'un conventum, réunion spéciale prenant l'allure d'une fête d'adieu. Aussi bien au collège de Bathurst, au Nouveau-Brunswick, qu'à celui de Church Point en Nouvelle-Écosse, ou à ceux de Moncton et d'Edmonton, au Nouveau-Brunswick, lorsqu'on arrive vers la fin des études on célèbre par une journée de réjouissances la fin des cours. À cette occasion, on enterre une cruche contenant autant de messages sur papiers signés qu'il y a d'étudiants qui prennent part à la fête. Chacun des participants écrit ce qu'il pense faire dans la vie: entrer en religion, se marier, demeurer célibataire, devenir premier ministre, etc. On mentionne parfois même le nom de la personne aimée. Au bout de dix ans ces mêmes étudiants se réunissent pour déterrer la cruche et ceux qui sont mariés y amènent leur conjoint. Une personne choisie fait alors lecture du contenu. À cette occasion, il arrive souvent que l'époux ou l'épouse apprenne des secrets[84].

83. J.H. FLETCHER, *op. cit.* (traduction p. 310-311).
84. Coll. Jean-Claude DUPONT, doc. ms. 8701-T 3922 (227).

b) *Les fréquentations*

Sous cette rubrique consacrée aux fréquentations, je regroupe l'étape des amours et des fiançailles. Les fréquentations à elles seules constituent un rite de passage, puisque ce temps établit une véritable transition: il marque la fin de l'adolescence et l'entrée dans une nouvelle vie, celle du monde des adultes. Les fréquentations se divisent en quatre moments: celui des fréquentations, celui du choix ou de l'obtention d'un amoureux, celui de la demande officielle en mariage, et finalement le moment des préparatifs du mariage.

Un bon parti pour une jeune fille était pêcheur ou fermier; le jeune homme devait choisir une jeune fille en santé, qui savait *faire le dehors et le dedans*;* entendre par là que la femme travaillerait aussi bien dans la maison que dans l'étable et aux champs, de même qu'à la préparation du poisson[85]. Mais il y avait aussi d'autres exigences:

> On n'encourageait pas les jeunes gens à se marier, à moins que la jeune fille ne pût tisser une mesure de drap et que le jeune garçon ne sût faire une paire de roues. Ces qualités étaient jugées essentielles pour leur établissement, et ils n'avaient guère besoin de plus, car chaque fois que se faisait un mariage, tout le village s'employait à établir les nouveaux mariés[86].

Les mariages entre parents furent fréquents chez les Acadiens, même parmi ceux qui avaient quitté la région atlantique, comme disent Guy Courteau et François Lanoue: «Les Acadiens d'autrefois, en règle générale, se mariaient strictement entre eux, et d'ordinaire entre parents»[87]. Les informateurs, qui ont parlé des mariages entre parents, semblaient dire que les dispenses s'obtenaient assez facilement, si l'on avait l'argent nécessaire pour *faire enlever le parentage** ou le

---

85. Coll. Jean-Claude DUPONT, doc. ms. 3038-T 34 (44).
86. L'abbé H-R. CASGRAIN, *Un Pélerinage au pays d'Évangéline*, p. 116.
87. *Une nouvelle Acadie, Saint-Jacques de l'Achigan*, p. 228.

*cousinage**. Il en coûtait généralement $25 vers 1920 pour avoir la permission de s'épouser entre cousins du «deux au trois» (cousins maîtres-germains) et $75 pour s'épouser du «deux au deux» (cousins germains)[88]. Il arrivait cependant que certains prêtres refusent de marier des personnes parentes:

> Ma grand'mère demeurait à la Montagne et son cousin à la Hêtrière. Les deux familles aimaient beaucoup le chant et la musique. Le cousin de ma grand'mère venait souvent chez elle pour chanter et jouer de la musique, mais il aurait aimé *sortir** avec ma grand'mère. Les parents ne s'aperçurent de rien, car on aimait bien s'amuser entre parents. Quand on se rendit compte qu'ils étaient devenus amoureux, les deux mères se sont consultées et elles allèrent voir un prêtre à ce sujet. Le curé a dit que le mariage allait faire scandale, et que les jeunes ne devaient plus se rencontrer sous aucun prétexte. Les belles soirées de musique cessèrent chez ma grand'mère, et on parla des amoureux dans tout le village[89].

On préférait toujours choisir et épouser quelqu'un qui soit des *alentours**, car on dit toujours: A beau mentir qui vient de loin[90]. Une jeune informatrice de vingt ans, de l'Ile-du-Prince-Édouard, rapporte que chez elles les Acadiens ont un faible pour les Anglais:

> Une fille qui pouvait *se ramasser** un gars de la ville ou d'une *paroisse** voisine, et surtout si le garçon était un Anglais, passait pour supérieure aux autres. L'idée courante était que les Anglais étaient *smarts**. Toute la *paroisse** assistait au mariage et l'étranger était considéré comme un Dieu. Même aujourd'hui, il reste de ces idées dans les paroisses françaises de l'île[91].

La situation sociale de la famille, de même que la croyance religieuse du *futur**, ont toujours influencé le

---

88. Coll. Jean-Claude DUPONT, doc. ms. 3040-T 34 (44).
89. *Ibid.*, doc. ms. 8710-T 081 (340, 209).
90. *Ibid.*, doc. ms. 3041-T 34 et X 5 (227, 77).
91. *Ibid.*, doc. ms. 8711-T 347 (4).

choix du partenaire[92]. Certaines versions de la littérature orale font état du prétendant pauvre évincé par le père de la jeune fille. La *complainte de Raymond Hébert*, composée vers 1910, par Hébert lui-même, rappelle un cas d'amant trop pauvre pour se mériter la main d'une jeune fille choisie et demeurant à Saint-André; le père de la fiancée préférant alors donner sa fille à un vieux garçon riche.

Complainte de Raymond Hébert

1.

Écoutez la chanson
Que je vais vous chanter.
Elle a été composée
Par un nommé Raymond Hébert.
Après tant de misères
Pour aller à Saint-André,
Son vieux méchant père
L'a empêchée de se marier.

2.

L'automne est arrivé,
Fallait se marier.
À son père, à sa mère,
A fallu en parler.
Son père pris de colère,
Vitement se fâcha.
Il lui a dit: « Ma fille,
« Je n'entends pas cela ».

3.

« Tu veux marier Raymond
« C'est un pauvre garçon.
« Il a aucun bien,
« Tu seras dans le chemin.
« En mariant Louis Leblanc,
« C'est un bon vieux garçon,
« Il est vieux comme Adam,
« Mais tu passeras bien ton temps ».

4.

« Ah! oui assurément,
« C'est un bon vieux garçon.

---

92.   Coll. Jean-Claude DUPONT, doc. ms. 3039-T 34 (77, 358, 227).

« Il a des bœufs, des vaches,
« Des cochons, des moutons,
« Avec un peu de laine.
« Il a du petit poisson aussi,
« Ma fille tu serais bien drôle
« De le refuser ».

5.

Elle s'est mariée
Pour plaire à sa parenté,
Croyant de me faire de la peine,
Mais elle s'est bien trompée.
J'en ai trouvé une autre
Que je veux toujours aimer.
J'en remercie le bon Dieu
De sa sainte volonté.

6.

Qui a fait cette chanson?
C'est un nommé Raymond Hébert.
Ce n'est pas par chagrin
Mais c'était par passe-temps.
En passant sa jeunesse
Dans un pays éloigné,
Une petite chansonnette,
Il a su composer[93].

À gauche: un fer à cheval cloué au linteau de la porte d'entrée attire la chance.
À droite: une queue de morue découpée en forme d'étoile à trois branches et fixée au linteau de la porte d'entrée est un porte-bonheur.
On peut aussi découper la même forme dans une planchette de bois.

93. Coll. Jean-Claude DUPONT et Rhéal ALLAIN, doc. ms. 10-ch.,
Inf. Madame Ida MAILLET, 61 ans, Bouctouche, Kent, N-B., 1973
A.F.U.L.

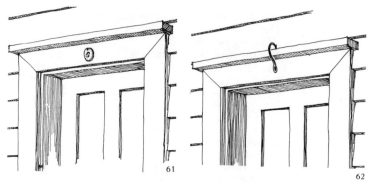

61   62

À gauche: une médaille fixée sur le linteau ou sur le cadre intérieur de la porte d'entrée attire la chance.
À droite: un *croc** à morue piqué dans le linteau de la porte d'entrée garde la chance dans la maison. *(D'après Photo des A.F.U.L., topo Jean-Claude Dupont, 2280).*

Les pratiques relatives à la découverte du *futur** ou de la *future** sont toujours des plus populaires. Voici quelques-unes de ces superstitions mentionnées par les informateurs lors d'enquêtes ethnographiques. Pour savoir si l'on va se marier, il suffit qu'à notre insu une personne place sous notre oreiller, une bague, un miroir et une pièce de vingt-cinq sous. Dans la nuit, on rêvera à l'époux[94]. On verra également le visage du futur époux si on se rend de nuit près d'un lac calme et qu'on souffle sur l'eau[95]. À Cap-Pelé, on dit que regarder dans un puits, un soir de pleine lune, et cracher trois fois dedans, fera apparaître le visage de l'être cher[96]. Demander la bague de sa mère et la mettre sous l'oreiller le soir, fera rêver au futur époux pendant la nuit[97]. On dit aussi que passer de la mie de gâteau de noce à travers un jonc fait rêver à l'homme qui veut nous épouser[98]. Mais il n'est pas toujours facile d'obtenir une bague pour se livrer aux jeux précédemment énumérés, puisqu'on prétend que chaque fois qu'une

94. Coll. Jean-Claude DUPONT, doc. ms. 8712-T 3471 (73).
95. *Ibid.*, doc. ms. 3042-T 3471 (195).
96. *Ibid.*, doc. ms. 3125-T 357 (195).
97. *Ibid.*, doc. ms. 3043-T 3471 (195).
98. *Ibid.*, doc. ms. 8713-T 3471 (77, 227); 2270-S (323).

femme enlève l'alliance de son doigt, elle se prépare des malheurs[99].

Une vieille informatrice de Pré-d'en-Haut connaît le secret par excellence pour rêver au futur époux. Il s'agit d'aller coucher sous un toit où l'on n'a jamais dormi et de mettre dans le lit des bûches de bois de chauffage[1]. Une autre façon de découvrir son futur époux semble être la suivante: aller se coucher à reculons sans dire un mot après avoir mangé une *galette salée**, cuite sur des charbons[2].

Pour découvrir le visage de son futur mari, la jeune fille n'avait qu'à souffler sur l'eau d'un lac par un soir de pleine lune.

99.   *Ibid.*, doc. ms. 3093-T 349 (14); 3111-T 352 (297).
 1.   *Ibid.*, doc. ms. 8714-T 3471 (343, 175).
 2.   *Ibid.*, doc. ms. 3523-S (218); 3525-T 3471 et S (346); 3527-T 3471 (75).

64

Un soir de pleine lune, une jeune fille peut compter
combien de fois la lune se reflète sur l'eau. Si elle
aperçoit trois lunes, elle prendra époux dans trois ans.

On peut également savoir à l'avance si l'on sera
malheureux en amour. À Dieppe, les futurs mariés qui
sont parrains ensemble avant leur mariage risquent de
ne jamais s'épouser[3]. Mais à Memramcook on dit
qu'être parrain trois fois avant de se marier assure le
jeune homme ou la jeune fille d'épouser la personne de
son choix. On restera célibataire si l'on a l'habitude de
*se bercer** avec trop d'ardeur[4], ou si l'on balaie le *plan-*

3. Coll. Jean-Claude Dupont, doc. ms. 547-SC 31).
4. *Ibid.,* doc. ms. 3054-T 3711 (277).

*cher** autour de la chaise des prétendants, sans que ces derniers ne se lèvent[5]. Être fille d'honneur dans trois mariages, c'est vouloir rester vieille fille[6].

La jeune fille qui cherche un mari sait combien il est important de suivre les conseils que lui donne sa mère. À Richibouctou, on conserve les *dix commandements de la jeune fille* :

> Pour faire un heureux mariage,
> Avant le temps n'y pense pas.
>
> Quand et comment on se marie,
> Dans les romans ne cherche pas.
>
> À courir bals, bijoux, toilettes,
> Ton renom ne risque pas.
>
> Par sage et pieuse conduite,
> Sage mari tu gagneras.
>
> Pour être aimée et demandée,
> Nulle avance tu ne feras.
>
> Jamais à l'insu de tes parents,
> Jeune homme ne fréquenteras.
>
> Des beaux discours et des flatteries,
> Soigneusement te méfieras.
>
> Mari jureur, buveur, menteur,
> Pour l'or du monde ne prendras.
>
> Vingt fois avant de dire oui,
> Ta langue en bouche tourneras.
>
> Mais avant tout, pour être heureuse,
> Mari chrétien tu prendras[7].

Voici un autre dicton connu: «Si tu prends un *coq-à-fille** tu perdras ton temps»[8]. Le *coq-à-fille** est le surnom donné au garçon qui change souvent d'amie.

L'endroit idéal, pour rencontrer un garçon ou une fille, était aux vêpres du dimanche soir. À la sortie de la cérémonie les garçons et les filles se groupaient de-

---

5. *Ibid.,* doc. ms. 3051-T 3711 (297).
6. *Ibid.,* doc. ms. 3762-T 3711 (214); 3763-T 351 (304).
7. *Ibid.,* doc. ms. 8715-T 347 (14).
8. *Ibid.,* doc. ms. 5117-T 341 (172).

vant l'église; c'est là que débutait une rencontre qui allait se terminer à la maison, et qui conduisait parfois au pied de l'autel.

Un autre endroit favorable pour les rencontres était la maison du faubourg ou du *rang** qui abritait le plus de *jeunesses**. La veillée terminée, les garçons allaient reconduire les filles chez elles, puis, après quelques randonnées avec la même *compagnie**, le garçon demandait à la jeune fille s'il pouvait aller veiller chez elle le dimanche suivant[9].

65

Le *wish bone** ou bréchet placé sur le cadre intérieur de la porte d'entrée porte bonheur. Si l'on se sert du bréchet pour tirer au sort, on peut aussi en conserver la *pioche** et la placer au même endroit. Le premier jeune homme étranger qui franchira cette porte sera le futur époux de la jeune fille du logis. *(Collection Jean-Claude Dupont doc. ms. 2220-S, (1) 2271-S (304)*

Selon une informatrice de Leech, la fille qui osait *passer le peigne** dans la chevelure de son ami était considérée comme une mauvaise fille[10]. À Richibouc-

---

9.   Coll. Jean-Claude Dupont, doc. ms. 3058-T 34 (77, 227, 236).
10.   *Ibid.,* doc. ms. 8716-T 347 (77, 227).

216

tou, il y a tout au plus dix ans, une jeune fille qui recevait un garçon sans porter de bas était une *fille de vie**[11].

Il va sans dire que les jeunes gens veillaient dans la maison avec leurs parents et que, lorsqu'on voulait sortir, la coutume était d'avoir un chaperon. Les caresses étaient donc défendues et il n'était pas question de se donner des baisers et même de se prendre par la main. Le jour habituel de la sortie était le dimanche. Le garçon arrivait à la maison vers huit heures et devait partir à dix heures[12].

Il y avait plusieurs expressions consacrées pour signifier que les jeunes filles étaient amoureuses. À Caraquet, quand une fille *faisait de l'œil** à un garçon, on disait: «À y parle». À Memramcook, lorsqu'un garçon a une *blonde**, on dit encore qu'il s'est trouvé une «*pelure**», ou qu'il «sort avec». À Petit-Rocher, «on court les filles», ou on «*regarde par-dessus la clôture**». Dans d'autres villages «*on chase les filles**»[13].

Il était toujours préférable que le garçon soit plus vieux que la fille; une différence d'âge d'au moins deux ans était à souhaiter. S'il arrivait qu'un veuf courtise une fille on ne s'y opposait guère pensant qu'elle prendrait la maison *toute garnie**. Souvent, aux dires des informateurs, quand une jeune fille épousait un veuf, elle n'avait pas de dot de sa famille: les parents disaient alors qu'elle n'avait besoin de rien, la première femme du prétendant ayant tout laissé dans les armoires et buffets en mourant.

La jalousie éclatait parfois dans le village si les amours n'étaient pas menées selon la tradition. Parmi les règles qu'il ne fallait pas outrepasser dans la région de Shippagan, il y avait la coutume d'épouser un gar-

---

11. *Ibid.,* doc. ms. 3087-T 347 (297).
12. *Ibid.,* doc. ms. 3061-T 34 et T 3463 (77, 227); 5097-T 3463 (4); 3059-T 3463 (197, 204).
13. *Ibid.,* doc. ms. 3060-T 34 (25); 3062-T 34 (227, 358); 5121-T 341 (172).

çon des alentours. Voici ce que rapporte Francis Savoie à propos d'incidents survenant lorsqu'un étranger venait courtiser une jeune fille :

> Pendant qu'on se contait fleurette, les jaloux tournaient autour de la maison. Tantôt c'était un bruit insolite à la fenêtre ; tantôt c'était la détonation d'un mousquet à double charge de poudre qui faisait sursauter les amoureux.
> Souvent après la veillée, le galant devait s'en retourner à pied, parce que son attelage était devenu introuvable. Combien de prétendants ont mordu la poussière du chemin en se faisant culbuter du haut du siège de leur voiture par une corde tendue à travers le chemin à une hauteur calculée, ou encore, parce qu'une roue de l'avant lâchait prise, l'écrou de l'essieu ayant été enlevé [14].

Si tous les parents ne condamnaient pas ces rencontres de leurs filles avec des étrangers, il arrivait cependant que le père ou la mère se fasse complice des garçons des alentours pour jouer des tours au nouveau venu qui essayait de faire mentir le dicton : « Fais l'amour sur le perron et marie une fille des environs ». Une informatrice de soixante-cinq ans dit :

> Si une fille sortait avec un gars que la famille n'aimait pas, on s'entendait avec les autres garçons du village pour lui faire jouer des tours. On prenait des *squirt guns** faits de fer et de bois et on les remplissait d'eau. Quand le gars allait veiller chez sa *blonde**, la famille laissait la fenêtre ouverte et les garçons l'arrosaient [15].

Il a toujours été de mode, chez les amoureux séparés, de s'écrire des lettres. Le garçon écrivait généralement le premier et la fille répondait la semaine suivante. Les garçons étaient souvent illettrés et dans les *chantiers** en forêt, il arrivait que ce soit presque toujours le même jeune homme qui se charge de la correspondance de tous ses compagnons de travail. Ainsi,

---

14. *L'île de Shippagan, anecdotes,* tours et légendes, p. 13.
15. Coll. Jean-Claude DUPONT, doc. ms. 8718-S et A 59 (325, 216).

la plupart des lettres écrites en forêt se ressemblaient par le style et les sentiments exprimés. Presque toujours, les lettres «parlaient» beaucoup plus que l'amoureux ne l'aurait fait en personne et les filles avaient hâte que le garçon revienne, les amours ayant fait beaucoup de progrès depuis que le jeune homme avait quitté le village. En fait, plusieurs lettres d'amour devaient inévitablement se ressembler, puisqu'on conservait des modèles que l'on se prêtait au besoin. Voici une formule de lettre d'amour qui fut assez répandue:

> Bien cher cœur,
>
> Je viens donc t'écrire quelques lignes *enfin** de te faire penser à moi et te dire que je pense encore à toi. Moi, jamais j'oublierai ton amour. Et l'amour que j'ai pour toi dans le cœur pourra jamais être oublié. J'ai toujours l'espérance de te voir et de te parler avant bien longtemps. Si ton cœur désire de moi comme mon cœur désire de te parler, mon cœur sera heureux. Bien je t'envoie ma lettre avec la clef d'amour que j'ai pour toi que personne peut ouvrir que celui que mon cœur aime. Je suis seule qui t'aime tendrement et qui se nomme ton amie [16].

Il arrivait aussi qu'un *écriveur** se moque du garçon illettré qui lui demandait d'écrire une lettre d'amour.

De jolis vers d'amour étaient aussi écrits dans la correspondance de ceux qui s'étaient voué un amour réciproque; et on dit que ces poèmes étaient presque toujours les mêmes. Nous en citons quelques-uns parmi les plus populaires:

> Tu trouveras en moi,
> Ni beauté, ni richesse,
> Mais un cœur plein
> D'amour et de tendresse.

---

16. Coll. Jean-Claude DUPONT, doc. ms. 9047-(97, 98).

L'oiseau a des ailes pour voler,
Moi j'ai un cœur pour t'aimer.

Dans mon cœur il y a trois pensées,
La première est de t'aimer,
La deuxième est de t'embrasser,
La troisième est de te marier.

Quand le vent cessera de souffler,
Quand les ruisseaux cesseront de couler,
Mon cœur cessera de t'aimer[17].

Aimer sans être aimé,
Se coucher sans pouvoir dormir,
Espérer sans voir venir,
Ce sont trois choses
Qui font souffrir et mourir[18].

Il y a une cinquantaine d'années à peine, à Noël, un garçon de Memramcook donnait à sa *blonde* une demi-livre de chocolat, ou une bouteille de parfum[19]. Dans la même région, en 1966, le cadeau offert par le prétendant à l'occasion du dernier Noël avant le mariage est un coffre de cèdre[20]. À l'Île-du-Prince-Édouard, en 1967, si les amours durent trois ans, il faut s'y prendre ainsi pour faire plaisir à sa *blonde** à l'occasion de Noël:

Au premier Noël, on donne une bague ou une montre-bracelet. Au deuxième Noël, on donne un coffre en bois ou un *set de chambre**. Au troisième Noël, c'est la bague de fiançailles[21].

Jusqu'aux années quarante, il n'était pas coutume de donner une bague de fiançailles, à moins que le garçon soit à l'aise[22]. Les fréquentations pouvaient durer trois, quatre et même cinq ans, on disait alors du gar-

17. Coll. Jean-Claude DUPONT, doc. ms. 9046-(97, 98).
18. *Ibid.*, doc. ms. 8719-(300).
19. *Ibid.*, doc. ms. 3063-T 34 (77, 227, 358).
20. *Ibid.*, doc. ms. 8721-M 329 et T 34 (77, 227).
21. *Ibid.*, doc. ms. 8720-T 346 et T 34 (4).
22. *Ibid.*, doc. ms. 1975-T 349 (227).

çon qui n'avait pas les moyens de faire de gros cadeaux, mais qui les faisait quand même, qu'il *avait toute sa fortune sur le dos**.

Il existe différentes façons de signifier à un amoureux qu'il n'est plus le bienvenu; «La fille se faisait fabriquer une petite pelle en bois et l'envoyait porter au garçon»[23]. De là l'expression encore très populaire: *Donner sa pelle à quelqu'un**, ou *recevoir sa pelle.** À Saint-Anselme, on invitait le garçon à manger de la *poutine râpée** et on avait mis une petite pelle en bois dans la pâte[24]. Chez les Acadiens de Gaspésie, le père plantait un clou au mur en présence du jeune homme et lui disait: «Quand tu auras fini, tu accrocheras ton linge sur le clou»[25].

66

Lorsqu'un prétendant courtisait une jeune fille, il façonnait un *loom** et le lui remettait. Si la jeune fille ne l'utilisait pas pour tisser une cravate à son amoureux, cela signifiait qu'elle ne l'aimait pas.

23. *Ibid.*, doc. ms. 3065-T 348 (25).
24. *Ibid.*, doc. ms. 3100-T 349 (77, 227, 358).
25. *Ibid.*, doc. ms. 3066-T 347 (277).

Par contre, quand un jeune homme veut signifier à son amie que c'est la dernière soirée qu'il passe avec elle, il sort de la maison sans saluer qui que ce soit; on dit alors qu'il ne reviendra pas car il a *emporté la chatte** [26].

Il arrivait cependant que le garçon qui *avait eu sa pelle** se vengeait de la jeune fille en composant une chanson satirique pour la narguer. La version qui suit en est une de facture populaire; elle a été retrouvée dans le sud du Nouveau-Brunswick:

1.

C'est dans tous les pays vous voyez aujourd'hui,
Mille corps et âmes,
Elles se choquent bien, pour un mot de rien,
Pour bagatelle.
Pendant la veillée quelques mots se sont passés,
La jeune fille se choque,
Elle lui donne son chapeau avec des gros mots,
Elle lui dit: « Prends la porte ».

2.

Mais pendant la nuit, la jeune fille réfléchit,
À toutes ses sottises.
Elle se disait: « pourtant je l'aimais bien mon amant,
« Pourquoi ai-je fait cette bêtise?
« Demain j'irai le rencontrer à la manufacture,
« Il me pardonnera bien et je l'emmènerai
« Sur le seuil de ma porte. »
...

3.

Le lendemain arrive, la jeune fille empressée
Pour aller à la manufacture.
Qu'est-ce qu'elle voit en passant? Elle voit son amant,
Avec une autre figure.
Qu'est-ce qu'elle voit accrochée à son côté?
Une autre *créature**.
Il lui dit en riant: « Tu m'attendras longtemps,
« Sur le seuil de ta porte ».

4.

Cette jeune fille à présent, a bientôt cinquante ans,
Ce n'est plus une poulette,
Elle a perdu ses dents et ses cheveux volent au vent.
Moi, je vous dis qu'elle est laide,

---

26.   Coll. Jean-Claude DUPONT, doc. ms. 8722-T 341 (89).

Après tout, après tant, il y a encore des amants,
Qui la regrettent.
Elle caresse en roulant, elle caresse son chat blanc,
Sur le seuil de sa porte[27].

Une rencontre que le prétendant attendait avec appréhension était celle avec le père, le soir de la *grande demande**. Cette demande officielle de la main de la jeune fille a souvent été considérée comme un obstacle presque insurmontable. Les garçons *se morfondaient** des mois à l'avance à la seule pensée de devoir se soumettre à ce supplice[28].

C'était après une première entente appelée la *petite demande** que se faisait la *grande demande**. La *petite demande** était faite à la jeune fille seulement. La *grande demande** avait lieu deux ou trois semaines avant le mariage. Il y avait des formules consacrées pour cette occasion; les garçons veillaient à bien se préparer d'avance, en apprenant par cœur les phrases à réciter pour obtenir du père la permission tant attendue. Les procédures varient un peu selon les régions, mais l'essentiel demeure presque partout le même[29].

À Memramcook, les parents et les amis des familles se réunissaient chez la fille. Le fiancé arrivait avec un ami et c'était cet ami qui, le premier, demandait au père s'il voulait bien rencontrer un tel qui désirait la main de sa fille. «*Le futur** avait acheté sa *grande demande**»[30], soit des raisins secs pour les invités et de la *boisson forte** pour le père. Puis on commençait une danse qui durait toute la soirée[31].

À Saint-Charles, à Saint-Norbert, à Sainte-Anne de Kent et à Cap-Pelé, on retrouve la même façon d'agir, mais on ne danse pas, on récite le chapelet[32].

---

27. Coll. Jean-Claude DUPONT, doc. ms. 2747-(93).
28. *Ibid.*, doc. ms. 3528-T 3501 (209); 3529-T 3501 (7); 3531-T 3501 (299); 3532-T 3501 (318).
29. *Ibid.*, doc. ms. 3090-T 3501 (76); 3091-T 3501 (159); 3089-T 3501 (195).
30. *Ibid.*, doc. ms. 9044-T 3501 (5).
31. *Ibid.*, doc. ms. 3085-T 3501 (77, 227).
32. *Ibid.*, doc. ms. 730-P 20 et T 3502, (352, 251).

À Cocagne, les amis du futur marié achetaient du raisin qu'ils lançaient par poignées aux filles[33].

À Caraquet, le *futur** allait dans une chambre accompagné par le père et la mère. Le prétendant se mettait à genoux devant le père et lui remettait en même temps un sac de raisins secs[34].

À Moncton et à Dieppe, les informateurs rapportent que les garçons, en plus des raisins, offraient de la *peppermane** et du *bonbon dur**[35].

Il ne semble pas que le raisin offert ait une signification particulière, puisque ces fruits secs remplaçaient le bonbon, rare à cette époque.

Un nonagénaire de Saint-Ignace fait le récit suivant de ce qui lui arriva le soir de la *grande demande**:

> J'étais un homme gêné. J'ai demandé au cousin de ma défunte de venir avec moi voir le beau-père. Rendu au village, j'ai acheté une *traite**, des *candies** et des raisins. Chez le beau-père, les *jeunesses** avaient rentré mon cheval et ma voiture dans la grange et j'avais oublié ma *traite** dans la voiture. Quand j'ai demandé au beau-père:
> — Veux-tu me donner ta fille en mariage?
> Il m'a demandé une *traite**, mais les garçons me l'avaient volée[36].

Il y a des formules toutes faites pour demander la main de la jeune fille. À Memramcook, le garçon demandait à la jeune fille «Es-tu *contente** de te marier?» Et elle répondait presque toujours: «Je suis un peu jeune, mais avec le *contentement** de mes parents, je me marierais». Ensuite on demandait le *contentement** du père dans les mêmes termes[37].

D'après un document manuscrit non identifié conservé au Centre d'Études acadiennes de l'Université de Moncton, la *grande demande** pouvait se faire ainsi:

---

33. Coll. Jean-Claude DUPONT, doc. ms. 8723-T 3501 (159).
34. *Ibid.*, doc. ms. 8724-T 3501 (76).
35. *Ibid.*, doc. ms. 3530-T 3501 (304).
36. *Ibid.*, doc. ms. 8725-T 3501 (195).
37. *Ibid.*, doc. ms. 8726-T 3501 (195).

Cher monsieur et madame, vous comprenez pourquoi je suis ici ce soir; je suis venu voir votre fille comme vous le savez et j'ai toujours cru que vous ne vous y opposiez pas. J'aime bien votre fille et je pense qu'elle m'aime bien aussi, parce qu'elle accepte de m'épouser. Je voudrais avoir votre consentement aujourd'hui à propos d'une union qui nous rendra heureux tous les deux[38].

Le père Anselme Chiasson écrit qu'aux Îles-de-la-Madeleine on demandait aussi la permission à son parrain et énumère quelques façons de faire la *grande demande**:

1. Monsieur et madame, j'ai une grâce à vous demander;
   C'est plus aisé pour vous à la refuser,
   Que moi vous la demander:
   Votre fille en mariage si vous me la donnez.

2. Monsieur et madame, j'ai une grâce à vous demander;
   C'est de rentrer dans l'honneur de votre famille,
   Par l'honneur de votre fille.

3. Prenons un verre à la santé,
   De la grâce que je vais vous demander,
   La main de votre fille en mariage,
   Si vous voulez bien me la donner[39].

Voici comment Adolphe Leblanc, âgé de 94 ans en 1973, raconte sa *grande demande**:

Quand j'ai été demander Alice en mariage, je ne l'ai pas fait demander par un autre comme c'était la coutume. J'y suis allé moi-même. C'était en 1905. La *grande demande** se faisait le soir, moi j'y suis allé dans le jour. J'ai dit à Alice:
— Fais venir ton père et ta mère.
Ensuite j'ai dit:
— Monsieur et madame Béliveau, je suis venu aujourd'hui, pour m'assurer si je pouvais avoir Alice. J'ai pas de *traite**, j'ai pas de *degré**, j'ai pas d'argent. Si elle veut se risquer, moi je me risquerai.
La réponse a été « oui ».
J'ai couru pour reprendre le train. Il était un peu dépassé la gare. Il a reculé, et je m'en allais content[40].

---

38. Placide Gaudet, *La grande demande*, C.E.A., U. Moncton, 1p. man.
39. *La vie populaire des Madelinots*, C.E.A., U. Moncton, man., p. 72.
40. Coll. Jean-Claude DUPONT et Yvonne LEBLANC, ms. 2-T 3501 (187), A.F.U.L.

Une *grande demande** peut prendre une forme inattendue, telle celle de l'informateur suivant :

> J'ai demandé aux parents de ma future pour avoir la main de leur fille, et le père m'a demandé :
> — Es-tu catholique ?
> — Oui.
> — *Si que t'ai* catholique tu peux la marier[41].

Il existait des chansons gaies ou tristes pour toutes les circonstances de la vie. La chanson de la *grande demande** relate l'histoire d'une jeune fille qui refuse une proposition de mariage parce que son père ne lui a pas laissé épouser celui qu'elle aimait. La mère, Eduxie, veut bien que sa fille, Élisabeth, choisisse l'amant qui lui plaît, soit le p'tit Martin. Mais le père, Lazare, est déjà prêt à préparer le festin des noces lorsqu'un prétendant à son goût, et venant de Chéticamp, fait la *grande demande** :

*La chanson de la grande demande**.

1.

C'est par une belle soirée,
Dominique s'en va veiller.
Avant d'arriver à la porte,
Il commence à secouer ses bottes.
Il dit : « Bonsoir Lazare et aussi Eduxie,
« Ainsi que tous les enfants,
« Je suis venu vous demander
« Élisabeth en mariage ».

2.

Lazare baissa la tête.
Éduxie dit les larmes aux yeux :
« Ce serait-y pas dommage,
« De marier une fille de quinze ans,
« Oui là-bas à Chéticamp ».
« À Chéticamp non je n'irai pas,
« J'ai manqué mon habitation,
« En arrière de chez p'tit Martin ».

3.

Lazare dit : « *Sacrédié**,
« Voilà le temps de faire des rôties.

---

41.   Coll. Jean-Claude DUPONT, doc. ms. 2662-T 3501 (170, 328).

« Ce serait-y pas dommage,
« Il faut tuer une grosse brebis ».
Eduxie lui répondit :
« Les brebis il faut pas les tuer,
« Les brebis il faut en garder une,
« En garder une pour aimer »[42].

Il n'y avait qu'une publication lors des mariages, et ce sont les pères des *futurs** qui allaient mettre les bans. On publiait les bans le premier ou le deuxième dimanche après la *grande demande** et le mariage avait lieu pendant la semaine[43]. Les futurs époux devaient éviter de se voir entre la publication des bans et le mariage[44].

Généralement ce sont les frères et les sœurs des futurs mariés qui passaient de porte en porte pour faire les invitations. Dans certaines régions cependant, comme à la Baie-Sainte-Anne, c'était le couple lui-même qui se chargeait d'inviter les parents et les amis. On pouvait être invité soit pour le dîner, soit pour la soirée seulement, selon le degré de parenté ou d'amitié[45].

Actuellement les amies de la mariée font une soirée appelée *shower** quelques jours avant le mariage et les invitations se font par téléphone. À cette occasion on donne souvent un cadeau de groupe, comme un panier à linge rempli d'ustensiles de cuisine[46], etc.

Deux ou trois jours avant le mariage, les *futurs** demandaient à des amis s'ils voulaient être témoins. Aujourd'hui c'est très souvent une jeune fille qui sert de témoin à la mariée, rarement le père[47].

Dans le premier quart du XXe siècle une jeune fille qui possédait cinq couvertures de lit était bonne à ma-

---

42. Coll. Anselme CHIASSON, cap., doc. son. 627, Inf. Émile CHIAS- SON, Îles-de-la-Madelaine, 1960 C.E.A, U. Moncton.
43. Coll. Jean-Claude DUPONT, doc. ms. 3094-T 3502 (297); 3587-T 3502 (204).
44. *Ibid.*, doc. ms. 3088-T 3502 (77, 227); 3102-T 350 (338, 358, 227); 3588-T 347, T 3502 (204).
45. *Ibid.*, doc. ms. 3096-T 350 (77, 227); 3590-T 350 (300).
46. *Ibid.*, doc. ms. 3098-T 3495 (227).
47. *Ibid.*, doc. ms. 3097-T 356 (338, 358, 77, 227).

rier et un garçon possédait aussi des *avantages** s'il avait $25 en poche[48].

Aux Îles-de-la-Madeleine, il arrivait souvent que les nouveaux époux demeurent avec les parents, mais dans une petite construction adjacente, le *tambour*. Quand la *famille les prenait** ou que le jeune ménage décidait d'acheter une *terre**, on déclouait le *tambour** de la maison des parents, et on allait l'installer ailleurs. Cette rallonge devenait à son tour une petite maison qui aurait plus tard son *tambour** et ce dernier partirait lui aussi un jour. En fait, c'était la *maison muante** ou maison *engendreuse**.

> Le marié qui se logeait, recevait un lopin de terre de son père, et souvent, surtout autrefois, on leur donnait le *tambour** de la *vieille maison** que l'on décollait et que l'on transportait sur le terrain concédé[49].

Aux Îles-de-la-Madeleine, au tournant du siècle, la jeune fille qui se mariait apportait sa vache, sa brebis, et quelques volailles. Si un père négligeait de se soumettre à cette tradition, l'animal qu'il n'avait pas donné allait mourir par la suite. En plus des animaux et d'un *enclos de terre**, le garçon recevait une barque et des agrès de pêche et le père lui gardait une part dans la goélette[50].

Si les parents étaient pauvres, on rapporte que dans certains villages, on en profitait pour faire une corvée, les hommes et les femmes y travaillant. On préparait alors un trousseau appelé *trousseau paroissial des mariés** [51].

En 1910, une jeune mariée du sud du Nouveau-Brunswick apportait généralement comme trousseau:

    6 tapis crochetés,
    6 couvertures piquées,

---

48. Coll. Jean-Claude Dupont, doc. ms. 8729-T 357 (196, 204).
49. Anselme CHIASSON, cap., *La vie populaire des Madelinots*, C.E.A., man., p. 75.
50. Paul HUBERT, *op. cit.*, p. 173.
51. Coll. Jean-Claude DUPONT, doc. ms. 1416-T 07, T 3532, V 21 (185); et 1417.

6 draps de *coton jaune**,
2 *draps fins**,
1 couverture blanche,
1 dizaine de taies d'oreiller[52].

Le testament[53] des parents révèle quelques fois une partie de la dot de leurs filles; par exemple on dira de Marie ou d'Émilia qu'elle recevra le *travail des femmes**, c'est-à-dire les catalognes, les tapis, les courtepointes, etc.

> ...je réserve les trois pommiers à ma fille Anne tant qu'elle ne sera pas établie...
> Anne sera maître des outils et du *travail des femmes** et elle pourra les prêter à ses frères et sœurs...[54]

52. Coll. Jean-Claude DUPONT et Claudette L. BEAULIEU, doc. ms. 3-T 3532, Inf. Madame Emma LEBLANC, 81 ans, Cap-Pelé, 1973, A.F.U.L.
53. Le contrat de mariage, de même que le testament, était très souvent fait par le curé de la paroisse.
54. *Testament de Étienne LÉGER*, 28 décembre 1864, Saint-Antoine de Kent, man. de la famille.
(Consulté au Musée de l'École Saint-Antoine, au festival du village en 1973).

IV. LE MARIAGE

L'enterrement de vie de garçon se pratique encore. Généralement le soir qui précède le mariage on emprisonne le marié dans une *boîte à cochons** et on le promène dans le village en lui lançant des oeufs, des tomates, etc. On peut aussi l'amener à une soirée et on lui fait ingurgiter tant de *boisson forte**, qu'il en devient ivre-mort[55].

Une coutume qui ne se pratique plus est celle des *trois fêtes**: la première fête est celle de la *cocarde**, elle a lieu la veille des noces; la deuxième est celle du *croc**, le soir des noces; la dernière et troisième fête est celle du *recroc**, le lendemain du mariage. En 1969, dans le sud du Nouveau-Brunswick, on fêtait la *cocarde** seulement[56]. Ailleurs en Acadie, toutes traces de ces trois fêtes du mariage traditionnel semblent disparues.

Le soir de la *cocarde**, la veille des noces, le futur mari venait chez sa fiancée coiffé d'un haut de forme garni de trois rubans de couleur bleu, blanc et rouge. Il était suivi de ses amis et il ouvrait la danse[57]. C'est souvent ce soir-là que l'on punissait le vieux garçon et la vieille fille de la famille où avait lieu le mariage. À Cocagne, à Richibouctou, à Moncton, à Memramcook et à Shédiac, un musicien jouait un air et la vieille fille devait danser dans l'auge à cochon, entrée dans la maison pour la circonstance. Quand c'était un vieux

---

55. Coll. Jean-Claude DUPONT, doc. ms. 3589-T 3495 (1).
56. *Ibid.,* doc. ms. 9033-T 357 (187).
57. *Ibid.,* doc. ms. 8730-T 3555 (56, 212).

garçon qu'on voulait punir de ne pas s'être marié, il devait manger des *galettes** ou du *cuisinage** dans la même auge[58].

Ces dernières années, la vieille fille doit plutôt danser autour de l'auge, et lorsqu'elle s'est exécutée on lui remet un cadeau, généralement une bouteille de vin. Une informatrice de vingt-trois ans en 1973, Jeanne Dupuis, de Memramcook, a *dansé la cocarde**, le 12 mai 1973 parce que sa sœur plus jeune qu'elle prenait époux.

Une chanson accompagnait cette soirée de la *cocarde**. Monsieur Adolphe Leblanc, âgé de 87 ans en 1966, se souvenait de la chanson que le marié galant se devait d'entonner ce soir-là:

La complainte du soir de la cocarde*.

1.

Gentille fille douée de la nature,
Toi qui ferma les yeux au bonheur,
Tu as su charmer mon cœur chaste et pur,
Viens avec moi,
Protéger nos beaux jours.
Si tu veux jeune fille,
Entrer dans ma famille,
Je viens t'offrir mon cœur.
Le tiens a su m'y plaire,
Il n'y a que toi seule,
Qui fera sur la terre mon bonheur,
Oui mon bonheur (bis).

2.

Ah! fille, demain
Je serai votre époux.
Chaque beau jour
Sera un jour de fête.
Chaque saison sera
Ce doux printemps.
Puisque j'ai su vous plaire,
Dans notre petit ménage,
Tu seras docile et fière.
Je vous donnerai pour gage,

---

58. Coll. Jean-Claude Dupont, doc. ms. 5102-T 371 et T 350 (53); 3103-T 350 (77, 227); 3104-T 350 (77, 227, 358).

232

Mon cœur et mon bonheur.
Oui c'est mon cœur (bis)[59].

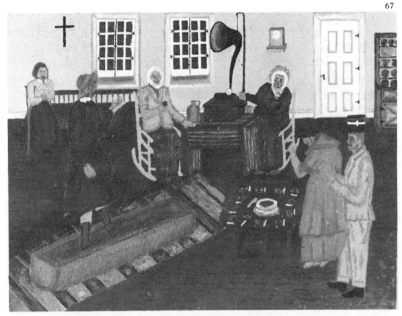

Dans la tradition acadienne, le soir précédent la noce, on faisait la fête de la *cocarde**. À cette occasion, la vieille fille de la maison devait danser dans une auge à cochon. Le futur marié devait *porter la cocarde** à son chapeau, soit trois rubans de couleur bleu, blanc et rouge. *(Peinture à l'huile de l'auteur, représentant la* cocarde* — *18" × 14" ou 45 cm × 35 cm — 1970)*

Les jours du *croc** et du *recroc**[60], un *maître de danse** conduisait les danseurs. Le maître ouvrait la danse en frappant trois coups au plafond avec un bâton. Pour adoucir le *plancher** on y jetait du sable de grève et souvent, en été, on sortait le poêle dehors (pour faire plus de place)[61]. C'est aussi le *maître de*

59. Coll. Jean-Claude DUPONT, doc. son. 539-Ch. (187).
60. *Ibid.*, doc. ms. 2762-T 3555 (77, 227).
61. *Ibid.*, doc. ms. 341-M 84 (75).

*danse** qui fermait la danse, en répétant avec son bâton les mêmes gestes que pour marquer l'ouverture. Personne ne pouvait danser sans l'autorisation du *maître de danse**[62].

Aux Îles-de-la-Madeleine, le matin des noces, les parents de la mariée entourés de la belle-famille, faisaient le souhait suivant aux jeunes époux: «Je vous souhaite la sagesse de Salomon, la postérité de David et la fécondité de Rébecca[63]. Dans ces îles, de Noël à Mardi gras, on fêtait. Les hommes n'étaient pas occupés, les mariages se succédaient et tout le monde était invité. C'était une fête continuelle[64].

Vers 1900, c'était la marraine de la mariée qui était *suivante**. Le père du marié menait la voiture des nouveaux époux. La bride et la queue du cheval étaient décorées de pompons de laine ou de fleurs et banderoles de papier multicolore. Parfois, on garnissait aussi tout le harnais et la voiture. En route pour l'église, le conducteur de la voiture des mariés *tenait son cheval à deux mains dans les cordeaux**, car des *jeunesses** se cachaient le long de la route pour tirer des coups de fusil et *apeurer** le cheval[65].

À la sortie de l'église, on pleure et on s'embrasse. Le curé du village est invité à la noce et, à table, il s'assoit en face des nouveaux époux. Ce matin-là, la jeune femme porte une jarretière bleue que le marié enlève après la cérémonie et qu'il lance dans l'assistance; celui ou celle qui l'attrappe se mariera dans l'année[66].

Aux Iles-de-la-Madeleine, jusque dans les années 1900, on se fabriquait parfois un jonc de mariage avec un *sous*, un cinq *sous* ou un vingt-cinq *sous*. On faisait

62. Coll. Jean-Claude doc. ms. 3037-T 1 et T 34 (44).
63. Anselme CHIASSON, cap., *La vie populaire des Madelinots,* (C.E.A., U.) Moncton, man., p. 73.
64. Coll. Jean-Claude DUPONT, doc. ms. 1478-M 32, M 44 et 35 (320).
65. *Ibid.,* doc. ms. 9042-T 358 (178).
66. *Ibid.,* doc. ms. 3110-T 357 (227); 3114-T 357 (151).

Selon la fête ou l'occasion, les chevaux étaient décorés de différentes façons. Ici, ce sont des chevaux décorés pour des noces ou des défilés. Attelage de Bouctouche, Nouveau-Brunswick, en 1973. *(Photo A.F.U.L., topo. Jean-Claude Dupont, 2314)*

235

trouer et polir la pièce par une personne habile[67]. Antoine J. Léger dit: «Chez les anciens Acadiens, les bagues se passaient de génération en génération»[68].

De nos jours, lorsque l'époux passe le jonc au doigt de sa jeune épouse à l'église, celle-ci lui dit tout-bas: «Pour toujours». Le jonc ne doit jamais être enlevé, même pas pour le faire essayer, car cela porte malheur[69]. À la sortie de l'église, tous les hommes présents ont le droit d'embrasser la mariée et les femmes font de même avec le marié[70]. Depuis longtemps déjà la tradition du lancer des confettis existe. Avant les années 1940, on se servait de riz[71].

À Shippagan, au début du XXᵉ siècle, on balisait les parcours des mariés avec des sapins verts et des banderoles, et des hommes armés de mousquets saluaient l'arrivée des mariés en faisant entendre des salves[72].

À la façon du mariage romain qui comportait un simulacre d'enlèvement[73], une coutume populaire est celle de *voler la mariée** le jour des noces[74]. Pour la rendre, on exige une bouteille d'alcool du marié[75]. En 1949, une jeune mariée volée à une noce qui avait lieu à Edmunston, au Nouveau-Brunswick, fut amenée à Rivière-du-Loup, au Québec, quatre-vingt *milles* (128) km) plus loin. Ce *vol de la mariée** ne s'est pas toujours accompli sans heurt; la folkloriste acadienne Catherine Jolicoeur, cite le cas d'une tentative d'enlèvement qui tourna au tragique en 1934, à Saint-Léonard. La jeune mariée, voulant échapper à ses poursuivants, se jeta au bas de la *galerie** et se brisa les reins.

---

67. Coll. Jean-Claude Dupont. doc. ms. 3092-T 349 (77, 227, 236).
68. *Une fleur d'Acadie,* p. 123.
69. Coll. Jean-Claude DUPONT, doc. ms. 3119-T 352 (44); 3111-T 352 (297).
70. *Ibid.,* doc. ms. 3116-T 357 (227).
71. *Ibid.,* doc. ms. 1940-T 35 (227).
72. Francis SAVOIE, *op. cit.,* p. 45.
73. A. CUVILLIER, *Manuel de Sociologie,* 2 vol. tome 2, p. 592.
74. Coll. Jean-Claude DUPONT, doc. ms. 3122-T 347 (195).
75. *Ibid.,* doc. ms. 3121-T 357 (44).

Dans plusieurs régions acadiennes, ce sont les mariés qui ouvraient la première danse au commandement du *maître de danse**[76].

Dans certains villages, il était défendu de danser après le coucher du soleil[77], tandis qu'ailleurs les noces se prolongeaient pendant une semaine[78]. Mentionnons qu'à Lamèque on a toujours dansé aux noces et on s'amusait ferme en étendant du crin de cheval sur le plancher pour que les jeunes filles se grattent les cuisses[79].

Madame Théotime Maillet, originaire de Saint-Charles, et qui s'est mariée vers 1908, décrit ainsi ses noces :

> Moi, quand je me suis mariée, il y eut une grosse noce. Ça durée au moins deux jours. À Saint-Charles, le prêtre laissait tout faire et on pouvait danser. On avait acheté la moitié d'un *orignal** pour la noce. Il y avait un pain *mâté au mitan** de la table et il y avait de quoi à boire. À Richibouctou, il n'était pas permis d'avoir des noces (de danser) et une fois revenus au village (de son époux), il y avait eu un *charivari**[80].

Le jour du mariage, certains augures renseignent sur le bonheur ou le malheur des époux[81] :

> S'il vente le jour des noces, les époux resteront toujours pauvres.
>
> Si la mariée se regarde dans le miroir après avoir mis son voile, elle s'attire de la malchance.
>
> Si un cierge s'éteint durant la messe nuptiale, un des époux mourra jeune[82].

---

76. Anselme CHIASSON, cap., *La vie populaire des Madelinots,* C.E.A., U. Moncton, man., p. 75.
77. Coll. Jean-Claude DUPONT, doc. ms. 8732-T 12 (16); 3661-T 3555 (328).
78. *Ibid.,* doc. ms. 1160-T 35 (230).
79. *Ibid.,* doc. ms. 8733-T 357 (293).
80. Coll. Jean-Claude DUPONT et Alberta MAILLET, doc. ms. 23-T 357, *inf. cit.,* 1973, A.F.U.L.
81. Coll. Jean-Claude DUPONT, doc. ms. 3120-T 357 (227).
82. *Ibid.,* doc. ms. 8739-T 357 (195).

Si on se marie quand la lune *se défait**, on se prépare des malchances[83].

S'il pleut le jour du mariage, la mariée pleurera souvent. S'il pleut le lendemain, c'est le marié qui pleurera[84].

69

Le jour du mariage en Acadie était la fête du *croc**. Quand arrivait le moment d'ouvrir la danse, le *maître de danse** frappait au plafond avec le manche du balai ou avec un bâton. Le même rituel avait lieu lorsqu'il s'agissait de fermer la danse à la fin de la soirée. Dans la langue populaire le *croc** est un hameçon. (*Peinture à l'huile sur canevas, de l'auteur, représentant le croc*, 14" × 18", 1976. Collection de la Société Jacques de Geay*)

La nuit précédant le mariage, afin qu'il ne pleuve pas le jour de ses noces, la future mariée étendait son chapelet sur la corde à linge[85], ou plaçait une statue la tête en bas[86].

---

83.   Coll. Jean-Claude Dupont, doc. ms. 3124-T 347, S et D 24 (195).
84.   *Ibid.*, doc. ms. 3126-T 357 (195); 3127-T 347 (195); 3128-T 3584 (77, 227, 358); 3129-S (77, 227, 358).
85.   *Ibid.*, doc. ms. 9040-T 357 et E 10 (38).
86.   *Ibid.*, doc. ms. 9041-T 357 (79).

238

À Memramcook, l'après-midi des noces, les nouveaux mariés faisaient le *tour de noce**. Ce tour consistait à franchir deux rivières qui étaient éloignées de cinq milles (8 km) l'une de l'autre. Les mariés allaient alors seuls dans une voiture et ils étaient précédés par les *suivants**[87]. Cette sortie constituait le voyage de noce.

La journée des noces retentissait de chants; mais il semble que les chansons de mariage n'étaient pas des plus gaies. Presque toutes celles qui ont été retrouvées nous montrent une mariée en pleurs à l'idée de quitter sa famille.

C'est le jour du mariage.

1.

C'est le jour du mariage,
C'est le seul jour de bonheur.
C'est dans ce précieux ménage,
Que j'ai engagé mon cœur.
Oh! le moment le plus triste,
C'est de m'y voir partir
Séparée de ma tendre mère,
Pour ne plus jamais revenir.

2.

Mon amant me seras-tu tendre
Comme tu me l'as toujours dit?
Le serment fait la promesse
De cette alliance bénie.
Souviens-toi de tes promesses;
Conserve-moi tes amours.
Loin des bras de ma tendre mère,
Tu m'amènes c'est pour toujours.

3.

Aujourd'hui ma mère pleure,
C'est de m'y voir partir
Dans un état étranger,
Dans un douloureux navire.
Tu seras dessus la terre

---

87. *Ibid.*, doc. ms. 8734-T 355 (189, 204).

Mon protecteur et mon guide;
Tu seras mon gouverneur
Sur ces eaux et ces rapides.

4.

Le soleil et les étoiles
Sont témoins de nos amours,
Et de notre mariage
Que l'on célèbre en ce jour.
Pour moi je fais le sacrifice,
De ma vie c'est pour toujours.
Je dis: Adieu jeunes filles,
Puisque c'est mon dernier jour.

5.

Vous autres mes jeunes filles,
Un jour viendra votre tour;
Dans un changement de famille,
S'accompliront vos amours.
Moi je m'en vais en ménage
Avec mon fidè'e amant.
Je m'en *vas* prendre l'ouvrage
Dieu bénira mon chagrin.

6.

Adieu cher père adieu mère,
Adieu toute la compagnie.
Avec peine je vous abandonne,
Mais je reviendrai vous voir
Avec mon fidèle amant.
Je reviendrai vous voir;
Cessez donc ma tendre mère,
Cessez ne pleurez pas tant[88].

Le mariage est le tombeau de l'amour.

1.

Quand j'étais dans le jeune âge,
Je formulais mille projets,
Je croyais que dans le mariage,
Que l'on y trouvait de la joie.
À présent j'ai changé de langage,
Oui je le dirai toujours,
Le jour de mon mariage,
C'est le tombeau de l'amour (bis).

---

88.   Coll. Jean-Claude DUPONT, doc. ms. 2676-Ch. (299),

2.

Ah! tout le jour dans ma fête,
J'ai eu ma part de présents,
J'avais une couronne à la tête,
Soit des fleurs ou des rubans.
À présent j'ai changé de langage,
Oui je le dirai toujours,
Le jour de mon mariage,
C'est le tombeau de l'amour (bis)[89].

Oh! ma douleur.

C'est aujourd'hui le jour de mes noces,
Oui je m'épouse un mari.
J'ai voulu faire comme les autres,
Mais c'est comme ça que je me suis prise.
J'ai contenté mon envie,
J'ai pris un homme que j'aimais.
Peut-être que j'ai fait une folie.
Oh! ma douleur, mon cher mari[90].

Parmi les chansons de mariage, certaines apparte-
naient au *croc**, d'autres au *recroc**.

Vous voilà liés.

1.

Vous voilà liés,
Deux jeunes amants sincères,
Vous voilà liés,
C'est dans le mariage,
Vous voilà liés tous les deux,
Et soyez donc toujours heureux (bis).

2.

Ah! vous avez promis,
C'est dans le mariage,
Vous avez dit oui,
D'être fidèles et sages,

89.   *Ibid.,* doc. son. 493-Ch. (215).
90.   Coll. Jean-Claude DUPONT et Diane BOURGEOIS, doc. ms. 45-Ch.,
      inf Madame Ovila CORMIER, 55 ans, Sainte-Marie de Kent, 1973,
      A.F.U.L.

Ha! devant le Saint-Sacrement,
De vous aimer fidèlement (bis).

3.

Vous autres mes jeunes garçons,
Vous allez voir les filles,
Allez assurément,
Soyez fidèles et sages,
On se marie pas pour un jour,
Quand on se marie c'est pour toujours (bis).

4.

Vous autres mes jeunes filles,
Qui faites vos difficiles,

70

Le lendemain des noces, en Acadie, on fêtait le *recroc**. Ce jour-là, la mariée s'assoyait sur les genoux de son époux. Dans la maison, malgré les danseurs et ceux qui s'amusaient, on s'affairait à préparer la dot de la mariée, sans oublier d'y joindre le pot de chambre. Après la soirée, les époux s'en allaient dans leur maison en apportant la dot avec eux. *(Peinture à l'huile sur canevas, de l'auteur, représentant, Le Recroc*, 14″ × 18″, 1976. Collection de la Société Jacques de Geay)*

Ne vous *figurez** pas,
Que dans le mariage,
Quand on se marie sans être aimée,
On meurt sans être regrettée (bis)[91].

Le lendemain des noces.

1.

Le lendemain des noces,
Quand il a fallu faire paquet
Son petit cœur pleurait.
Oh! mon Dieu je regrette fort
Le lieu de ma naissance,
Là où j'ai pris tant de plaisir
Et tant de réjouissances.

2.

Le père dit à sa fille:
«Qui est-ce qui vous a forcé?
«Qui est-ce qui vous l'a fait prendre
«Malgré votre volonté?
«Ah! je vous avais t'y pas bien dit,
«Que dans le mariage
«Qu'il fallait prendre ses soucis,
«Quitter le badinage».

3.

Le lendemain des noces,
Quel habit prendrons-nous?
Ah! nous prendrons l'*habit blanche**,
L'habit de réjouissance,
Aussi le chapeau de soucis,
Et le cordon de souffrance...[92]

Je me suis mariée

1.

Je me suis mariée,
À l'âge de dix-huit ans,
Avec un jeune garçon,
Il y a bientôt dix ans,
Pensant faire mon bonheur,
J'ai bien été trompée.

2.

T'en souviens-tu mon cher,
Quand tu venais me voir,

91. Coll. Jean-Claude DUPONT, doc. son. 504-Ch. (150).
92. *Ibid.*, ms. 2711-Ch. (250).

Tu m'as fait une promesse,
Que tu n'oublieras jamais,
Aujourd'hui tu me délaisses,
Seule avec un enfant.

3.

Tu as brisé ma taille,
Tu as pâli mes couleurs,
Et tu m'as délaissée
Pour une autre fiancée,
C'est pour lui faire nom,
Et moi faire mon malheur.

4.

Grand Dieu quelle tristesse,
Cruelle séparation,
Si je pouvais le voir
Pour me jeter dans ses bras,
Lui conter mon désespoir,
Lui conter mes ennuis.

5.

T'en souviens-tu Marcel,
Au pied du Saint-Sacrement,
Tu m'as fait mille promesses
Que tu ne m'oublieras jamais,
Que tu me serais toujours fidèle
Que tu me serais toujours bon.

6.

Toi qui es son père,
Si tu avais du cœur,
Tu lui enverrais une lettre,
Lui parlerais de ses parents
Tu lui enverrais un *sous*
Elle qui n'en a pas du tout.

7.

Une mère abandonnée
Que vais-je donc devenir,
S'il faut passer plusieurs années,
Être toujours séparés,
J'aurais mieux aimé la mort
Que d'avoir eu ce sort.

8.

Voyez couler mes larmes
Qui coulent de mes yeux,
Je prie le jour et la nuit
Auparavant de mourir,
Que Dieu nous réunisse
Un jour au paradis.

9.
La chanson a été faite
En l'année 1918,
C'est en *faisant du métier**
Le 25 de février,
C'est en pensant à lui
Renouvelant mes ennuis.

10.
Vous autres la *compagnie**
Veillez bien m'excuser,
Si j'ai parlé ainsi
Devant ces jeunes mariés,
Tâchez donc de vous aimer
Jamais vous séparer[93].

Les rites liés au départ de la jeune fille qui abandonne ses parents pour entrer en religion, comportent aussi des *chansons de départ**. Par exemple, la veille de l'entrée en communauté, on organisait une soirée d'amis réunissant la parenté. Ordinairement, à cette occasion, on chantait des compositions appropriées à la séparation et la jeune fille qui quittait sa famille avait l'habitude, ce soir-là, de chanter des refrains réservés pour cette circonstance. Monsieur Éric Cormier, de Petite-Rivière, âgé de 60 ans en 1973, se souvenait d'une complainte du genre :

1.
Je me suis endormie,
Dans une prairie.
J'ai entendu un chant,
Et ce chant mystique,
Me dit en musique,
D'aller au couvent.

2.
Quand je suis entrée,
Je fus saluée,
Par la mère des *soeurs**.
Et de là ensuite,
Elles m'ont conduite,
Jusqu'au fond du choeur.

93. Coll. Jean-Claude DUPONT et Bernice MELANSON, doc. ms. 18-Ch., Inf. Bernice MELANSON, Saint-Antoine de Kent, 1973, A.F.U.L.

3.

Approchez fillette,
Penchez votre tête,
Coupez vos cheveux.
Cheveux n'est que terre,
Terre n'est que poussière,
Coupez je le veux.

4.

La règle de s'abstraire,
Il faudra se taire,
Ne jamais parler.
Si vous n'êtes sage,
Vous serez mise en cage,
Dessous l'escalier[94].

---

94.   Coll. Jean-Claude DUPONT et Diane BOURGEOIS, doc. ms. 50-Ch.,
      Inf. cité, 1973, A.F.U.L.

V LA VIEILLESSE ET LA MORT

Jusqu'à ces dernières années, presque tous les Acadiens passaient leurs vieux jours chez leurs enfants. Ceux qui n'avaient plus de parents pour les garder, étaient hébergés par des *paroissiens**. Selon Louis-Cyriaque Daigle:

> Quand un pauvre n'avait plus de parents pour prendre soin de lui, les *paroissiens* s'en chargeaient à tour de rôle. Chaque habitant le recevait et en prenait soin pendant deux semaines, puis le conduisait chez son voisin qui faisait de même[95].

Cependant, une dizaine d'informateurs du sud du Nouveau-Brunswick ont plutôt parlé de la *vente d'honneur** en ce qui concerne l'hébergement des vieillards sans parenté. Quand une personne âgée se retrouvait seule, elle était vendue à l'encan à la porte de l'église au plus bas enchérisseur; la somme consentie provenait d'un fonds commun alimenté par les *paroissiens*[96]. Il y avait même des personnes qui logeaient vingt vieillards qu'elles nourissaient au *gruau** et à la *soupe aux pois**[97]. Et, peut-être le folklore l'emporte-t-il ici sur l'histoire, mais des informateurs ajoutaient qu'un de ces hôtes gardait ces vieillards dans la grange. À Lourdes, on parle d'une personne qui, à une certaine époque, gardait trente vieillards qu'elle avait achetés dans les encans, à Saint-Joseph et aux alentours[98].

---

95. *Op. cit.*, p. 141.
96. Coll. Jean-Claude DUPONT, doc. ms. 5280-T 3599 (204).
97. *Ibid.*, doc. ms. 5307-T 375 (285).
98. *Ibid.*, doc. ms. 8736-T 375 (196, 204).

Un informateur de Pré-d'en-Haut répète les plaintes qu'il aurait lui-même entendues de la bouche de ces vieillards: «Celui qui nous achète est plus pauvre que nous autres», ou encore «Mon maître m'a acheté à trop bon marché»[99].

La coutume de la *vente d'honneur** existait aussi dans le nord du Nouveau-Brunswick. Francis Savoie nous raconte le cas du bonhomme Vital qui fut *acheté** un jour par Bastien, mais le sort de ce vieillard n'était pas des plus mauvais:

> Ce fut toute une trouvaille que ce bonhomme Vital. Lui, l'ignoré, le tenu à l'écart, du jour au lendemain, devint la grande vedette de toute la *côte**. Tous les soirs, la maison chez Bastien se remplissait à craquer de curieux venus de tous les coins de l'île et au-delà pour rire à s'en tordre aux récits d'aventure et aux anecdotes de ce vieillard qu'on avait comme remis à neuf[1].

«C'est pas drôle de vieillir dans le monde» diront les personnes âgées, ou encore «J'en ai arraché pour élever ma famille, mais je serais prêt à tout recommencer pour revenir à vingt ans». On se plaît à faire des souhaits, mais rien ne peut changer le cours de la vie et les gens âgés discutent souvent de la mort et de ses présages:

> On mourra dans l'année si on assiste à une messe en rêve[2].

> Si un vieillard meurt le premier jour du mois, il est certain que son conjoint le suivra en deçà des trente jours qui suivent[3].

> On ne doit jamais pleurer la mort d'un petit enfant, car Dieu viendra chercher un autre membre de la famile[4].

> Rêver à la terre ou à des fleurs annonce la mort[5].

99.   Coll. Jean-Claude Dupont, doc. ms. 8737-T 375 (53).
 1.   *Op. cit.,* p. 53.
 2.   Coll. Jean-Claude DUPONT, doc. ms. 2765-B 52 (173).
 3.   *Ibid.,* doc. ms. 2767-S (4).
 4.   *Ibid.,* doc. ms. 2772-S (4).
 5.   *Ibid.,* doc. ms. 8739-S (195).

Lorsqu'un oiseau entre dans l'église pendant la messe, il y aura une mortalité dans le village avant longtemps[6].

S'il pleut pendant la descente d'un cercueil dans la fosse, il y aura de la mortalité dans la *paroisse**. Il y aura encore un décès si un mort passe le dimanche *sur les planches**[7].

Quand un malade se plaît à raconter sa vie, c'est qu'il sent venir sa mort[8].

Si un cierge s'éteint pendant une messe de mariage, il y aura un mort sous peu dans la *paroisse**[9].

Certains exemples viennent à l'appui de ces présages en démontrant qu'ils peuvent se réaliser :

Il y a deux ans, un petit oiseau s'est assommé en essayant d'entrer dans la maison par une fenêtre fermée et il s'est tué. Maman nous a dit que grand-père qui était malade allait mourir. Deux semaines plus tard grand-père mourait[10].

Cette superstition vient peut-être de l'association que l'on fait de l'hirondelle et de la mort, ou bien encore du cri des oiseaux et de l'annonce d'une nouvelle :

Les Russes et les Espagnols l'ont (l'hirondelle) associée à la passion du Christ. Selon les premiers elle criait : *linden! linden!* c'est-à-dire mort! mort! (pendant que le moineau répétait effrontément *jif! jif!*, il vit! il vit!). Pour les seconds, l'hirondelle des granges a une gorge couleur de sang séché depuis qu'elle arracha les épines sur la tête du Sauveur[11].

Contre l'opiniâtreté de la maladie, il faut souvent recourir à la médecine populaire. Pour se donner du

---

6. *Ibid.,* doc. ms. 2771-S (4, 279).
7. *Ibid.,* doc. ms. 2766-S (76); 3635-T 361 (315).
8. *Ibid.,* doc. ms. 2782-S (77, 227, 236); 1143-T 361 (158, 162); 1166-T 361 (315).
9. *Ibid.,* doc. ms. 8739-S (195).
10. *Ibid.,* doc. ms. 8738-S (271).
11. Claude MELANÇON, *Charmants voisins,* p. 224.

courage, on conseille du vin relevé de poudre à fusil[12]. Pour se fortifier, il est recommandé de prendre, pendant neuf jours, une tisane préparée avec trois écorces: celles d'*aulne**, de *cerisier sauvage** et de *traînard**. Il existe des centaines de remèdes à base d'*herbages**, de minéraux, etc. et où se retrouvent croyances religieuses, et magie, comme le démontre la rubrique sciences populaires, développée ailleurs dans cette étude.

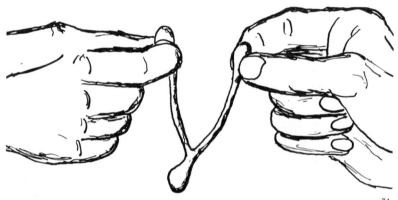

71

Deux personnes tirent sur les branches du bréchet de poulet pour les casser: celle qui reste avec la *pioche** enterrera celle qui a obtenu la plus petite partie. On nomme cet os le *souhait** ou le *wish bone**. Le même procédé peut aussi révéler à deux jeunes filles laquelle des deux se mariera la première; la *pioche** restera entre les mains de l'heureuse élue. Le bréchet doit avoir été séché, soit au four ou à l'air libre avant d'être utilisé comme moyen de divination.

Les maladies portent des appelations populaires comme celles de mourir du *corps barré**, mourir d'*inflammation des boyaux**, ou encore mourir des *grandes fièvres** ou des *fièvres jaunes**, etc. [13].

Lorsque le malade était à l'agonie, on lui mouillait les lèvres avec une plume de poule trempée dans de

---

12. Emery Leblanc, *op. cit.*, p. 131.
13. Coll. Jean-Claude DUPONT, doc. ms. 3644-B 82 (204); 5453-B 82 (124).

250

l'eau. Ce soin ne réussissait parfois qu'à faire *lever le cœur** au moribond[14]. Au moment du trépas, on glissait une chandelle bénite dans la main du moribond et on récitait le chapelet[15]. Pour savoir si le mourant avait *lâché le dernier soupir**, on plaçait un miroir devant son visage et on surveillait s'il s'y formait de la buée[16]. Généralement, on envoyait les enfants et les animaux domestiques dehors, quand arrivait ce moment[17]. Lorsqu'un agonisant gémissait et que sa figure se contorsionnait, on avait l'habitude de dire que le mourant rencontrait des monstres affreux sur le chemin du paradis[18].

Le curé était toujours le premier à connaître la nouvelle:

> Alors il sonnait les cloches. Il sonnait douze coups pour un homme, neuf coups pour une femme et trois coups pour un enfant. Il sonnait pendant une demi-heure, pour l'annoncer à tout le monde. Ceux qui demeuraient au loin recevaient une lettre bordée de noir[19].

Lorsqu'une personne mourait, on vidait tous les récipients non fermés contenant du liquide et on arrêtait l'horloge pour ne la remettre en marche qu'après l'enterrement[20].

> Si le mort était un homme, c'était des hommes, ses frères ou ses amis, qui le lavaient et l'habillaient. Si le mort était une femme, c'étaient des femmes, la sage-femme ou d'autres femmes voisines ou parentes, qui s'en occupaient. On deshabillait le mort pendant qu'il était encore dans son lit. On le lavait avec soin, de la tête aux pieds. Il fallait qu'il soit propre pour entrer au ciel.

14. *Ibid.*, doc. ms. 8740-T 3602 et T 360 (4).
15. *Ibid.*, doc. ms. 2784-T 3631 (195).
16. *Ibid.*, doc. ms. 2785-T 3631 (173, 311).
17. *Ibid.*, doc. ms. 8740-T 360 (4).
18. Coll. Jean-Claude DUPONT et Charline LEBLANC, doc. ms. 3-T 361, inf. Madame Frank LANDRY, 67 ans, Pré-d'en-Haut, 1973.
19. Coll. Jean-Claude DUPONT, doc. ms. 2788-T 360 et T 3631 (4).
20. *Ibid.*, doc. ms. 2786-T 3631 (77, 227, 358).

On jetait ensuite les essuie-mains et serviettes utilisés, ainsi que le linge dans lequel il était mort. Il ne fallait pas garder ce linge car c'était malchanceux pour la famille.

Il fallait ensuite habiller le mort dans un beau costume avec sa meilleure chemise, ses meilleurs bas et ses meilleures pantoufles. On ne mettait pas de souliers au mort parce que ça faisait trop de bruit dans le paradis. On les habillait bien pour donner une bonne impression à saint Pierre et pour ne pas faire honte aux maris et épouses à la fin du monde, alors que tout le monde serait là [21].

On fixait soigneusement la machoire inférieure (pour ne pas que la bouche s'entrouve) au moyen d'un bandeau noué sur la tête. Il était coutume de placer des gros *sous noirs** sur les paupières du mort pour les tenir fermées. On enlevait le bandeau et les *sous** lorsque le cadavre était bien refroidi [22].

Les voisins s'empressaient d'apporter de la nourriture pour ceux qui viendraient *veiller le corps** [23]. Le mort était toujours exposé dans le sens des poutres du plafond et on prenait bien soin de ne pas lui mettre les pieds vers la porte, cela entraînerait un second décès dans la maison [24]. La chambre mortuaire était sombre, puisque toutes les fenêtres étaient recouvertes de draps tendus et que seule une chandelle éclairait la pièce. Le visage du mort était recouvert d'un suaire que l'on pouvait lever afin d'y jeter un dernier regard [25].

À l'occasion d'épidémies, on cite cependant le cas de morts qui auraient été placés sur la *galerie** pour ne pas contaminer ceux qui habitaient la maison.

Quand une personne décédait, on la *wakait**, et on allait à la *wake** [26]. Cette veille se prolongeait durant deux nuits. Pendant ces nuits, après avoir prié, on chantait des cantiques et des complaintes tels que:

---

21.   Coll. Jean-Claude Dupont, doc. ms. 8742-T 3607 (4).
22.   *Ibid.*, doc. ms. 8741-T 3631 (4); 2787-T 3631 (4).
23.   *Ibid.*, doc. ms. 2789-T 3631 (77, 227, 358).
24.   *Ibid.*, doc. ms. 3641-T 361 (318); 3642-T 361 (285).
25.   *Ibid.*, doc. ms. 3659-T 366 (216, 325).
26.   *Ibid.*, doc. ms. 2791-T 366 (227, 77, 236); 3656-T 366 (166).

À la mort, à la mort,
Pêcheurs tout finira
À la mort, à la mort,
Le Seigneur te jugera.

Sans le salut pensez-y bien,
Tout ne vous servira de rien...[27].

Après avoir fait état de toutes les qualités du défunt, on en venait vite, lorsque les proches parents étaient couchés, à raconter des histoires. Souvent, les personnes renommées pour leur bonne humeur se faisaient un devoir d'aller faire rire les *wakers**. Après minuit, lorsqu'on avait bien mangé, la veillée des morts devenait une vraie partie de plaisir. Il s'y trouvait toujours un mime pour imiter les défauts physiques du mort et faire rire l'assistance. On changeait le cadavre de place dans la chambre, on le peignait différemment, on lui faisait fumer la pipe et on le frappait sur la poitrine pour le faire péter (ces bruits étaient occasionnés par l'échappement des gaz). Lorsqu'il s'agissait d'un noyé dont le corps était gonflé, on s'amusait à lancer des raisins, des pommes, des bonbons, etc. sur son ventre. Ces objets rebondissaient vers le plafond[28].

À Néguac, au Nouveau-Brunswick, pendant l'été 1935, on avait exposé un mort dans une chambre et comme il faisait chaud dans la pièce, on laissa une fenêtre ouverte. Pendant la soirée, des jeunes gens attachèrent une corde aux pieds du mort et firent sortir cette corde par la fenêtre. Vers deux heures du matin, alors que les veilleurs priaient, quelle ne fut pas leur surprise, de voir subitement le cadavre glisser vers l'extérieur de la maison[29]. Un fait semblable eut lieu à

27. *Ibid.*, doc. ms. 1163-T 366 (193); 9038-T 366 (107).
28. *Ibid.*, doc. ms. 8744-T 366 (311, 173); 8745-T 366 (4).
29. *Ibid.*, doc. ms. 9035-T 366 (61).

253

Memramcook, dans les mêmes années, alors que des jeunes gens jetèrent un mort en bas des *planches**[30]. À Acadieville, dans le nord du Nouveau-Brunswick, on raconte qu'un homme surnommé la *Blette** mourut et, tandis qu'on le veillait, tout le monde chanta en chœur:

> *Piet Jésu Domine,*
> C'est une *blette,*
> Jésus cet homme-là[31].

Le cercueil, que l'on désigne sous le nom de *coffre**, fabriqué par un menuisier ou un voisin[32] était fait de bois et recouvert d'un tissu noir. Comme on avait l'habitude d'utiliser le câble chez les pêcheurs, c'est un câble qui servait de poignées pour le cercueil. Lorsqu'on fixait des poignées de fer à la *tombe**, on les enlevait après le *service** religieux pour s'en servir comme porte-cravates[33].

Le mort était placé dans le cercueil le matin de l'enterrement. Auparavant on l'avait exposé sur quatre planches placées sur deux barils, dans la chambre du défunt ou parfois dans le salon[34]. C'est de là que vient l'expression *veiller un mort sur les planches**.

La femme décédée portait toujours une coiffure sur la tête lorsqu'elle quittait sa maison et qu'on la menait en terre. En 1971, à Quinan, village acadien de la Baie-Sainte-Marie en Nouvelle-Écosse, on respectait encore cette coutume:

> La vieille Sophique est morte au mois de mai 1971 à l'âge de 95 ans. Avant sa mort, sa bru lui avait promis de lui mettre quelque chose sur la tête lorsqu'elle serait

---

30. Coll. Jean-Claude Dupont, doc. ms. 9037-T 366 et A 59 (187).
31. *Ibid.,* doc. ms. 9036-P 288 et H 3 (107).
32. *Ibid.,* doc. ms. 3659-T 3631 (216, 325).
33. *Ibid.,* doc. ms. 8743-T 3633 (4); 1333-T 3676 (316).
34. Coll. Jean-Claude DUPONT, doc. ms. 1158-T 363 (204).
35. Coll. Jean-Claude DUPONT et Angèle E. ROBICHAUD, doc. ms. 5-T 363, inf. Angèle E. ROBICHAUD, Tusket, Nouvelle-Écosse, 1973.

dans son *coffre*, mais elle l'oublia. Tout juste avant les funérailles, en arrière de l'église, la bru pensa à sa promesse et fit ouvrir le *coffre*. On mit un voile sur la tête de la morte, puis on referma le *coffre*[35].

Les plus vieux informateurs ont vu, au début du XXe siècle, des cercueils déposés sur une voiture tirée par deux boeufs[36].

Chez les Acadiens louisianais, c'était la coutume de mettre des objets dans les fosses mortuaires. Sur le cercueil d'un enfant, on mettait une poupée ou un autre jouet; tandis que les hommes recevaient plutôt une *blague à tabac**, une pipe ou une béquille[37]. Ordinairement, on plaçait un objet qui avait été cher au défunt ou qui lui avait rendu service de son vivant. Toujours dans la même région, on faisait porter le deuil aux abeilles du maître du logis, en plaçant une pièce de tissu noir sur les ruches lorsque le maître décédait[38].

Les vieux Acadiens disent encore *porter le crimpon** de deuil[39]. Le *crimpon** était un brassard noir que les hommes portaient pendant un an. Les femmes, elles portaient la *pleurine**, long voile noir qui dissimulait leur visage. Le deuil d'un proche parent se portait deux ans; soit un an de grand deuil (tout en noir), six mois de demi-deuil (en blanc) et les six derniers mois, appelés les mois de petit deuil, étaient réservés au violet[40]. On ne retournait pas brusquement aux couleurs vives; on portait par la suite du gris et du brun. Pendant un an, il était interdit de jouer de la musique et de danser dans la maison où il y avait eu un décès.

À l'Île-du-Prince-Édouard, le deuil durait un an. On achetait deux *verges* (1,8 m) de crêpe noir et on taillait des bandes étroites qu'on cousait à la manche gau-

36. Coll. Jean-Claude DUPONT, doc. ms. 1150-T 363 (165, 166).
37. *Ibid.*, doc. ms. 8746-T 3631 (25).
38. Jay K. DITCHY, *op. cit.*, p. 150.
39. Coll. Jean-Claude DUPONT, doc. ms. 3646-T 368 (165, 166).
40. *Ibid.*, doc. ms. 1336-T 368 (204); 1914-T 368 (227).

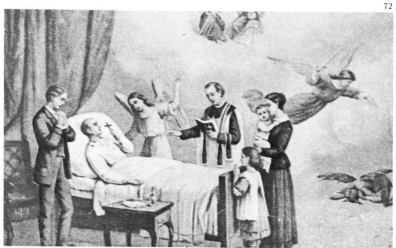

« Le juste voit la mort sans s'en affliger, l'ange descend du ciel à sa défense. Par sa mort il gagne la vie éternelle et monte à la gloire avec les bienheureux ». *(Collection et photo Robert-Lionel Séguin)*

che des hommes, juste au-dessus du coude. Les femmes se taillaient une figure en forme de losange et la cousaient sur la manche de leurs manteaux du dimanche[41].

Il existait plusieurs façons de se remémorer les êtres chers ou de leur rendre hommage. Parmi ces témoignages sensibles, les dessins et généalogies exécutés avec des cheveux tenaient une place importante. C'est ainsi que l'on constituait un arbre généalogique familial en brodant avec les cheveux des disparus le tronc de l'arbre (les cheveux du père ou de la mère), les branches (les cheveux des enfants), et les feuilles (les cheveux des petits-enfants). Il arrive encore que l'on conserve le crucifix et les poignées que l'on enlève du cercueil. On les fixe sur une pièce de velours que l'on

---

41.   Coll. Jean-Claude DUPONT, doc. ms. 2795-T 368 (4).

73

«Pécheur, songe à la fin qui t'attend, tremble, et si tu veux fuir des souffrances éternelles arrête à temps la vengeance de Dieu par un sincère repentir et une pénitence qui te fasse mériter le pardon de tes fautes.» *(Collection et photo Robert-Lionel Séguin.)*

enchâsse par la suite. Le veuf portait volontiers le jonc de sa femme défunte, même s'il allait se remarier.

Sa vie sur terre terminée, l'homme continue d'exister dans l'imagination des vivants; c'est le prolongement de la vie. Dans la croyance populaire, c'est surtout sous forme de revenants, de fantômes ou de *connaissances**, que le mort se manifeste aux vivants.

Les revenants sont souvent les esprits des personnes qui ont laissé un mauvais souvenir ici-bas, en particulier des hommes. C'est ainsi qu'en rapportant ces apparitions, les informateurs parlent d'un tel qui avait volé pendant sa vie, ou qui avait vendu de l'alcool[42], ou s'était vendu au diable, ou n'avait pas tenu une promesse faite de son vivant. Dans ce dernier cas, une fois

---

42. Coll. Jean-Claude DUPONT, doc. ms. 8747-M 24 (159); 8749-A 352 (76).

74

Pièce murale constituée d'une photographie du défunt,
des poignées et du crucifix de son cercueil.

la promesse accomplie, le revenant ne se manifeste
plus :

> Tous les soirs à minuit, un prêtre qui avait négligé de
> chanter sa messe un jour, réapparaissait à minuit et ve-
> nait dans l'église pour voir s'il n'y avait pas un clerc dis-
> posé à servir sa messe. Un soir il s'y trouva un homme
> pour répondre à son désir et le prêtre lui raconta son
> histoire après avoir chanté sa messe[43].

Même si c'est le plus souvent les mauvais qui re-
viennent sur terre, les bons peuvent aussi revenir
pour rassurer les parents inquiets de la place qu'ils oc-
cupent au ciel, ou encore pour réprimander ceux qui
sont demeurés inconsolables. La manifestation n'est
pas toujours physique, comme nous le voyons ici, alors
qu'un fils a manqué de respect à son père :

---

43. Coll. Jean-Claude Dupont, doc. ms. 8748-A 651 (195).

258

Le fils qui a manqué de respect envers son père est presque assuré de rencontrer un jour le fantôme de son père. Un garçon avait *encréché** son père. Celui-ci furieux lui avait dit:

— Avant de mourir, tu feras comme un animal.

Le fils avant de mourir agissait comme un animal, il grimpait sur les murs, faisait des gémissements, et se promenait à quatre pattes[44].

75

Inscription: «Cheveux de maman, madame Emmanuel Arsenault (Bibiane), née le 8 mars 1863, décédée le 1er juin 1905». *(Coll. du Musée historique acadien de Miscouche, I.P.E. Photo. A.F.U.L., topo. Jean-Claude Dupont, 35).*

44. Coll. Jean-Claude DUPONT, doc. ms. 8756-B 47 (195).

Non seulement le mort a-t-il la faculté d'apparaître, mais aussi de pouvoir jeter des sorts. On prétend
souvent que la personne décédée peut avertir les ab-
sents au moment de sa mort, de son passage dans l'autre monde:

> Mon père nous assure avoir entendu sa cousine, qui
> était mourante depuis plusieurs jours, l'appeler le jour
> de sa mort. Il a reconnu sa voix et s'est demandé
> comment cela se faisait, puisqu'elle n'était pas morte...
> Tout de suite, il s'est dit: «Rose est morte»[45].

Les lieux d'apparition sont des plus variés, mais la
maison hantée semble l'endroit privilégié.

La forme que prend le fantôme est imprévisible;
elle peut être celle d'un homme sans tête, d'un chien
noir, du diable lui-même, etc.[46].

Pour faire disparaître un *revenant**, il s'agit entre
autres de faire du bruit, de prier, ou de lancer un objet
vers le corps immatériel[47].

On dit volontiers qu'un mort peut revenir si on a
besoin de lui pour régler un différent familial. C'est
généralement le plus proche parent qui se charge de
provoquer ce retour sur terre et c'est le plus souvent
lors d'un rêve que les conseils sont donnés. On prétend
que les prêtres ont le pouvoir de faire *revenir les morts**
et que certains prêtres ont effectivement exercé ce
pouvoir.

---

45. Coll. Jean-Claude Dupont, doc. ms. 1293-S (245, 244).
46. *Ibid.*, doc. ms. 8751-A 545 (44); 8752-A 41 (44); 8753-A 304 (195);
8754-A 40 et A 4 (76).
47. *Ibid.,* doc. ms. 8751-A 545 (44).

TROISIÈME PARTIE

Le cycle folklorique de l'année

Cette rubrique est réservée aux faits coutumiers et aux croyances populaires qui se rattachent aux fêtes religieuses et profanes du calendrier, de même qu'à certains gestes traditionnellement liés à l'année solaire ou aux saisons. J'ai donc intégré à cette description les travaux particuliers rattachés aux différents moments de l'année. La présentation suit celle de l'année liturgique romaine, en commençant par l'Avent. La plupart du temps, quand il s'agit d'une fête populaire, nous mentionnons les éléments de composition comme le masque, le défilé, le repas, les chants, les danses, etc.

I LE CYCLE DE L'HIVER

a) *Notre-Dame-des-Avents (8 décembre)*

Le 8 décembre, fête de l'Immaculée-Conception, prend surtout le nom de la *Notre-Dame-des-Avents*. Cette fête religieuse, jadis fête fériée, coïncide avec la *bordée des Avents**, qui est suivie de température froide. Quand la *bordée des Avents** est tombée, on peut tuer les animaux: porcs, bœufs, volailles, etc., parce que la température s'est assez refroidie pour que la viande gèle. Pour ce faire, on avait soin de placer la viande dans le *carreau d'avoine**, dans des barils remplis de neige, ou directement dans une *cache** en bois ou en tôle enterrée dans un *banc de neige**.

b) *L'avent.*

Les gens du peuple n'utilisent que le pluriel en parlant de cette période de l'année, ils disent *les Avents**.

Le temps de l'avent est une période de pénitence et de prière. Les traditions relatives à cette période de l'année consistent surtout en des pratiques religieuses faites en vue d'obtenir des faveurs spéciales. C'est un temps d'arrêt pendant lequel la pénitence remplace les divertissements. Il ne faut pas danser, ni jouer aux cartes[1], encore moins célébrer un mariage.

Les *chapelets de l'Avent** sont probablement les pratiques les plus répandues. Entre le 8 et le 25 décembre, la récitation de quatre-vingts-dix chapelets as-

---

1.   Coll. Jean-Claude DUPONT, doc. ms. 359-M 20 (4); 361-T 8 (4).

sure l'obtention d'une faveur spéciale, généralement gardée secrète et formulée par la personne concernée[2].

La pratique des «soixante-sept chapelets» est semblable à la précédente. Elle consiste à répéter trois fois l'invocation: «Divin Enfant venez naître dans mon cœur». À la place du «Gloire soit au Père», on dit: «Doux Enfant de Bethléem, que j'aime, que j'adore, venez naître dans mon cœur». Ce type de *chapelet de l'Avent** favorise l'obtention de deux ou trois faveurs spéciales[3].

Le *chapelet des quatre mille Ave** du temps de l'Avent est semblable au précédent; il faut répéter sur chacun des grains: «Venez Seigneur Jésus, ne tardez pas». Comme pour les autres formes décrites plus haut, le *chapelet des quatre mille Ave** doit être terminé avant le 25 décembre et il assure l'obtention de trois faveurs spéciales[4].

Une tradition qui existe encore est celle de la *couronne de l'Avent**. Celle-ci consiste en deux pièces de bois fixées en croix et trouées à chacune des extrémités. Cette couronne à laquelle on fixe quatre chandelles symbolise les quatre dimanches de l'Avent. Le premier dimanche, le père allume une chandelle; le deuxième dimanche, c'est l'aîné des garçons qui le fait; il est imité le troisième dimanche par la mère et c'est l'aînée des filles qui allume la quatrième chandelle le dernier dimanche de l'Avent[5].

En parlant de la température, on dit toujours: «*Avents** froids, hiver doux» et «*Avents** qui arrivent en lion, hiver qui se passera en mouton».

c) *Noël (25 décembre)*

Une légende raconte que le soir précédent le jour de Noël, il ne faut pas aller dans la *tasserie** de foin,

---

2. Coll. Jean-Claude Dupont, doc. ms. 465-M 20 (76).
3. *Ibid.*, doc. ms. 2591-M 20 (173).
4. *Ibid.*, doc. ms. 2590-M 20 (227).
5. *Ibid.*, doc. ms. 2589-M 20 (30).

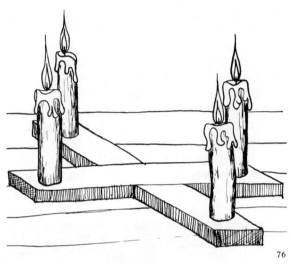

76

Croix de l'Avent décorée de ses quatre chandelles. On
en allumait une chaque dimanche de l'Avent.

car s'il arrivait que l'on aperçoive la lune entre les
planches de la grange: ce serait là l'assurance d'une *petite année**: les récoltes seraient mauvaises et les animaux malades. De plus, il ne faut pas que le maître
aille dans l'étable pendant la messe de minuit, car c'est
à ce moment que les animaux parlent entre eux, et ils
ne veulent pas être dérangés. Le maître qui ne respecte pas cette croyance risque de mourir pendant
l'année[6]. On raconte qu'un cultivateur entra dans son
étable pendant la messe de minuit et entendit deux
chevaux parler ensemble: «Qu'est-ce que tu feras demain» dit l'un des chevaux. L'autre répondit: «Demain
je vais reconduire mon maître en terre». La légende
rapporte que le cultivateur mourut le soir même.

Pendant le semaine qui précédait le jour de Noël,
les enfants décoraient le *sapin** avec des étoiles et des

6.   Anselme CHIASSON, cap., *Chéticamp, histoires et traditions acadiennes,* p. 207.

cœurs taillés dans du carton et recouverts de papier de plomb ayant servi à l'emballage commercial du thé. On faisait des guirlandes en enfilant des *pommettes**, ou des *pommes de prés**, ou du *blé d'Inde** grillé. On façonnait aussi des chaînes de papier-pâte: les mailles étaient constituées, de papier rouge, blanc et bleu et en y alternait les couleurs. On mettait les cartes de Noël dans l'arbre à mesure qu'elles arrivaient[7], mais elles se faisaient rares avant les années 1900. Si quelqu'un de la maison était décédé dans l'année, on ne *faisait pas de sapin**, ou bien on ne le décorait qu'avec du bleu ou du vert[8].

77

Couronnes de Noël tressées à la façon traditionnelle de la Louisiane avec de l'écorce d'épis de maïs et des retailles de tissu de coton de différentes couleurs. (*Photo prise lors du festival de l'artisanat au Lafayette Natural History Museum and Planetarium, Lafayette, Louisiana, 26 octobre 1975. Photo des A.F.U.L., topo. Jean-Claude Dupont, 2566*)

7. Coll. Jean-Claude DUPONT, doc. ms. 2586-M 320-327-328 (158, 162).
8. *Ibid.*, doc. ms. 8815-T 368 (31).

Chez les anciens Acadiens, le mets traditionnel du réveillon de Noël était surtout le rôti de *pirouine**[9].

Cependant, les informateurs soulignaient que la nourriture a une importance toute spéciale pendant la période de Noël et qu'ils en profitent pour préparer, selon les lieux, la *cipaille**, la *pâte en pâte**, le *chiard à la viande boucanée**, le *pâté de famille**, le *fricot acadien**, le *fricot du Cap-Breton**, le *râpé**, le *mioche**, la *tourtière**, les *poutines râpées**, etc. C'est le *temps de la viande**, les boucheries viennent tout juste d'être faites.

*La cipaille**

Ce pâté consistait jusqu'au début du XXe siècle, en six pâtes superposées séparant des rangs de viande de différents poissons. De nos jours, la *cipaille** est surtout constituée de pâtes et de viande d'animaux. Dans la *cipaille** *de viande de bois** (*orignal**, chevreuil, *perdrix**, lièvre), on met un peu de poulet pour *adoucir la viande de bois**. On dit que la *viande étouffée** utilisée dans la *cipaille**, donne mal au ventre. La *cipaille** se cuit au four[10].

*La pâte en pâte**

Cette préparation est semblable à la précédente, mais on commence par mettre un premier rang de *patates* dans le fonds du récipient, puis on ajoute un rang de morceaux de viande. On recouvre la viande d'un autre rang de patates, d'oignons tranchés, et d'un peu de sel et de poivre. On place des lanières de pâte à tarte sur le dessus de cette préparation. Si le chaudron est suffisamment haut on recommence toutes les étapes précédentes. Il faut recouvrir d'eau chaude et cuire pendant quatre ou cinq heures dans un chaudron fermé sur le poêle[11].

---

9. *Ibid.*, doc. ms. 9052-T 42 (222).
10. *Ibid.*, doc. ms. 2574-M 44 (277); 2576-M 44 (277).
11. Coll. Jean-Claude DUPONT et Marie LEBLANC, doc. ms. 4-T 42, Inf. Marie LEBLANC, Moncton, 1973, A.F.U.L.

Le chiard à la viande boucanée*:

Ce mets à la viande se prépare ainsi: on étend des tranches de *viande boucanée** dans le fonds d'une casserole, et on les recouvre de patates râpées crues auxquelles on a mélangé des petits morceaux de *viande boucanée**. On ajoute ensuite de la *poudre à pâte** et du sel, et on recouvre le tout de tranches de *viande boucanée**. La cuisson se fait au four[12].

Le chiard aux patates*:

Un mets semblable au précédent est appelé *chiard aux patates**, et il se prépare de la façon suivante: Couper des pommes de terre en fines tranches; ajouter des carottes, des oignons et des petits cubes de lard salé. (On peut aussi mettre des restes de viande vers la fin de la cuisson). On fait bouillir dans un chaudron fermé placé sur le poêle[13].

Le fricot acadien*

Le *fricot** est un ragoût généralement à base de viande de lièvre; mais parfois aussi de porc et de bœuf. Il s'agit de faire bouillir la viande (en cubes) assaisonnée d'un peu d'oignon pendant une heure. On ajoute des cubes de patates, de carottes et de navets. On *roule des galettes** (pâte sans sucre), et on les jette sur le dessus de la préparation. On fait cuire pendant une heure et demie[14].

Le fricot du Cap-Breton*

On met à bouillir un petit poulet dans deux pintes (environ 2 litres) d'eau contenant un peu de sel, d'oignon et de sariette. On ajoute une livre et demie (0,7 kg) de bœuf, ou d'agneau, ou les deux viandes à la fois (maigre et sans os). Lorsque le poulet est tendre, on recouvre de tranches de patates et de *galettes de pâte**. Il s'agit en-

---

12. Coll. Jean-Claude DUPONT, doc. ms. 2573-T 42 (210).
13. Coll. Jean-Claude DUPONT et Gaston AUCOIN, doc. ms. 25-T 42, Inf. Marie-Thérèse AUCOIN, 45 ans, Cross-Point, Inverness, N.-É., 1973, A.F.U.L.
14. Coll. Jean-Claude DUPONT, doc. ms. 5173-T 42 (171); 2572-T 42 (210), Coll. Jean-Claude DUPONT et Gemma HÉBERT, doc. ms 9-T 42 Inf. Gemma HÉBERT, Moncton 1973, A.F.U.L.

suite de recouvrir et de faire cuire encore pendant vingt minutes[15].

Le râpé*

Un autre mets populaire en Nouvelle-Écosse est le *râpé** également désigné sous le nom de *pâté à la râpure**: Râper douze patates crues et faire cuire quatre autre patates entières. Piler ces dernières dans l'eau de cuisson et mélanger avec la râpure des douze premières patates. Ajouter cette préparation à des cubes de viande de porc et de poulet, et faire bouillir pendant quinze minutes. Mettre un peu de sel et de l'eau au besoin. Retirer du feu au bout de quinze minutes[16].

Cette dernière recette varie selon la région, et elle se retrouve aussi sous la forme suivante: Découper une grosse volaille bien grasse, ajouter de l'oignon, du sel et du poivre, et cuire en recouvrant d'eau. Râper à peu près six livres (2,7 kg) de patates, bien égoutter le râpure. Faire une pâte avec une partie de la râpure et le liquide de cuisson du poulet, et la recouvrir avec de la viande désossée du poulet. Ajouter du lard si le poulet n'est pas assez gras. Étendre sur la viande le reste de la râpure. Cuire au four pendant deux heures[17].

Le mioche*

Cuire du navet et des patates et piler tout en mélangeant. Faire rôtir des grillades de porc salé et un oignon tranché. Mélanger le tout et manger avec des betteraves vinaigrées[18].

La tourtière ou ragoût français*

Préparer des abaises de pâte de la même façon qu'on le fait pour des pâtés, et mettre entre deux pâtes une rangée de petits cubes de patates. Recouvrir d'une pâte, et

---

15. Coll. Jean-Claude DUPONT et Angèle E. ROBICHAUD, doc. ms. 10-T 42, Inf. Ida MAILLET, 61 ans, Bouctouche, 1973, A.F.U.L.
16. Coll. Jean-Claude DUPONT et Madeleine LEBLANC, ms. 43-T 42, Inf. Madame Albert SAVOIE, 57 ans, Moncton, 1973, A.F.U.L.
17. Coll. Jean-Claude DUPONT et Marie LEBLANC, doc. ms. 10-T 42, Inf. Marie LEBLANC, Moncton 1973, A.F.U.L.
18. Coll. Jean-Claude DUPONT et Marielle LEBLANC, doc. ms. 12-T 42, Inf. Georges LANDRY, 58 ans, Paquetville, N-B., 1973, A.F.U.L.

mettre une couche de morceaux de viande. Terminer en recouvrant d'une troisième pâte. Mettre cuire au four[19].

Le pâté de famille*

La cuisinière tapisse l'intérieur (fond et côté) d'un chaudron de fonte avec de la pâte; puis elle y met des petits morceaux de patates et de viande de porc. Il faut ensuite recouvrir ce mélange crue d'une grande pâte à tarte et y ajouter un peu d'eau. On fait cuire pendant trois heures et demie dans un four modéré (300 degrés). Il ne faut pas ouvrir le chaudron pendant les deux premières heures de cuisson pour ne pas faire *caler la pâte*[20].

Les poutines râpées*

Les *poutines râpées** sont probablement le mets le plus populaire parmi ceux décrits précédemment; on peut même le qualifier de mets traditionnel des Acadiens du sud du Nouveau-Brunswick:

Pour une famille de huit à dix personnes on utilise dix livres (4,5 kg) de patates; on en râpe le trois quart et on fait cuire le reste qu'on pile ensuite. Enlever le jus de la râpure et mélanger cette dernière avec les patates pilées en ajoutant une cuillère à thé de sel. Faire des cubes de lard salé cru en utilisant une livre et demie (0,7 kg) de lard. Préparer des boulettes avec le mélange de patates et insérer dans chacune d'elle un ou deux cubes de lard salé. Mettre bouillir pendant une heure et demie dans de l'eau contenant une cuillère à thé de sel[21].

On profite aussi du *temps des fêtes** pour faire des pâtisseries. La *catin de pâte**, que l'on donnait aux petites filles le matin de Noël, consistait en une pâte cuite

19. Coll. Jean-Claude DUPONT et Annette GAUDET, doc. ms. 18-T 42, Inf. Euzèbe DOIRON, 81 ans, ROBICHAUD, N-B., 1973, A.F.U.L.
20. Coll. Jean-Claude DUPONT, doc. ms. 2577-T 42 (277).
21. *Ibid.,* doc. ms. 2582-T 42 (210); 2587-T 42 (200, 204).
    Pour plus de recettes acadiennes voir; Anonyme, *La cuisine Acadienne* 154 p.

Le matin de Noël, les petites filles pouvaient trouver dans leur bas une *catin de pâte** cuite par leur mère.

78

ayant la forme d'une poupée et mesurant généralement un *pied* (0,9 m) de longueur. La pâte est semblable à celle du *pain sucré**[22]. Dans le *temps des fêtes** on déguste des *poutines en sac**, dessert de pâte sucrée, riche en gras:

> 2 tasses de farine,
> Un peu le *soda à pâte**,
> De la *poudre à pâte**,
> 1 ou 2 œufs,
> 3/4 de tasse de sucre,
> 1/2 livre de graisse.

> On étend la pâte en forme de rectangle, et on y met dessus, selon le goût, des morceaux de pommes et de raisins secs, ou encore seulement de la confiture de fraises, ou de framboises, ou de *bleuets**. On relève les coins de l'abaisse pour bien recouvrir la confiture, et on place cette pâtisserie en forme de boule dans un sac de coton blanc. Il faut coudre le sac pour bien emprisonner la pâtisserie, et le faire bouillir pendant deux heures dans un chaudron fermé. Lorsque le mets est cuit, on le développe et on le coupe en tranches.

---

22.   Coll. Jean-Claude DUPONT, doc. ms. 2585-M 329 (76).

273

Généralement, on recouvre ce dessert de mélasse, ou de *sauce douce** :

1 tasse de sucre blanc,
Une pincée de sel,
2 cuillère à thé de fécule de maïs,
1 cuillère à thé de vinaigre ou d'essence de vanille.

Ajouter de l'eau bouillante pour éclaircir la préparation et laisser bouillir pendant quelques minutes [23].

La *bourrique de pêcheur** que l'on préparait en tout temps de l'année, semble, selon les informateurs, avoir souvent figuré parmi les pâtisseries du *temps des fêtes**. La préparation de cette pâtisserie est la suivante :

4 tasses de farine,
8 c. à thé de *poudre à pâte*,
1/2 c. à thé de sel,
1/4 de livre de graisse,
1 1/2 tasse d'eau froide.

La pâte une fois étendue est beurrée et recouverte de sucre d'érable ou de sucre brun (cassonade) et saupoudrée avec de la muscade. Elle est ensuite enroulée et découpée par tranches d'un pouce et demi (4 cm) d'épaisseur. On place ensuite ces *galettes** dans une casserole contenant une tasse d'eau chaude et une tasse de sucre blanc, et on met au four [24].

Les mets acadiens ont parfois fait l'objet de chansons; la version suivante qui fait mention de *poutines râpées**, de crêpes au sarrasin, de *soupe aux pois**, etc., appartient au droit populaire. Elle servait surtout à taquiner les gens de Cocagne, de Saint-Anselme, de Cap-Pelé, de Barachois, etc. :

23. Coll. Jean-Claude DUPONT et Roger-Paul LEBLANC, doc. ms. 22-T 42, Inf. Rose-Ida LEBLANC, 61 ans, Village de Malakoff, 1973. et Coll. Jean-Claude DUPONT et Gérard CAISSIE, doc. ms. 17-T 42, Inf. Madame Aldéric LEBLANC, 70 ans, Sainte-Anne de Kent, N-B., 1973, A.F.U.L.
24. Coll. Jean-Claude DUPONT et Rhéal ALLAIN, doc. ms. 1-T 42, Inf. Ida MAILLET, 61 ans, Bouctouche N.B., 1973, A.F.U.L.

Les mets des Acadiens

1.

Si vous voulez m'écouter mes bons amis,
Et tous ceux qui ont bon appétit,
Restez en Acadie, Ah! oui restez-y,
On dit de quoi à manger il y en a assez.

2.

Si vous voulez manger de la bonne soupe aux pois,
Allez à Memramcook, allez-y croyez moi,
Et là vous en mangerez à tous les repas,
Que vous l'aimiez ou que vous l'aimiez pas.

3.

Si vous voulez manger des crêpes au sarrasin,
Allez à Saint-Anselme le dimanche au matin,
Vous verrez les femmes la poêle à la main,
Vous *éventerez** la graisse jusque dans le champ.

4.

Si vous voulez manger des *poutines râpées**,
Allez au Cap-Pelé et vous en mangerez,
Il y a pas bien longtemps je suis allé me promener,
Et j'en ai tant mangées, que j'ai manqué *boster**.

5.

Si vous voulez manger du bon petit hareng,
Allez au Barachois où ils en prennent tous les jours,
Par là ils n'ont pas d'arêtes dans les dents,
Ils les avalent tout rond comme font les goélands.

6.

Si vous voulez manger un bon repas de poisson,
Allez à College Bridge pendant les mois d'hiver, ils en
ont tant salé,
C'est bien de leurs affaires ils en ont tant mangé,
Qu'ils ont tous le nez de travers.

7.

Si vous voulez manger un bon repas de viande,
Ah! je vous en prie n'allez pas à Cocagne,
Car les cochons de là sont dans la souffrance,
Ils font le tour de la grange en s'étirant la langue[25].

Le matin de Noël, les enfants qui ont été dissipés
pendant l'année, trouvent des friandises dans leur bas;

---

25. Coll. Jean-Claude DUPONT, doc. ms. 2737-T 42 (129).

mais aussi un deuxième bas contenant des patates pourries, du charbon de bois, ou des crottes de mouton[26].

d) Les ajets (26 décembre au 7 janvier)

La *période des fêtes** comprise entre Noël et les Rois, était réservée aux réjouissances familiales.

Le 26 décembre est le premier jour des *ajets** ou *journeaux**, les douze jours les plus courts de l'année. Cette période comprise entre Noël et les Rois, renseigne sur le temps qu'il fera pendant la nouvelle année, puisque chacun de ces douze jours représente par ordre un des mois de l'année. S'il neige le 26 décembre, il neigera souvent en janvier; s'il fait froid le 27 décembre, le mois de février sera froid, etc.

e) La Vieille Année ou la saint Sylvestre (31 décembre)

Le 31 décembre au soir, pour fêter ce que les vieux Acadiens appellent la saint Sylvestre ou la *Vieille Année** on *enterrait l'année** qui venait de se terminer. C'était l'occasion d'un *souper** au *fricot* et aux *poutines râpées**. Pendant la soirée, on racontait tous les tours joués au cours de l'année. On était assez triste jusqu'à minuit de dire les informateurs[27], mais sitôt minuit sonné, on fêtait l'arrivée de l'an nouveau. Afin que l'année nouvelle naisse, il fallait *battre la Vieille Année**. Cette coutume consistait en un jeu masqué qui se déroulait ainsi: tout juste avant minuit, un jeune homme se costumait en vieille femme et sortait à la sauvette. Il battait les quatre coins de la maison et le four à pain, s'il y en avait un[28], puis il rentrait dans la maison. Là, c'était à qui batterait la *Vieille Année** (la

26. Coll. Jean-Claude DUPONT, doc. ms. 8874-M 329 (24, 193).
27. *Ibid.,* doc. ms. 2591-M 20 (173).
28. Jean-Claude DUPONT, *Le pain d'habitant,* traditions du geste et de la parole I, p. 83.

79

Le 31 décembre, jour de la Saint-Sylvestre, pour *battre la Vieille Année*,* le soir venu, un homme costumé avec de vieilles *hardes** de femmes, frappait les coins de la maison avec une *palette à cochon**.

personne costumée) pour la tuer. On prétend que celui qui *tuait la Vieille Année** avec une *palette** pour détremper la *bouette** des cochons, serait chanceux le reste de l'année; de plus, il était assuré d'être vivant pour fêter la *Vieille Année** une autre fois encore[29]. Celui qui se costumait allait parfois frapper à la porte des maisons voisines, pour se faire tuer à coups de bâtons[30].

Aux Îles-de-la-Madeleine à l'occasion de cette fête populaire qu'on appelle *courir le cul de l'an**, on se rendait chez les voisins marquer à la craie la nouvelle année, c'est-à-dire, tracer des marques à la craie sur les portes des maisons. Les jeunes gens qui se déguisaient attachaient l'un d'entre eux avec de la corde et le traînaient en faisant semblant de le battre[31].

29. Coll. Jean-Claude DUPONT, doc. ms. 2598-M 332 (148).
30. *Ibid.,*
31. Anselme CHIASSON, cap., *La vie populaire des Madelinots,* C.E.A., U. Moncton, man., p. 37-38.

En Nouvelle-Écosse, les jeunes Acadiens se réunissaient en bande et avec des bâtons, frappaient contre les maisons pour *tuer la Vieille Année**. On dit que les enfants ne voulaient pas se coucher, ce soir-là, avant d'avoir entendu *battre la Vieille Année**[32].

Dans le nord du Nouveau-Brunswick, on *tuait la Vieille Année** en se plaçant dans l'embrasure de la porte ouverte et en tirant trois coups de fusil en l'air ou dans la tête des arbres[33].

Cette nuit-là, à minuit sonnant, une jeune fille allait *balayer la step** de la porte d'entrée de la maison. On prétendait qu'elle verrait apparaître son futur mari[34].

Dans le sud du Nouveau-Brunswick, pendant la soirée, quelqu'un sortait déposer un petit sac d'argent. Après minuit on allait le chercher, pensant qu'ainsi on ne manquerait pas d'argent durant l'année[35].

Comme pour les autres occasions où l'on mangeait en groupe et ou on s'amusait, on mettait des boutons de différentes couleurs dans les *poutines râpées**. Ceux qui les trouvaient devenaient objets de railleries.

Chez les jeunes Acadiens, on parle encore de *tuer la Vieille Année** mais on n'en connaît plus le jeu. On *tue* ou *enterre la Vieille Année*[36], pensant que l'on fait allusion à une vieille femme prénommée Annie.

f) *Le jour de l'An* (1er janvier)

La nouvelle année est à peine vieille de six heures que déjà la superstition s'attache à elle. Il est de bon augure que la première personne étrangère qui fran-

---

32. Coll. Jean-Claude DUPONT et Marielle Y. GODIN, doc. ms. 17-M 332, Inf. Madame Hélène BROUSSARD, 80 ans, Moncton, 1973, A.F.U.L.
33. Coll. Jean-Claude DUPONT, doc. ms. 2588-M 332 (166).
34. *Ibid.*, doc. ms. 2597-M 332 (129).
35. *Ibid.*, doc. ms. 2587-M 332 (188, 214).
36. *Ibid.*, doc. ms. 2599-M 332 (148).

chisse le seuil de la porte pour venir souhaiter la bonne année ce matin-là, soit un enfant de sexe masculin ou tout au moins un jeune homme[37]. Avec l'homme aux cheveux blancs entre la malchance dans la maison. La jeune fille et la femme amènent la maladie et la mort[38]. Pour que les enfants des voisins viennent tôt ce jour-là, on les attirait en leur préparant des bonbons et des fruits. Un informateur rapporte qu'étant enfant, il recevait de son voisin *vingt-cinq sous* pour aller franchir très tôt le seuil de sa porte le jour de l'An. Ce jour-là, la femme n'entrera pas la première dans l'église[39]. Cependant, elle se préparera une année de chance si elle étrenne une pièce de vêtement neuf[40].

Quant aux fillettes, elles se sentaient frustrées, de ne pouvoir aller les premières frapper aux portes pour souhaiter la bonne année.

La bénédiction paternelle n'aurait point été une coutume très répandue, puisque peu de témoignages en font état. Cependant voici ce qu'en dit un informateur:

> Chez nous on avait la bénédiction paternelle; c'est le plus vieux des garçons qui la demandait. Le père de famille bénissait et faisait des souhaits. Un père avait souhaité à son fils de se marier car il avait déjà vingt-sept ans. Dans l'année il a trouvé une épouse[41].

Chez les Acadiens de la région de Madawaska, Julie D. Albert raconte que le père de famille traçait, de sa main, une croix sur le front de ses enfants[42].

Le jour de l'An prenait allure de fête assez vite, surtout après le *souhait** de «Bonne et heureuse année

---

37. Coll. Jean-Claude DUPONT, doc. ms. 2593-M 352 (227); 2591-M 352 (173).
38. *Ibid.*, doc. ms. 2594-M 352 (227); 2592-M 352 (198).
39. *Ibid.*, doc. ms. 9049-M 352 (114).
40. *Ibid.*, doc. ms. 9048-M 352 (187).
41. *Ibid.*, doc. ms. 545-M 35 et M 351 (306).
42. *Op. cit.*, p. 108.

et le paradis à la fin de vos jours». On prenait des vins domestiques, *vins de bleuets**, de betteraves, de pissen-lits, etc. Les souhaits étaient des plus variés, allant des plus sérieux aux plus comiques: «Bien de la santé, puis un enfant dans le courant de l'année», ou encore «Bonne année, grand nez» et «Pareillement, grand dent».

g) *Le jour des Rois* (6 janvier)

Dans le nord du Nouveau-Brunswick, la veille des Rois donnait lieu à une fête populaire pendant laquelle deux vieillards, un homme et une femme, que le sort avait désignés, devenaient le roi et la reine de la veil-lée. Au début de la soirée, ces deux personnes de-vaient descendre des tréteaux sur lequels ils avaient pris place et danser une gigue simple. Ensuite, ils donnaient des punitions aux gens de la fête: embrasser telle personne; faire tel jeu, etc.:

> On pouvait, par exemple, exiger d'un garçon qu'il *fasse le gibou**, jeu populaire en tout temps: il s'agrippait avec ses bras et ses jambes à un bâton placé horizontalement sur les épaules de deux compagnons et les gens de l'as-sistance essayaient de l'y déloger[43].

On se divertissait de différentes manières jusqu'à minuit, se réservant un moment pour manger les vic-tuailles recueillies lors d'une quête faite le jour. On pouvait marcher sur une distance de vingt *milles* (32 km) pour se rendre fêter[44].

La veille des Rois, la jeune fille désireuse de connaître son futur mari cachait une de ses jarretières sous son oreiller. En se mettant au lit, elle récitait la prière suivante:

---

43. Coll. Dominique GAUTHIER, doc. son. 332, Inf. Jos-T. BULGER, 74 ans, Le Goulet, Shippagan, N-B., 1953, A.F.U.L.
44. Coll. Dominique GAUTHIER, doc. son. 333, Inf. Jos-T. BULGER, 74 ans, Le Goulet, Shippagan, N-B., 1953, A.F.U.L.

Ô grand saint François!
C'est aujourd'hui la veille des Rois,
En mettant le pied sur ce bois,
Je te prie de me faire voir cette nuit,
Celui que je dois avoir pour mari[45].

À cette même occasion la jeune fille peut aussi saluer la lune par trois fois, sans rire, en disant: «Belle lune, je te salue». La lune prenait alors les traits du futur[46].

Il y avait autant de réjouissances pour le jour des Rois que pour le jour de l'An et il était surtout marqué par le repas des Rois. À cette occasion, on préparait un gâteau qu'on nommait dans certaines régions la *galette des filles**. En préparant cette *galette**, on y mettait un pois, une fève et une bague. La jeune fille qui trouvait le pois deviendrait religieuse, celle qui découvrait la fève resterait vieille fille, tandis que celle qui trouvait la bague se marierait dans l'année[47].

Le soir, c'était la veillée de *poutines râpées**. Dans l'une des boulettes de patates, on cachait un bouton. La personne qui trouvait ce bouton serait la première à se marier[48].

Le jour des Rois on disait: «Aux Rois, les *jours allongent** d'un pas d'oie»[49].

h) *La chandeleur* (2 février)

La chandeleur, le 2 février, est une journée importante dans la météorologie populaire; elle révèle s'il y aura abondance ou rareté de nourriture pour le reste de l'année. Ce jour-là, le *siffleux**, appelé aussi *cochon de terre**, sort de son terrier pour regarder si l'hiver est fini et s'il fait soleil, l'animal en voyant son ombre aura

45.   Jay K. DITCHY, *op. cit.*, p. 264.
46.   *Loc. cit.*
47.   Coll. Jean-Claude DUPONT, doc. ms. 2585-M 329 (76).
48.   *Ibid.*, doc. ms. 2569-T 42 et M 382 (76).
49.   *Ibid.*, doc. ms. 8852-S (181).

peur. Il rentrera alors se cacher pour ne ressortir qu'au bout de quarante jours et pendant tout ce temps, il fera mauvais[50]. On se console vite cependant, car c'est aussi l'annonce d'une grosse récolte pour l'été qui vient[51].

Le jour de la chandeleur, si les barils de *fleur**, de lard, de beurre, de poisson, etc., sont vidés plus que de moitié, on aura de la difficulté à *croiser** avec la prochaine provision. «À la chandeleur, regarde dans le *quart à fleur**» ou «À la chandeleur, demi-cave et demi-grenier»[52] a-t-on l'habitude de dire.

Il en est de même pour la nourriture des animaux: «À la chandeleur, les *tasseries** de foin doivent être encore hautes»[53].

Le jour de la chandeleur, il faut faire des crêpes à la farine de blé dans le poêlon: «Si tu manges *pas* de crêpes de blé le jour de la chandeleur, t'auras *pas* de blé aux prochaines récoltes[54]; de plus, si elles *prennaient au fond** le blé serait noir cette année-là. Il fallait aussi conserver une crêpe pour le *blé de l'année**, c'est-à-dire qu'on ne mangeait pas la dernière de peur de manquer de farine avant la fin de l'année[55]. Les gens qui ne faisaient pas de crêpes ce jour-là, devenaient la cible des *faiseurs de tours** qui voulaient les punir. Un de ces tours consistait à faire brûler le fond du poêlon. On entrait dans la maison en groupe et on entourait le poêle; puis on mettait le poêlon sur le feu sans y mettre de gras. Les gens de la maison ne se rendaient pas compte que le fond de leur poêlon brûlait et le lendemain, la nourriture y adhérait[56].

50. Coll. Jean-Claude Dupont, doc. ms. 398-M 43 (255); 399-M 43 (173).
51. *Ibid.*, doc. ms. 371-M 43 (35); 378-M 43 (318, 295); 381-M 43 (218).
52. *Ibid.*, doc. ms. 394-M 43 (266).
53. *Ibid.*, doc. ms. 370-M 43 (214).
54. *Ibid.*, doc. ms. 378-M 43 (295, 318).
55. *Ibid.*, doc. ms. 382-M 43 (299).
56. *Ibid.*, doc. ms. 378-M 43 (295, 318); 527-M 43 (273).

C'était aussi le jour pour *courir la chandeleur**[57]. Les hommes se fabriquaient un *scoache**, sorte de cabane faite de couvertures de laine et fixée sur un traîneau tiré par un cheval. Les hommes masqués se cachaient dans cette voiture et allaient d'une maison à l'autre. En arrivant devant chaque porte, ils sortaient en sonnant des clochettes à vache et à cheval et en soufflant dans des *borgos**. Les gens de la maison les entendant arriver prêtaient l'oreille à leur chant:

> C'est madame la mariée,
> Qui n'a pas encore *dîné**,
> La viande de la cave,
> La farine dans l'grenier.

Une version complète de cette chanson de quête pour le jour de la chandeleur est présentée dans *Chansons d'Acadie* par les Pères Anselme et Daniel, capucins (2e recueil, p. 25):

*L'Escaouette**

> C'est monsieur l'marié et madam' marié', (bis)
> C'est monsieur, madam' mariés (bis)
> Qu'ont pas encore *soupé** (bis).
>
> Un p'tit moulin sur la rivière,
> Un p'tit canot pour passer l'eau.
> Le feu sur la montagn' *boy run**, *boy run**,
> Le feu sur la montagn', *boy run away**.
> J'ai vu le loup, le r'nard, le lièvre,
> J'ai vu la grand' cité sauter.
> J'ai foulé ma couvert' couvert', vert' vert',
> J'ai foulé ma couvert' *couverte** aux pieds.
>
> Aouenne*, *aouenne**, guenille,
> Ah! *rescou'** ta guenille.
> *Aouenne*, *aouenne*, *aouenne*, *nipaillons!**
> Ah! *rescou'* tes *brillons**.
> *Tibounich*, *Nabet*, *Nabette*!
> *Tibounich*, *Nabat!**

---

57. Arthur LEBLANC, *La Chandeleur chez les Acadiens de l'île du Cap-Breton,* Univ. Laval, Thèse de M. ès Arts, 1954, 109 p. man.

Une note, en bas du texte, précise que «Le groupe, à l'exception du chef, était masqué. Et l'on devait danser sur demande. En rond, l'un derrière l'autre, avec les mains sur les épaules du précédent, on sautait à pieds joints, aux coups cadencés de la canne du chef».

Ils continuaient de chanter en menaçant d'enlever une fille de la maison, si on ne leur donnait pas de la nourriture pour la *quête de la chandeleur**. On acceptait surtout des légumes, de la viande et du sucre.

On n'attendait pas que les maîtres du logis offrent leur part de nourriture, car on commençait aussitôt à courir après les filles qui se cachaient et on faisait mine de vouloir en enlever une.

Il était coutume d'entrer dans les écoles pour enlever la *maîtresse**, et les enfants criaient alors aussi forts qu'ils le pouvaient.

Cette mascarade de la chandeleur était des plus divertissantes. Les *quêteux** apportaient leurs violons et autres instruments de musique, et un des hommes le visage recouvert d'un masque représentant un coq, ou portant un coq au bout d'un bâton[58], montait sur une chaise au milieu de la *place**, tandis que les autres dansaient la ronde autour de lui[59].

La nourriture que l'on recueillait servait à faire un repas pour la soirée de fête de la chandeleur dans une maison désignée à l'avance. (À certains endroits cette soirée avait lieu le lendemain de la chandeleur. On recueillait aussi de la nourriture pour les pauvres. La soirée se passait à manger des crêpes préparées avec de la farine, des *poutines râpées** confectionnées avec le lard et les patates, de la *tire** de neige ou du *tamarin** fait avec le *sucre**. Ce qu'on ne consommait pas était donné à des familles pauvres. Les crêpes de la soirée

---

58.   Coll. Jean-Claude DUPONT et Bernice ARSENAULT, doc. ms. 5-M 43, Inf. Madame Cyrus GALLANT, 77 ans, Urbainville, I-P-E., 1973, A.F.U.L.
59.   Coll. Jean-Claude DUPONT, doc. ms. 376-M 43 (71); 379-M 43 (218).

80

Dans l'Île-du-Prince-Édouard, lorsqu'on faisait la *quête de la Chandeleur**, des hommes masqués se déplaçaient en voiture portant un coq au bout d'un bâton.

de la chandeleur avaient une signification spéciale; on mettait dans la pâte une pièce de *dix sous*, un petit morceau de fer et un de bois, une médaille, un bouton et une petite guenille. Celui qui trouvait le *dix sous* deviendrait riche ou *ferait une bonne année** et celui qui héritait de la guenille vivrait pauvrement[60]; la médaille annonçait une entrée en religion, le fer une vocation de forgeron; le bois désignait un futur menuisier, et celui ou celle qui trouvait le bouton resterait célibataire[61].

La soirée se terminait vers les dix heures du soir. Les enfants fêtaient eux aussi. On appelait *petite chandeleur** la mascarade des enfants, et *grande chandeleur** celle des grands[62].

---

60. Coll. Jean-Claude DUPONT, doc. ms. 380-M 43 (255).
61. *Ibid.,* doc. ms. 388-M 43 (327, 328).
62. *Ibid.,* doc. ms. 368 à 397-M 43 (175, 177, 325, 216, 214, 35, 163, 204, 186, 323, 189, 71, 198, 318, 218, 255, 4, 266, 299, 73, 243, 230, 26, 167, 341, 209, 173, 329, 76, 227, 44, 141).

Dans l'Île-du-Prince-Édouard, les fonds recueillis au cours de la quête de la chandeleur étaient remis aux pauvres. À cet endroit, lors de la quête, on plaçait sur deux longs poteaux, à l'avant du traîneau, deux coqs fraîchement tués; on dit que ces coqs annonçaient le *fricot**[63].

Partout, la chandeleur se terminait par une chanson:

> En vous remerciant,
> Mes biens chers frères (ou mes gens d'honneur)
> D'avoir fourni à la Chandeleur.
> Un jour viendra,
> Dieu vous récompensera.
> *Alleluia! Alleluia!*

On raconte que les curés redoutaient un peu cette fête, où l'on consommait beaucoup de boisson (*crack corn beer**) et où les hommes finissaient souvent la fête par une *bagarre**[64]. On jouait aux cartes (le *pitre**, le *poker**, le *paradis**), on *jouait à la main chaude** : une personne se retourne et on la frappe. Elle doit alors deviner qui est cette main chaude qui l'a frappée. On *pesait le cochon** : il faut courir après une personne, puis lorsqu'on l'attrape, on la jette dans une cuve d'eau[65].

Un dicton rapporte: «À la chandeleur, les jours allongent d'une heure»[66].

i) *La bénédiction des gorges ou la fête de sainte Blaise* (3 février)

Le 3 février, fête de sainte Blaise, toute la famille se rendait à l'église assister à la messe et se faire bénir pour être préservée des maux de gorge pendant l'an-

---

63. Coll. Jean-Claude DUPONT, doc. ms. 392-M 43 (4).
64. *Ibid.*, doc. ms. 396-M 43 (44).
65. *Ibid.*, doc. ms. 391-M 43 (26).
66. *Ibid.*, doc. ms. 8852-S (181).

née. Dans certaines *paroisses**, on distribuait des petits pains bénits, tandis que dans d'autres, les membres de la communauté devaient s'agenouiller à la sainte table et se placer la gorge entre deux chandelles allumées que le prêtre tenait réunies par le bas[67].

Le 12 février, fête de sainte Eulalie, si le soleil brille, il annonce une bonne récolte de pommes pour l'automne suivant[68].

j) *La Saint-Valentin* (14 février)

Le jour de la Saint-Valentin, le 14 février, ce n'était pas la fête des amoureux, mais plutôt celle des enfants qui voulaient s'amuser, et celle des adultes qui saisissaient l'occasion pour s'échanger des insultes.

À l'école, les enfants préparaient des valentins, dessins gentils qu'ils échangeaient entre eux[69]. Les grandes personnes s'occupaient autrement: ils écrivaient des lettres anonymes:

> C'est seulement depuis 1930 qu'on commença à s'échanger des valentins affectueux... avant 1930, c'était toute une autre histoire. Les *valentins** étaient un moyen de se décharger le cœur contre une personne qui nous avait fait quelque tort ou qui ne vivait pas comme elle aurait dû. On s'ingéniait à illustrer par des dessins caricaturés ce qu'on lui reprochait, ou ses défauts, ou ce qui pouvait lui déplaire... c'étaient des adultes qui envoyaient ça. Une partie de l'année se passait ensuite à essayer de découvrir qui était le coupable afin de lui rendre l'équivalent à la prochaine Saint-Valentin[70].

Quand ils tuaient un cochon, les gens des Îles-de-la-Madeleine lui coupaient la queue et la conservaient

---

67. *Ibid.*, doc. ms. 402-M 43 (244).
68. Julie D. ALBERT, *op. cit.*, p. 47.
69. Coll. Jean-Claude DUPONT, doc. ms. 8867-M 433 (166); 8868-M 433 (234).
70. *Ibid.*, doc. ms. 8866-M 433 (108).

pour en faire un valentin. Ce cadeau plutôt original, bien empaqueté, était expédié avec un billet de railleries[71].

Le 14 février, c'est la journée pour *égermer des patates** et les mettre ensuite à la chaleur dans l'étable. Ainsi, au printemps, lorsque le moment de semer les patates arrive, ces pieds de patates pousseront plus vite que ceux provenant de *patates égermées* au moment de faire la plantation. L'été venu, à la grande surprise du voisin, on dira: «on a déjà des patates fraîches à manger». On pourra aussi surprendre les voisins en ayant des pois, des *fèves** et du *blé d'Inde**, bien avant eux. Pour cela, il suffit de faire tremper les graines dans de l'eau pendant une quinzaine de jours avant de les mettre en terre.

k) *Mardi gras*

Le Mardi gras était la dernière occasion de fêter et de manger abondamment avant les quarante jours de jeûne et de mortification (généralement un repas principal et deux demi-repas, mais le vrai jeûne ne comportait journellement que la consommation d'œufs et de poissons pendant quarante jours, c'est-à-dire aucune viande). Dès le lundi, on commençait la fête qui aurait tout son déploiement le jour suivant, soit le Mardi gras. Le *Lundi gras** et le Mardi gras, les classes se terminaient plus tôt pour permettre aux enfants, surtout les plus grands, d'organiser la fête[72]. Ce sont généralement les garçons qui s'habillaient en *Mardi gras**, puisqu'il fallait être assez fort pour se défendre contre ceux qui prenaient plaisir à les démasquer. Les jeunes filles s'habillaient aussi, mais elles le faisaient surtout l'après-midi; si elles participaient à la mascarade pendant la soirée, elles étaient escortées par

71. Anselme CHIASSON, cap., *La vie populaire des Madelinots*, C.E.A., U. Moncton, man., p. 42.
72. Coll. Jean-Claude DUPONT, doc. ms. 406-M 44 (15).

288

leurs amis ou leurs frères. Même ceux qui ne se masquaient pas prenaient plaisir à suivre les *mardi gras** de porte en porte pour les entendre chanter, les voir danser et recevoir des friandises qui consistaient surtout en de la *tire**, des faînes et des noisettes[73].

Le Mardi gras donnait lieu à une fête semblable à celle de la chandeleur. On passait dans les maisons et on recueillait des patates et du lard pour faire des *poutines râpées** lors de la soirée de plaisir qui suivait. Celle-ci avait lieu à l'endroit même où les gens enlevaient leurs masques pour y passer la veillée. Une version que les *quêteurs** chantaient à chaque maison était la suivante:

> C'est monsieur Marier,
> Qui n'a pas encore dîné.
> Va dans ton baril de lard,
> Nous chercher du lard[74].

Les gens de la maison s'empressaient d'entonner un quatrain en réponse:

> *Mardi gras**,
> Va-t-en pas,
> On fera des crêpes,
> Et p'is t'en auras[75].

Les *poutines râpées** de la soirée étaient préparées dans deux grands chaudrons, celui des filles et celui des garçons. On procédait ainsi parce qu'on intégrait des jeux de divertissement à la nourriture, comme on le faisait à la Chandeleur. Il y avait différentes façons de procéder. À certains endroits, chacune des *poutines** qui cuisait dans le chaudron des filles contenait un petit papier sur lequel apparaissait le nom d'un garçon. Dans les *poutines** des garçons, se trouvaient les

---

73. *Ibid.*, doc. ms. 403-M 44 (272).
74. *Ibid.*, doc. ms. 401-M 44 (159).
75. *Ibid.*, doc. ms. 408-M 44 (101).

noms de jeunes filles. Quand arrivait le moment de manger, les noms cachés donnaient lieu à différents jeux. La personne dont on découvrait le nom devait embrasser tel participant, ou encore être soumise à telle punition[76]. Ailleurs, on cachait plutôt un bouton blanc et un bouton noir dans les *poutines râpées** des filles et des garçons. Celui ou celle qui trouvait le bouton blanc se marierait dans l'année, tandis que le bouton noir était le signe du célibat[77].

La soirée du Mardi gras n'était pas complète si on n'avait pas de *tire** à déguster et si les *jeunesses** ne *jouaient pas de tour*. Souvent la *tire** et les tours étaient associés[78]. Les jeunes faisaient de la *tire à la mélasse** et après l'avoir étirée en mèches blondes, ils allaient l'étendre sur la neige pour la refroidir. Les *joueurs de tours** étaient ordinairement trop jeunes pour participer à la soirée et ils demeuraient à l'extérieur de la maison. Ils étendaient des cordes ici et là dans la neige où possiblement les maîtres de la maison iraient mettre de la *tire** et, en tirant sur ces cordes, ils entraînaient la *tire** vers eux et se sauvaient la manger plus loin[79].

Le jour du Mardi gras, il ne fallait pas *aller au bois** parce qu'on s'estropierait avec la hache[80].

La fête du Mardi gras, chez les Acadiens louisianais de la région de Mamou, est bien différente de celle qui se déroule à la Nouvelle-Orléans. Dans cette région rurale du sud de la Louisiane, la fête consiste en une bruyante parade, où les participants, montés à cheval, se rendent à la porte des maisons. Âgés de seize à soixante ans, ils sont au nombre de cinquante à cent. Les *mardi gras** portent un costume très coloré et se mettent en route tôt le matin. Le capitaine du

---

76. Coll. Jean-Claude Dupont, doc. ms. 2575-M 44 (253).
77. *Ibid.*, doc. ms. 405-M 44 (227).
78. *Ibid.*, doc. ms. 404-M 44 (186).
79. *Ibid.*, doc. ms. 410-M 44 (175, 177).
80. *Ibid.*, doc. ms. 409-M 44 (175, 177).

81

Les *mardi gras** de la région de Mamou se mettent en route tôt le matin. *(Photo C-2-5001 fournie par Louisiana Tourist Development Commission, Baton Rouge, Louisiana)*

groupe et son assistant, élus lors d'une réunion le soir précédent, sont les seules personnes du groupe qui ne soient pas masquées. Le capitaine se place à la tête du défilé: c'est une personne bien connue qui joue un rôle important au point de vue politique, religieux, ou autres. S'il ne porte pas le masque, c'est qu'il veut rassurer les gens qui ne se sentent pas toujours hardis en face d'une centaine de fêtards masqués. Le capitaine, tenant un drapeau blanc dans ses mains, a toute autorité lors de cette mascarade et il est revêtu d'une grande cape couleur rouge et or. Chaque mardi gras* peut consommer autant de boisson alcoolique qu'il veut, mais si des dommages matériels sont causés celui qui en est l'auteur devra en payer la note. Le *mardi gras** qui devient trop ivre ou qui est à l'origine d'une bagarre reçoit l'ordre du capitaine de se retirer de la fête.

Ici, le capitaine des *mardi gras**, à Mamou, porte la grande cape rouge et or, et il tient dans sa main une poule pour la fête du soir. *(Photo C-2-5006 fournie par Louisiana Tourist Development Commission, Baton Rouge, Louisiana).*

Une jeune homme monté dans une voiture à cheval suit le groupe et transporte la bière et le whisky pour le ravitaillement. En 1975, dans la région de Mamou, la bière était transportée dans une camionnette et on avait retenu un camion pour faire suivre les musiciens[81].

Au départ de cette mascarade, qui durera approximativement dix-huit heures, les cavaliers se placent

---

81. Joseph-Carrignan FONTENOT, 25 ans, Mamou, Louisiane, 1975.

M. Joseph-Carrignan Fontenot, 25 ans (1975), de Mamou, Louisiane, dit:
«de nos jours, pour participer à la fête du Mardi gras, les jeunes gens vont
dans les champs pour y attraper des chevaux qui ne sont pas souvent attelés
et il n'est pas rare que ces chevaux farouches soient difficiles à monter. Moi,
l'an dernier (1974), mon cheval s'est renversé sur moi lors de la quête, et je
me suis disloqué un genou. Ma mère dit que je ressemble à mon grand-père,
je perds la tête le jour du Mardi-gras». *(Photo des A.F.U.L., octobre 1975,
topo. Jean-Claude Dupont, 2557)*

deux par deux et défilent en silence. Mais l'atmosphère
a tôt fait de changer: la route est longue (ils font parfois une cinquantaine de *milles* (80 km), la température
souvent maussade à ce moment de l'année (février ou
mars), et on attend cette fête depuis un an. Dès l'apparition de la première maison de ferme, les *mardi gras**
se mettent à chanter et les chevaux prennent le galop.
Le capitaine fait alors les approches: il va à la porte
de la maison, fait entendre un son de trompette ou de
*corne-à-vache**, puis demande ensuite, poliment, au
propriétaire si les *mardi gras** peuvent divertir la maisonnée et recevoir en retour un petit cadeau:

> — Voulez-vous recevoir les *mardi gras**?
> — Oui m'sieu!

293

Les familles rurales attendent impatiemment cette visite et elles seraient bien déçues si les *mardi gras** ne s'arrêtaient pas.

Aussitôt que le capitaine a obtenu la permission demandée, il baisse son drapeau blanc: c'est le signal attendu par la bande de gais lurons. Ils s'élancent alors en criant et à bride abattue vers la maison. Ils descendent de leur monture qu'ils attachent à la clôture ou aux arbres, jouent de la musique, chantent, dansent et font des *macaques**.

Le moment le plus hilarant de la quête arrive lorsque le propriétaire lance une poule dans les airs et que les *mardi gras** courent à toute vitesse pour l'attraper. «Autrefois, un des quêteurs tenait dans ses mains un bâton surmonté d'un coq» [82].

Selon madame Jeanne Leblanc-Gilmore de Lafayette, l'élément folklorique le plus remarquable de la fête est la chanson de quête intitulée *La Danse du Mardi gras*:

Parlé: *All right z-hommes*, allons se mettre dessus le chemin et allons courir Mardi gras*. Ehu* le capitaine?*
Capitaine, *voyage ton flag**.

1.
Capitaine, capitaine, *voyage ton flag**.
Allons se mettre dessus le chemin*.
Capitaine, capitaine, *voyage ton flag**
Allons aller* chez l'autre voisin.

2.
Les *mardi gras** se rassemblent une fois par an
Pour demander la charité.
Ça *va-z-aller-z-en* porte en porte.
Tout *à l'entour** du *moyeu**.

3.
Les *mardi gras devient de tout partout.*
Oui, mon cher bon camarade,
Les *mardi gras devient de tout partout**;
Mais tout *à l'entour** du *moyeu**.

---

82. Madame Jeanne LEBLANC-GILMORE, 70 ans, Lafayette, Louisiane, 1975.

4.

Les *mardi gras* devient de tout partout ;
Mais principalement de Grand Mamou.
Les *mardi-gras* devient de tout partout ;
Mais *à l'entour* du *moyeu*.

5.

Voulez-vous *reçoir* mais cette bande des *mardi gras* ?
Mais voulez-vous *reçoir* mais cette bande des grands
soûlards ?

6.

Les *mardi gras* demandent mais la rentrée-z-maître et la
maîtresse.
Ça demande mais la rentrée-z-avec *tous* les politesses.

7.

Donnez-nous autres une 'tite poule grasse
Pour qu'on se fait un *gombo* gras.
Donnez-nous autres une 'tite poule grasse ;
Mais tout *à l'entour* du *moyeu*.

8.

Donnez-nous autres un peu de la graisse,
S'il vous plaît, mon *carami*.
Mais *donnez-nous autres* un peu de riz ;
Mais tout *à l'entour*, mon ami.

9.

Les *mardi gras* vous remercient bien
Pour votre bonne volonté.
Les *mardi gras* vous remercient bien
Pour votre bonne volonté.

10.

On vous invite tous pour le *bal* à ce soir ;
Mais là-bas à Grand Mamou.
On vous invite tous pour le gros *bal* ;
Mais tout *à l'entour* du *moyeu*.

11.

On vous invite tous pour le gros *gombo* ;
Mais là-bas à la cuisine
On vous invite tous pour le gros *gombo*.
Mais là-bas chez John Vidrine.

12.

Capitaine, capitaine, *voyage ton flag*.
Allons se mettre dessus le chemin.
Capitaine, *voyage ton flag*.
Allons aller chez l'autre voisin.

295

Parlé: *All right boys**, *let's go!* Allons courir Mardi gras.
Capitaine, *voyage ton flag.* Passe-moi la bouteille, Adam.
Je *suis sec**. *Let's go**![83].

L'accordéoniste Nathan Abshire de Mamou, la figure enfarinée, fait danser les *mardi gras**. Son compagnon porte une veste ornée de l'inscription: *Mamou Cajun**. *(Photo C-2-5010 fournie par Louisiana Tourist Development Commission, Baton Rouge, Louisiana).*

Lorsque des jeunes filles sortent de la maison pour voir les *mardi gras**, elles sont galamment embrassées par ceux-ci.

83.   Bee DESHOTELS, dans *Folksongs of the Louisiana Acadians,* recorded in Grand Mamou by Dr. Harry OSTER, (Louisiana Folklore Society, LFS A-4) Microsillon 33 1/3 rpm, 30 cm.

En remerciement d'avoir diverti la maisonnée, les fêtards masqués désirent recevoir une poule, car il en faut plusieurs pour préparer le *gumbo** de la fête populaire qui a lieu le soir même. Ce mets traditionnel de la Louisiane du sud tire son nom du *gumbo** (*hibiscus esculentus*), plante d'origine africaine cultivée pour ses graines qui servent à épaissir le potage. «On fait du *gumbo** au poulet, aux huîtres, au saucisson, aux crabes, aux crevettes, aux écrevisses, aux œufs, au porc, au bœuf, etc.»[84].

85

Les *mardi gras** recevant dans une ferme la poule qui servira à faire le *gumbo** de la fête populaire acadienne. *(Photo C-2-5002 fournie par Louisiana Tourist Development Commission, Baton Rouge, Louisiana)*

84.   Élisabeth BRANDON, *Mœurs et langue de la paroisse de Vermillion en Louisiane,* p. 185 (man) A.F.U.L.

Les *mardi gras** doivent attraper la poule remise en cadeau par la maison-née qu'ils ont divertie. *(Photo C-2-5007 fournie par Louisiana Tourist Development Commission, Baton Rouge, Louisiana)*

Le soir, lorsque la longue quête a pris fin, la fête se continue au village. Il y a un *fais-do-do**, au *bal**, soirée de danse entrecoupée par la dégustation du *gumbo** que l'on a préparé dans un grand chaudron sur un feu extérieur. L'expression *fais-do-do** vient de l'habitude qu'avaient jadis les mères d'aller chaperonner leur fille et danser en amenant leur bébé; celui-ci était couché dans une salle réservée à cette fin[85].

85.	Corinne SAUCIER, *Histoire et traditions de la paroisse des Avoyelles en Louisiane,* p. 220-221 (man) A.F.U.L.

Sue Eakin, qui décrit la quête du Mardi gras à Mamou en 1969, dit qu'on peut recueillir :

cinq canards,
vingt poulets,
cinquante *livres* (23 kg) de riz,
dix *livres* (4,5 kg) de saucisson,
trois pains,
un *gallon* (environ 4,5 l) d'huile,
des oignons,
des épices[86].

Toute la nuit les réjouissances se poursuivent avec une vigueur renouvellée jusqu'aux petites heures du matin. Le lendemain, c'est le carême et les hommes devront aller travailler[87].

86. In. Mamou: They Ride the Mardi Gras, *Louisiana Heritage*, vol. I, n° 2, Winter 1969, p. 27 (Traduction)
87. Mary Alice FONTENOT, In the Acadian Country It's Time for the Mardi Gras Run, *Sunday Advocate*, (Traduction) February 1st, 1970, p. 1-2.

II LE CYCLE DU PRINTEMPS

a) *Le carême*

La période du carême, qui commence avec le mercredi des Cendres, était un temps de pénitence. Pendant cette période, les enfants n'avaient pas la permission de manger de friandises *sur la semaine**, mais le dimanche était considéré comme une journée pendant laquelle il n'était pas nécessaire de se priver[88]. On marquait ordinairement l'arrivée du carême par une soirée de danse le soir du Mardi gras; il ne fallait pas, cependant, danser après minuit, car le diable prenait en charge les maisons où la danse se poursuivait après cette heure[89].

Pendant le carême, on ne dansait pas et on ne pouvait aller voir les filles qu'une fois la semaine. On ne jouait pas aux cartes non plus[90]. En général, il était coutume de se coucher plus tôt que d'habitude. Certaines personnes allaient à la messe et communiaient tous les matins[91].

Les mariages n'étaient pas célébrés pendant le carême, sauf si la fille était enceinte. Dans ce cas, les époux n'avaient pas droit à l'autel principal.

---

88. Coll. Jean-Claude DUPONT, doc. ms. 412-M 45 (283).
89. *Ibid.,* doc. ms. 411-M 45 (327, 328).
90. *Ibid.,* doc. ms. 400 M 45 (165, 166); 423-M 45 (163, 204).
91. *Ibid.,* doc. ms. 414-M 45 (189, 204).

b) *La soirée de la tortue**

La *soirée de la tortue** avait lieu la veille de la mi-
carême. Le *soir de la tortue**, les jeunes, masqués, allaient de maison en maison, surtout là où il y avait des
jeunes filles. Arrivés devant la porte, ils appelaient les
jeunes filles dehors, leur promettant une paire de souliers neufs. Les garçons criaient en montrant une boîte
à souliers qu'ils tenaient dans leurs mains, puis scan-
daient la phrase suivante: «Venez voir les beaux souliers qu'on a!» Lorsqu'une fille se hasardait à sortir, on
lui donnait la bastonnade [92].

c) *La mi-carême*

La soirée de la mi-carême se préparait des semaines à l'avance. Les jeunes gens se déguisaient en fantômes ou en personnes maigres. Chacun d'eux, muni
d'un bâton, allait de maison en maison pour chanter,
jouer de la musique et *faire une step**. Les *masques** de
la mi-carême distribuaient des bonbons s'ils étaient
bien reçus [93]. Ces mascarades donnaient lieu à des batailles entre *mi-carêmes** de villages voisins [94].

Dans la région de Néguac, les filles n'auraient pas
osé *courir la mi-carême**, parce que l'expression elle-
même signifie chez eux *courir la galipotte**. C'est là,
dit-on, ouvrage d'homme, tout comme faire la pêche. À
Néguac, le groupe de *mi-carême** était sous la conduite
d'un chef appelé *capitaine**. Ce dernier était responsable du maintient de l'ordre, et il se devait aussi d'organiser le combat si l'on venait à rencontrer les *mi-
carêmes** du Haut-Néguac. C'était généralement le
même *capitaine** d'une année à l'autre. Selon monsieur
Wilfrid Savoie, de Néguac, lorsque le groupe arrivait

---

92. Coll. Jean-Claude DUPONT, doc. ms. 420-M 47 (76).
93. *Ibid.*, doc. ms. 418-419-M 47 (323, 147).
94. Francis SAVOIE, *op. cit.*, p. 34-36.

302

87

Le soir de la mi-carême des personnes déguisées en
fantômes visitaient les maisons.

devant une maison, le *capitaine** entrait d'abord, seul,
pour demander si les *mi-carêmes** étaient les bienve-
nus.

    À Shippagan, les *mi-carêmes** marchaient au ryth-
me d'une fanfare dont les instruments de musique
étaient des cuves et des planches à laver, des clochettes à vaches et des grelots[95].

    Chez les Acadiens de la Côte-Nord, on dut recou-
rir à un mandement d'évêque pour mettre un frein aux
méfaits occasionnés par cette fête populaire[96].

    La *grande mi-carême** que l'on vient de décrire
était réservée aux hommes, mais il y avait aussi une
*petite mi-carême** pour les enfants[97]. La mi-carême des

---

95.   *Idem,* p. 35.
96.   Carmen ROY, *Les Acadiens de la rive nord du fleuve Saint-Laurent,*
     Musée national du Canada, Bulletin n° 194, 1963, p. 156-157.
97.   Coll. Jean-Claude DUPONT, doc. ms. 421-M 47 (173).

enfants commençait par le passage d'une femme masquée revêtue d'un drap blanc (À Moncton, elle portait une grande robe multicolore). Elle entrait dans les maisons et, contrairement aux *grands mi-carêmes** qui quêtaient, celle-ci distribuait des friandises. Les enfants mettaient alors les mains sous le drap de la personne masquée pour recevoir du bonbon qu'ils avaient droit de manger ce jour-là[98].

Le soir de la mi-carême, les enfants suspendaient leur *tuque** ou casquette près du poêle dans la cuisine. La *mi-carême**, un être imaginaire, venait pendant la nuit y mettre du raisin, des pommes ou du bonbon[99]. Les parents se chargeaient de remplir ce rôle d'être imaginaire lorsque les enfants s'étaient endormis.

d) *Dimanche des Rameaux*

Le samedi après-midi précédent ce dimanche, les hommes et les enfants se rendaient à la forêt pour y couper des branches de cèdre ou de sapin qui serviraient de rameaux. On groupait ces branches en faisceaux et on enveloppait la tige avec du papier journal.

Le dimanche suivant, le curé bénissait ces rameaux. De retour à la maison, après la messe, on enlevait les rameaux de l'année précédente pour les remplacer par les rameaux bénis du jour. Les vieux rameaux étaient immédiatement jetés au feu, car l'on croyait que toutes autres manières de les détruire entraîneraient de la malchance.

Les rameaux servent surtout à protéger de la foudre et à attirer la chance dans les *bâtiments**. C'est pourquoi on en met dans chacune des pièces de la maison, dans la grange et dans les autres constructions

---

98.   Coll. Jean-Claude Dupont, doc. ms. 415-M 47 (214); 416-M 47 (119, (204).
99.   *Ibid.,* doc. ms. 421-M 47 (173).

d'importance, comme les bateaux. Généralement, on fixait ces tiges au mur en croisant les branches pour en faire une croix[1].

Les gens plus âgés ou les veuves, qui ne pouvaient pas *aller** en forêt *quérir** des rameaux, en recevaient gratuitement des voisins qui en cueillaient toujours plus qu'ils en avaient besoin[2].

e) *La semaine sainte*

J'ai déjà parlé des coutumes et croyances populaires relatives au vendredi saint et à la semaine sainte dans les rubriques LE SACRÉ et LE SANG. J'ajouterai ici seulement quelques détails concernant la tradition de l'*Alleluia* qui ne semble pas avoir survécu au XXᵉ siècle. Voici en quoi elle consistait:

> On se réunissait par petits groupes le samedi saint et, à minuit, on allait chanter quelques versets du cantique de Pâques aux portes, jusqu'à ce que l'on vint ouvrir et offrir une tasse de thé. Il arrivait parfois que la porte ne s'ouvrait pas tout de suite, car c'était peu agréable de se lever au milieu de la nuit pour aller souhaiter la bienvenue à ces chanteurs importuns et leur servir un réveillon... En 1886, M. le curé Pelletier fit cesser cette coutume (à Saint-Louis de Kent), en disant que ce cantique était un chant religieux et qu'il ne devait pas être chanté en de telles circonstances[3].

Les enfants, comme les adultes, qui ont toujours hâte à la fin du carême et à l'arrivée du dimanche de Pâques pour commencer à se régaler, cinq minutes avant minuit, ont conservé une parodie populaire de cet *Alleluia*. Le cantique de Pâques devient:

---

1.   Coll. Jean-Claude DUPONT, doc. ms. 422-M 491 (297).
2.   *Ibid.,* doc. ms. 425-M 491 (227).
3.   Louis C. DAIGLE, *op. cit.,* p. 137.

305

> *Alleluia,*
> L'carême s'en va,
> Il reviendra,
> À Mardi gras[4].

ou encore:

> *Alleluia, Alleluia,*
> Le carême s'en va,
> Tu mangeras *plus* de soupe aux pois,
> Mon verrat.

f) *Pâques*

Tôt, ce matin-là, vers trois ou quatre heures, les hommes se rendaient chanter aux portes des maisons et demander la charité:

> Réveillez-vous,
> Gens qui dormez,
> Le Seigneur est ressuscité,
> *Alleluia*[5].

ou encore:

> Gens qui dormez,
> Réveillez-vous,
> Donnez de quoi à ces chanteurs,
> Un jour viendra,
> Dieu vous le rendra,
> *Alleluia*[6].

On laissait entrer les chanteurs et on leur servait à manger. On leur remettait ensuite de la nourriture pour les pauvres (cette coutume aurait cessé vers 1900)[7].

---

4. Coll. Jean-Claude DUPONT, doc. ms. 434-M 494 (227).
5. *Ibid.*, doc. ms. 437-M 498 (25).
6. *Ibid.*, doc. ms. 440-M 498 (341, 209).
7. *Ibid.*, doc. ms. 437-M 498 (25); 440 -M 498 (341, 209).

Aussitôt les privations du carême terminées, on consommait à nouveau de la viande, des œufs, du *sucre** et de la *tire d'érable**, etc[8]. Le matin de Pâques, on mangeait des œufs cuits de toutes manières, chacun essayant d'en manger plus que l'autre[9].

Le père Anselme Chiasson qui fit des recherches ethnographiques aux Îles-de-la-Madeleine, rapporte que le mets par excellence du dîner de Pâques aux Îles était la panse de vache. Voici de quelle façon elle se préparait:

> Une fois la panse vidée et nettoyée, on la mettait tremper dans la saumure. La panse est faite de deux épaisseurs prises ensemble. On les décolle, et seule la partie externe est comestible. On la fait bouillir...
> C'est servi tranché en petits carrés avec une sauce épicée et des pommes de terre[10].

Dans le temps de Pâques les vaches *renouvellent** et on consomme le *léveriou** ou *laitveriou**, connu au Québec sous le nom de flan. Ce mets se prépare ainsi:

> Battre une douzaine d'œufs dans une tasse de lait d'une vache venant tout juste de mettre bas (premier lait après le vêlage). Ajouter un peu de sel et une demi-tasse de graisse. Cuire comme une omelette[11].

Dans certaines régions on remplace la graisse par des cubes de lard et on ne met pas d'œuf, ou seulement un ou deux. La cuisson ne dure que quelques minutes[12].

---

8.   Jean-Claude DUPONT, *Le sucre du pays,* Traditions du geste et de la parole II.
9.   Coll. Jean-Claude DUPONT, doc. ms. 437-M 498 (25); 438-M 50 et T 42 (25).
10.   Anselme CHIASSON, cap., *La vie populaire des Madelinots* C.E.A., p. 46-47. man.
11.   Coll. Jean-Claude DUPONT et Roger-Paul LEBLANC, doc. ms. 24-T 42, Inf. Rose-Ida LEBLANC, 62 ans, Village de Malakoff, N-B., 1973, A.F.U.L.
12.   Coll. Jean-Claude DUPONT et Marie LEBLANC, doc. ms. 16-T 42, Inf. Madame Héloise GAUDET, 75 ans, Memramcook, 1973, A.F.U.L.

Le matin de Pâques, les enfants allaient voir dans un panier placé sur la table le soir précédent, et ils y trouvaient des bonbons, des fruits, et parfois un petit cadeau[13].

Ce jour-là, les gens se levaient tôt. Les femmes faisaient la *course des saintes femmes au tombeau**. Elles se rendaient de bonne heure à l'église, en essayant de devancer leurs voisines. Les hommes, eux, sortaient du lit avant le lever du soleil, car ils voulaient voir *danser** le *soleil de Pâques**[14] et *aller** au ruisseau ou à la rivière *quérir** de l'*eau de Pâques**. Cette eau que l'on puise à contre courant, avant le lever du soleil, aurait la vertu de guérir certaines maladies et de protéger contre la foudre[15]; certains lui prêtent les mêmes vertus que celles de l'eau bénite.

g) *Le poisson d'avril* (1er avril)

Le premier jour du mois d'avril, c'est le *poisson d'avril**. On se lève tôt et, dès le matin, on essaie de faire courir les gens en leur racontant des mensonges. C'est ainsi que le père, ou n'importe quel membre de la famille, peut entrer dans la maison en criant: «Vite, *amenez** le fusil, il y a un chevreuil qui se promène sur la *croûte** en arrière de la grange». Quand les curieux sont rendus sur les lieux et cherchent la bête, celui qui fait *courir le poisson d'avril** crie: «Poisson d'avril». Ce qui signifie qu'il vient de se moquer d'eux.

On peut également, parmi les tours que l'on fait ce jour-là découper un poisson dans du papier et le fixer au dos des victimes choisies. Parfois, on se promène en public assez longtemps avec ce poisson piqué au dos; et ceux qui l'aperçoivent se contentent de rire du porteur jusqu'à ce qu'il se rende compte lui-même du tour qu'on lui a joué.

---

13. Coll. Jean-Claude DUPONT, doc. ms. 441-M 513 (31).
14. *Ibid.*, doc. ms. 438-M 512 (25).
15. *Ibid.*, doc. ms. 439-M 513 (173).

Le *jour du poisson d'avril* est le moment favori, au printemps, pour mettre les graines de choux en terre. On sème ces graines dans des boîtes emplies de terre et placées dans la maison, dans des endroits chauds et ensoleillés, comme la tablette d'une fenêtre, etc. Le 15 avril est la journée choisie pour éclaircir les choux. Ce jour-là, on arrache les pieds de choux qui sont trop *forts** en laissant un espace d'un pouce (2,5 cm) entre chaque pied. On peut aussi les transplanter dans une autre boîte.

h) *La fête des petits oiseaux** (lundi de la Quasimodo, huit jours après Pâques).

La *fête des petits oiseaux** était célébrée huit jours après Pâques. Voici comment les informateurs la décrivent:

> Jusqu'à une quinzaine d'années passées, on célébrait cette fête comme un dimanche. L'origine de cette fête aurait débuté lorsqu'une année, les oiseaux avaient presque tout mangé les graines de semence. On se hâta de faire dire des messes. Par la suite, à chaque année, on célébra cette fête et les oiseaux ne mangèrent plus les graines. Papa y tenait; on assistait à la messe et on ne travaillait pas [16].

La superstition prétend que ceux qui n'assistaient pas à la messe risquaient de voir les oiseaux manger leurs graines de semence dans les champs [17]. Il n'était pas davantage permis à la femme de travailler; elle ne devait surtout pas laver le linge cette journée-là [18]. Cette fête religieuse et populaire, qui aurait pris naissance vers 1740, était destinée à éloigner des oiseaux à bec crochu qui venaient chaque année dévorer les graines de semence dans les champs labourés. Un

---

16. Coll. Jean-Claude DUPONT, doc. ms. 462-M 572 (53).
17. *Ibid.,* doc. ms. 463-M 572 (119, 204).
18. *Ibid.,* doc. ms. 461-M 572 (209).

missionnaire catholique fixa un jour de jeûne et demanda aux fidèles de se rendre à l'église afin d'assister à une messe destinée à éloigner ce fléau. Les oiseaux disparurent et, par la suite, on fêta chaque année l'anniversaire de la *fête des petits oiseaux** [19].

i) *La fête des neiges**

Vers 1800, alors que le printemps était arrivé depuis longtemps, un missionnaire aurait fixé un jour de prières publiques et de jeûne pour demander à Dieu de faire fondre la neige qui tardait à disparaître. Une pluie chaude fit aussitôt fondre la neige. On continua par la suite de célébrer la *fête des neiges**. À la fin du XIXe siècle, cette fête avait lieu le même jour que celle de la *fête des petits oiseaux* [20].

j) *La Saint-Marc* (25 avril)

Le 25 avril était le jour de la bénédiction des graines de semence. On apportait à l'église surtout des graines de blé et d'avoine, mais aussi des graines de légumes [21]. Sœur Alice Maillet de Saint-Norbert, Nouveau-Brunswick, âgée de 60 ans en 1973, raconte que:

> L'on apportait à l'église les plus belles graines de légumes comme celles de concombre, de citrouille, de tomate, etc., de même que des germes de patates, pour que le curé les bénisse. On les mettait sur la Sainte-Table, et le prêtre s'y rendait les bénir à la fin de la messe. Souvent, on plantait ces graines à part des autres, et on s'imaginait qu'elles pousseraient mieux [22].

La coutume de la bénédiction des graines perdit de son importance vers 1940, de dire les informateurs,

---

19. Placide GAUDET, La fête des petits oiseaux, Le *Moniteur Acadien*, 19 avril 1887, p. 2-3.
20. Placide GAUDET, *op. cit., La fête des...*, p. 2-3.
21. Coll. Jean-Claude DUPONT, doc. ms. 444-M 58 (227).
22. Coll. Jean-Claude DUPONT et Sœur Yvette MAILLET, doc. ms. 6-M 58, *Inf. cité.*

parce qu'alors on commençait à utiliser des semoirs mécaniques et on craignait que des graines bénites restent dans le mécanisme de l'appareil. Cependant, certaines *paroisses** de l'Île-du-Prince-Édouard faisaient encore la bénédiction des graines en 1970.

Lorsque arrivait le moment de faire les semailles, on demandait à un enfant en bas de douze ans (parce que plus pur), généralement un garçon, de lancer la première poignée de graines sur le labour. En même temps qu'il faisait tomber les graines, il récitait une courte prière comme celle-ci: «Mon Dieu faites que ma moisson soit abondante»[23].

k) *La fête du panier* (1er mai)

Le 1er mai, les enfants jouaient le *jeu du panier**. On préparait un petit panier de bonbon et on allait le déposer sans être vu à la porte d'une maison voisine. On lançait ensuite un caillou dans le bas de la porte d'en avant et on courait se cacher en arrière de la maison. Les gens de la maison sortaient pour voir ce qui se passait et en trouvant le panier, ils savaient qu'ils devaient entrer dans le jeu. C'est alors que commençait une partie de cache-cache qui durait parfois des heures, puisqu'il était coutume de chercher les coupables sans les découvrir[24]. Il existe une tradition semblable chez les Anglais que l'on désigne sous le nom de *May Basket*.

Le mois de mai est le mois de Marie et il est réservé à la Sainte Vierge. Des pratiques religieuses débutaient le premier jour de mai pour se continuer tout le mois[25]. On avait l'habitude, en prévision des fêtes à

23. Coll. Jean-Claude DUPONT et Alfreda LEBLANC, doc. ms. 12-M 58, Inf. Madame David LÉGÈRE, 88 ans, La Hêtrière, N-B., 1973, A.F.U.L.
24. Coll. Jean-Claude DUPONT, doc. ms. 459-M 611 (124).
25. *Ibid.*, doc. ms. 447-M 618 (93); 448-M 618 (183); 449-M 618 (230); 450-M 618 (101).

l'église, à l'école et à la maison, de fabriquer des fleurs multicolores faites de papier crêpé, d'écailles de mer, etc. [26].

Le premier mai, si par bonheur il tombait de la neige, on en recueillait pour la faire fondre. Cette eau que l'on appelait de la *neige de mai** était précieusement conservée dans une bouteille, parce qu'elle était recommandée contre tous les maux et surtout contre les maladies des yeux [27]. Les enfants se mettaient nu-pieds et faisaient trois fois le tour de la maison en courant dans la neige : ils étaient certains qu'ils ne seraient pas malades pendant le reste de l'année [28]. On dit aussi que la *neige de mai** vaut une couche de fumier sur le sol [29]. La première *battée de beurre** faite dans le mois de mai avait aussi le pouvoir de guérir [30].

Le mois de mai rappelle aussi la grande communion solennelle. Pour y accéder, il fallait «*marcher au catéchisme**» :

> Il existait le *grand catéchisme** à Memramcook. Il fallait marcher à l'église pendant sept semaines pour apprendre le catéchisme. Beaucoup marchaient environ cinq *milles* (8 km). À la fin des sept semaines, l'on demandait une question à chaque enfant et s'il avait le malheur de la manquer, il devait revenir l'année d'après pour reprendre son catéchisme [31].

l) *La fête des arbres**

*La fête des arbres**, qui aurait aussi son pendant dans la tradition anglaise, était célébrée un vendredi,

---

26. Coll. Jean-Claude Dupont, doc. ms. 8873-M 618 et B 83 (78).
27. *Ibid.*, doc. ms. 453-M 611 (108, 261); 455-M 611 (262-264); 457-M 611 (234); 451-M 611 (227); 458-M 611 (218).
28. *Ibid.*, doc. ms. 451-M 611 (227).
29. *Ibid.*, doc. ms. 452-M 611 (323); 456-M 611 (315).
30. *Ibid.*, doc. ms. 454-M 611 (110, 261).
31. *Ibid.*, doc. ms. 2322-T 331 (319); 2625-T 331 (152, 306).

généralement entre le 3 et le 25 mai. Ce jour-là, on faisait le ménage dans l'école. L'*avant-midi**, les filles venaient à l'école en tablier et apportaient les seaux, des brosses et les chiffons. Elle lavaient les bancs et les fenêtres. Les garçons nettoyaient la cour avec des râteaux et des brouettes qu'ils avaient apportés de la maison. Puis on faisait du *sucre à la crème**.

L'après-midi, les élèves accompagnés de l'institutrice s'en allaient faire un pique-nique dans les *bois**[32]. Ils en rapportaient un bel arbre choisi par les filles. On plantait cet arbre en arrière ou à côté de l'école.

Dans certaines familles, on faisait une fête semblable à la maison[33].

m) *Le jour de l'Ascension*

Cette fête religieuse, quarante jours après Pâques, est importante dans le peuple par les superstitions qui s'y rattachent. C'est un jour néfaste, et bien osé serait le pêcheur qui s'aventurerait sur l'eau ce jour-là[34]. On prétend que le jour de l'Ascension, la mer est réservée aux noyés. Il ne faut pas aller pêcher parce qu'on risque de s'y noyer: les barques sont alors versées par les âmes des noyés qui veulent s'agripper aux embarcations. Il est également malchanceux de s'amuser à danser et à boire ou de manquer la messe. La littérature orale nous a transmis une complainte qui illustre bien comment les pires malheurs peuvent arriver à la suite de gestes posés par celui qui ne respecte par la tradition:

Le jour de l'Ascension

1.

Le jour de l'Ascension,
C'est un méchant garçon,

---

32. *Ibid.,* doc. ms. 2652 à 2658-M 951 (230, 209, 186, 272, 227, 93).
33. *Ibid.,* doc. ms. 2651-M 951 (25).
34. Jean-Claude DUPONT, *Contribution à l'ethnographie des côtes de Terre-Neuve,* p. 55.

De sur son père, sortit de la maison.
S'en va-t'au cabaret,
Sans entendre la messe,
Se remplir de boisson,
Jusqu'en perdre la raison.

2.

Quand il a eu tout bu,
Dépensé son argent,
De sur son père, tout droit s'en est allé.
En entrant il lui dit :
« Bonjour monsieur mon père,
« Il me faut de l'argent,
« Sans attendre un instant. »

3.

Son père qui était là,
Lui a dit : « Mon enfant,
« Mon fils tu n'es qu'un débauché. »
Le misérable enfant
Mit la main sur la table,
Prit un très grand couteau,
Mit son père au tombeau.

4.

Sa mère qui était là,
Lui a dit : « Mon enfant,
« Mon fils tu n'es qu'un débauché. »
Le misérable enfant,
Mit la main sur la hache,
Un coup dans le cerveau,
Mit sa mère au tombeau.

5.

Sa sœur qui était là,
Elle lui a dit : — Mon frère,
« Mon frère, tu n'es qu'un débauché. »
Le misérable enfant
Prit sa sœur à la gorge,
Il l'a bien étranglée,
Sans en avoir pitié.

6.

De là il s'en fut
Se rendre à la justice :
« J'ai tué mon père, ma mère et ma sœur,
« Je mériterais la mort,
« La mort la plus cruelle,

314

« D'avoir les mains coupées
« Et au feu consumer »[35].

n) *La Sainte-Trinité*

La température qu'il fait le jour de la Sainte-Trinité, fête religieuse mobile qui se situe le premier dimanche après la Pentecôte, permet de prédire le temps qu'il fera pendant trois mois: «S'il pleut le dimanche de la Trinité, il pleuvra tous les dimanches pendant treize semaines[36].

o) *La Fête-Dieu*

Voici de quelle façon PH-F. Bourgeois décrit la Fête-Dieu de son enfance:

> Dès le matin, des miliciens munis de mousquetons et de fusils, se rangeaient sous les ordres d'un commandant. Le chapeau ou le *casque** sur la tête, cette garde militaire se tenait debout dans l'église, pendant le *saint office**, et suivaient ensuite, au dehors, la procession, en qualité de garde d'honneur. Quand à la fin de la messe, le prêtre avait mis la sainte hostie dans la lunette de l'ostensoir, la cloche annonçait le départ de la *Procession**. Puis les chantres entonnaient le *Pange linguia*; une décharge des armes à poudre saluait le très saint sacrement, à la sortie de l'église[37].

Le jour de la Fête-Dieu est caractérisé par la visite de Jésus-Hostie dans les rues du village. Le curé, sous un dais, promène l'ostensoir contenant l'hostie consacrée, retirée du tabernacle. On connaît d'avance le trajet de la procession des *paroissiens**, puisque chaque année, on change de direction: si l'on a visité le sud du village l'année précédente, on fera la procession suivante dans le nord du village. C'est un honneur

---

35. Coll. Jean-Claude DUPONT, doc. ms. 6309-Ch (11).
36. *Ibid.,* doc. ms. 445-M 74 (186).
37. La Fête-Dieu en Acadie, Le *Moniteur Acadien,* 1ᵉʳ juillet 1892, p. 22.

de recevoir la procession dans sa rue et plus encore d'abriter le reposoir sous sa véranda, ou sur son terrain.

Dans certaines régions, au lieu de visiter les rues du village, on allait plutôt faire un tour dans les champs.

88

La procession de la Fête-Dieu à Church-Point, à la Baie-Sainte-Marie en Nouvelle-Écosse, s'est rendue jusqu'au bord de la mer. Le reposoir, près du phare, est installé contre le pignon d'un hangar à poissons. Des fillettes portent le voile blanc de leur première communion et des bannières de toutes sortes flottent au milieu des divers drapeaux français et anglais. *(Photo prise vers 1920 et fournie par les Archives du collège de Church Point, N-E)*

Que ce soit dans les rues ou dans les champs, le chemin suivi a été balisé auparavant avec des arbres et des reposoirs ont été dressé à intervalles réguliers sur le parcours. Ce reposoir est un petit abri tapissé de draps blancs, décoré de dentelles et de fleurs de papier. On y érige un autel pour la pose de l'ostensoir.

Les gens s'agenouillent à chacun des arrêts du prêtre pour recevoir la bénédiction.

De place en place, les hommes dressent des arches sur la route qu'emprunte la procession. Ces arches étaient également décorées d'arbres verts, de feuillages et de fleurs de papier. Précédent ou suivant le prêtre, des enfants portent des flambeaux et jettent des conféttis dans la rue, tandis que des fillettes, costumées en anges, accompagnent le prêtre. Les associations religieuses féminines et masculines portent leurs drapeaux et leurs banières.

89

Petite chapelle de procession servant de reposoir le jour de la Fête-Dieu Bien avant la construction de cette chapelle des *côtes**, on faisait déjà la procession à cet endroit situé près du phare de Church-Point en Nouvelle-Écosse. *(Photo courtoisie du* Canadian Pacific Railways)

Il y a un ordre établi dans la procession: les hommes, deux par deux, sont suivis des jeunes gens puis viennent les femmes et les jeunes filles. Ce sont les enfants qui clôturent le défilé.

Là où passera la procession, on a pris soin d'enfermer les chiens dans un endroit isolé, afin que leurs aboiements ne distraient pas les fidèles.

Les mères de famille ayant des enfants infirmes ou malades, les sortent sur la *galerie**, pour qu'ils reçoi-

317

vent la bénédiction. Si un jeune enfant a peur du tonnerre, il sera guéri de cette peur le jour de la Fête-Dieu[38].

C'est aussi le jour tout désigné pour étrenner les vêtements neufs:

> Autrefois, n'était-ce pas à la Fête-Dieu, que les jeunes gens étrennaient leurs habits neufs, que nos mères et grand'mères mettaient leurs plus belles cottes et leurs plus beaux mantelets[39].

p) *Saint Médard* (8 juin) *et saint Barnabé* (11 juin)

Deux autres jours du mois de juin font aussi l'objet de dictons sur la température, ce sont le 8 juin, la Saint-Médard, et le 11 juin, la Saint-Barnabé. On dit:

> S'il pleut à la Saint-Médard,
> Il pleuvra pendant quarante jours:

> À moins que saint Barnabé,
> Vienne lui *couper les pieds**[40].

38. Coll. Jean-Claude DUPONT, doc. ms. 2158-S (323); 8879-M 76 (73); 8878-M 76 (303, 292).
39. Ph-F. BOURGEOIS, eud., *op. cit.*, p. 22.
40. Coll. Jean-Claude DUPONT, doc. ms. 2647-M 77 et E 10 (186); 2649-M 77 et E 10 (1).

III LE CYCLE DE L'ÉTÉ

Le cycle de l'été chez les Acadiens du Nouveau-Brunswick comporte une vingtaine de festivals populaires de villages donnant lieu à des parades, des spectacles et des divertissements de toutes sortes. La plupart de ces festivals n'ont pas de dates fixes; mais c'est surtout pendant les mois de juillet et d'août qu'ils ont lieu. Les plus connus sont:
le *festival de la pétoncle* à Richibouctou,
le *festival du homard* à Shédiac,
le *festival d'été* à Dieppe,
le *festival des pêcheries* à Shippagan,
le *festival de la tourbe* à Lamèque,
la *fête au village* à Grande-Anse,
le *festival Acadien* à Caraquet,
le festival de l'artisanat à Mactaquac,
le *festival des huîtres* à Maisonnettes,
Les Acadiens de la Nouvelle-Écosse et de l'Île-du-Prince-Édouard ont aussi leurs festivals. De même, les *cajuns** louisianais, entre autres, participent au:
Festival du coton,
Festival du riz,
*Festival de la patate douce**, etc.[41]

---

41. Informateurs louisianais: Madame Jeanne LEBLANC-GILMORE, 70 ans de Lafayette, et monsieur J-Carrignan FONTENOT de Mamou, 25 ans.

Cajun* Power: devise de ralliement des gens s'exprimant en français en Louisiane. Elle apparaît sur une plaque fixée au pare-chocs avant des automobiles. *(Photo des A.F.U.L., 1975, topo Jean-Claude Dupont 2541)*

a) *La Saint-Jean-Baptiste* (24 juin)

Le jour de la Saint-Jean-Baptiste, le 24 juin, on récupère la rosée du matin parce qu'elle guérit de tous les maux[42].

On célèbre peu cette fête en Acadie, car la fête patronale est celle de Notre-Dame de l'Assomption, le 15 août.

Le défilé de la Saint-Jean existe cependant dans certaines villes, comme celle de Moncton par exemple, mais c'est surtout une parade commerciale pour annoncer les nouveautés sur le marché.

---

42. Coll. Jean-Claude DUPONT, doc. ms. 2650-M 818 (227).

Tous les ans, lors du festival du coton, de jeunes Acadiens se joignent aux *Cadiens** de la région de Ville Platte pour revêtir l'armure et se transformer en chevaliers. Ce jeu consiste à enfiler des anneaux de cuivre dans une lance tout en galopant. Chacun des vingt-et-un anneaux a une valeur de dix points, et le chevalier n'a droit qu'à trois parcours dans un laps de temps le plus court possible. Selon Mme Jeanne Leblanc-Gilmore, 70 ans, de Lafayette, Louisiane, «l'anneau représente le charançon, insecte ennemi du cotonnier». *(Photo C-1-5019 fournie par* Louisiana Tourist Development Commission, *Baton Rouge, Louisiana)*

b) *La Saint-Pierre* (29 juin)

Le jour de la Saint-Pierre, le 29 juin, on *étrenne l'eau**; c'est la fête de la baignade. Une croyance populaire prétend que dans la nuit du 28 au 29 juin, saint Pierre bénit les eaux et qu'à partir de ce moment, on peut se baigner[43].

---

43.   Coll. Jean-Claude DUPONT, doc. ms. 468-M 62 (272).

La reine de ce tournoi du festival du coton de 1973 était Roxanne Thibo-
deaux, une Acadienne de la Louisiane du Sud. Ici, un chevalier remet un
anneau de cuivre à la reine. *(Photo. C-1-5017 fournie par Louisiana Tourist
Development Commission, Baton Rouge, Louisiana)*

93

Char allégorique représentant un bateau de pêche
recouvert de fleurs de papier, 1973. *(Photo des A.F.U.L.,
topo. Jean-Claude Dupont, 2348)*

c) *La criée des bancs*

Jusqu'aux années 1950, un dimanche d'été, après la grand'messe, on faisait la *criée des bancs** à la porte de l'église.

Traditionnellement, certains bancs bien situés dans l'église, étaient achetés par les bourgeois du village. Ainsi, un banc pouvait demeurer pendant longtemps la propriété d'une même famille, puisqu'il y avait honneur à conserver le même banc que son père ou son grand-père. Comme les gens savaient quel banc appartenait à telle famille, soit à cause de sa situation sociale, soit à cause du respect des ancêtres, on se plaisait, lors de l'encan, à faire monter les prix de ces bancs, ce qui n'était pas sans créer des rancunes qui demeuraient vivaces parfois toute l'année. Certaines mères de famille avaient l'habitude d'avertir leur mari, avant la messe, de ne pas laisser vendre leur banc, peu importe le prix à payer, « c'était pour l'église »[44].

d) *Le temps des canicules*

À la fin de juillet, c'est le *temps des canicules**, dites *canitchules*, ou *grandes chaleurs**. C'est une période néfaste pour l'homme à différents points de vue. On pourrait appeler cette période le temps des interdits. L'eau, surtout, serait dangereuse, c'est pourquoi il faut éviter de se baigner dans la mer ou dans les ruisseaux et rivières. Il faut également cesser la consommation de fruits de mer et manger avec retenue les fruits sauvages. Les hommes qui travaillent aux champs ou en forêt doivent éviter de boire de l'eau de source, car c'est la période des *coups d'eau**.

Si on se blesse pendant cette période, la guérison sera lente et si l'on est malade depuis longtemps, on

---

44. Coll. Jean-Claude DUPONT, doc. ms. 8883-P 871 (318); 540-P 871 (280); 549-P 871 (31, 131).

aura de la difficulté pendant les canicules à demeurer en vie[45].

e) *La Sainte-Anne* (26 juillet)

La Sainte-Anne est une étape importante dans le cycle de l'année, puisqu'elle marque l'arrivée de la récolte nouvelle. Avant cette date, seuls les fruits sauvages ont fait leur apparition. À partir du 26 juillet, on commence à consommer les légumes qu'on a mis en terre au printemps. La Sainte-Anne est surtout la fête des *patates neuves** ou *patates fraîches**. Des dictons populaires disent qu'à «la Sainte-Anne on pioche dans son jardin», ou encore, «à la Sainte-Anne on mange des *patates neuves**», ou «à la Sainte-Anne on casse des haricots pour la première fois», etc. Si certains étés sont plus froids, ces légumes ne sont pas tout à fait prêts pour la consommation, mais on en mange quand même, comme si le fait d'en consommer à cette date activait la pousse[46].

Dans le nord du Nouveau-Brunswick, depuis 1914, on fait un pèlerinage à Sainte-Anne-du-Bocage. Jadis, ceux qui avaient des camions passaient dans les rues, et les gens qui voulaient monter pouvaient le faire pour se rendre à Caraquet. Arrivés là, le soir, on faisait une procession aux flambeaux et on bénissait les malades, mais c'était beaucoup plus un pique-nique qu'un pèlerinage[47]. Cette fête rappelle la grosse tempête de 1914 où l'on fit le vœu à sainte Anne de la fêter à cette date de l'année, si les pêcheurs surpris en mer lors de cette tempête échappaient à la furie des éléments[48].

---

45. Coll. Jean-Claude DUPONT, doc. ms. 471-M 835 (227).
46. *Ibid.*, doc. ms. 469-M 834 (30).
47. *Ibid.*, doc. ms. 8880-M 834 (166).
48. J-Médard LÉGER, *op. cit.*

f) *La bénédiction des bateaux*

Cette fête populaire a lieu le dimanche suivant celui de la Sainte-Anne, dans le sud du Nouveau-Brunswick. Cette journée est consacrée aux familles des pêcheurs, et ce sont les pêcheurs qui sont mis en évidence. La fête a lieu sur la grève, près des quais. Tous les bateaux de pêche du village, décorés pour l'occasion, sont amarrés autour du quai. Les voiles sont souvent peintes de scènes représentant des faits hitoriques acadiens (la Déportation), des croyance religieuses (Marie, étoile de la mer), ou des sentiments nationalistes (Notre-Dame de l'Assomption). Les mâts sont garnis de pavillons multicolores et parfois, on a fixé à l'arrière des barques, des panneaux de bois peints représentant différents évènements populaires ou religieux, comme celui du baptême de Jésus dans le Jourdain, etc.

À un moment donné chaque pêcheur ayant fait monter sa famille dans sa barque, prend place dans un long défilé qui s'éloigne du quai. Le curé de la paroisse, lui-même monté dans une embarcation, prend la tête du défilé et bénit les eaux et les barques pour que l'année soit fructueuse et les pêcheurs préservés des dangers de la mer. Puis, les membres du défilé se dispersent et les pères de famille partent faire un court voyage en mer pour divertir leur famille et *étrenner les eaux**.

Le reste de la journée se passe sur la grève, à participer à une fête populaire. On mange, on chante, on danse, et on joue aux jeux de fortune, essayant de s'amuser ferme. Tantôt on fait des compétitions de vitesse sur l'eau, ou des compétitions de force physique sur terre, etc.[49].

L'abbé A.-J. Trudel fait ainsi la description de la

---

49.   Coll. Jean-Claude DUPONT, doc. ms. 470-M 834 (283).

Le baptême dans le Jourdain. Ce tableau décorait jadis l'arrière de la barque de M. Jean-Baptiste Babineau de Petit-Chocpiche, Nouveau Brunswick, le jour de la bénédiction des barques. *(Collection du Musée National du Canada. Photo Musée National du Canada 71-7640)*

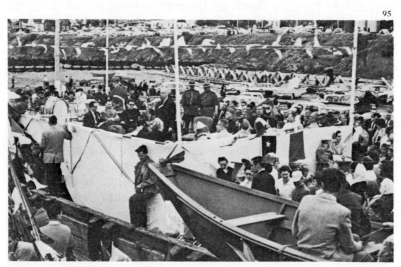

Sur l'estrade d'honneur, érigée pour la fête, des personnages connus des pêcheurs ont pris place. On y retrouve entre autres l'évêque, le curé de la *paroisse**, le maire, etc. On peut aussi apercevoir le drapeau tricolore acadien orné d'une étoile à cinq branches, un dory et une barque pavoisés. La fanfare est en place et dans quelques instants, après le discours du député, les musiciens interpréteront des airs patriotiques connus. *(Photo Nouveau-Brunswick Tourist Bureau)*

fête des barques, à Lamèque au Nouveau-Brunswick, en 1890:

> Déjà les flottes nombreuses des villages qui bordent les *côtes** de la baie avaient pris la mer. Dans toutes les directions, goélettes, *boats**, barges, *pines**, *flats**, *chaloupes**, embarcation de tout modèle et de toutes dimensions déployaient leurs voiles blanches et leurs pavillons multicolores...
> La grosse cloche sonnait à toute volée. La falaise peu élevée qui borde le bassin était couverte de vieillards, de femmes et d'enfants...
> Les embarcations chargées de toute une population de pêcheurs robustes et vaillants, et de villageois en toilettes à couleurs voyantes, étaient maintenant rangées bord à bord, et formaient une courbe immense au centre de laquelle se balançait mollement sur son ancre la goélette privilégiée qui portait le curé de la *paroisse**, debout sur le pont, en habits sacerdotaux...
> Les marguilliers, anciens et nouveaux, le maître-chantre, le bedeau et les syndics de la paroisse...
> On chante: «Salut, étoile de la mer...» on asperge les barques et fait sur elle le signe de la croix, ... puis on danse sur la baie[50].

g) *La fête de Notre-Dame de l'Assomption* (15 août) *ou le pique-nique* (fin du mois d'août)

Le *bazar** a lieu vers la fin des vacances scolaires; c'est une vente à l'encan faite au profit de l'église et accompagnée d'une fête populaire.

Pendant l'hiver, les femmes et les jeunes filles font des travaux d'art domestique pour la *table de chance** (bingo). Quelques jours avant le bazar, on passe de porte en porte pour récolter ces cadeaux et de la nourriture pour le repas de fête. Dans chacune des parties de la *paroisse**, les femmes se rassemblent dans une maison et préparent ce repas; elles font des gâteaux, des tartes, des biscuits, etc. Chaque partie de la *pa-*

---

50. La fête des barques à Lamèque, l'*Évangéline*, ill. spécial, 15 août 1890, p. 4-6.

*roisse** a sa table lors du pique-nique, et une grande émulation a lieu, à savoir qui aura la plus belle table.

Pendant l'été, les enfants cueillent des fraises, des framboises, des *bleuets** et d'autres fruits sauvages, qu'ils appellent des *grenages**. Une partie de l'argent provenant de ces ventes est mise de côté pour dépenser aux jeux du pique-nique. Pendant la soirée, il y a danse populaire sur une plate-forme. Tout l'argent recueilli est remis au curé de la *paroisse** [51].

Jusqu'en 1950, le pique-nique était associé à une fête religieuse, celle de Notre-Dame de l'Assomption. La journée commençait par une messe et, vers huit heures du soir, après s'être amusé ferme au pique-nique, on participait à une procession aux flambeaux. Une demi-heure de prières à Notre-Dame faisait suite à la procession. Comme la fête religieuse succédait à la fête populaire, on rapporte que L'*Ave Maris Stella* avait beaucoup de volume mais peu d'harmonie.

Notre-Dame de l'Assomption, patronne nationale des Acadiens, a été associée à une troisième tradition jusque vers 1950, celle de la procession au monument national de Rogersville (nord du Nouveau-Brunswick). On désigne aussi cette dernière coutume sous les noms de «Pélerinage franco-américain» et «Pélerinage des Acadiens des États-Unis». À cette occasion, des personnalités prononçaient des discours, la plupart du temps nationalistes, dans lesquels ils louaient le travail des défenseurs de l'Acadie.

Le lendemain de la fête de Notre-Dame de l'Assomption, monseigneur Richard, défenseur de l'Acadie, fait encore l'objet d'une fête religieuse célébrée le matin. La population assiste alors à un service anniversaire pour le repos de l'âme de cet illustre religieux [52].

51. Coll. Jean-Claude DUPONT, doc. ms. 8821-P 871 (186); 8883-P 871 (318).
52. *Ibid.,* doc. ms. 8884-P 871 et M 8360 (260); 8885-P 70 et M 8360 (35).

IV   LE CYCLE DE L'AUTOMNE

a)   *Le soir des tours* ou Hallowe'en** (31 octobre)

Le soir du 31 octobre était le soir de la mascarade. Les *masques** allaient en groupe de porte en porte et les gens de la maison essayaient de deviner qui pouvait se cacher sous tel ou tel déguisement. À cette occasion, on quêtait du sucre, de la crème et de la mélasse, pour faire du *sucre à la crème** et de la *tire**.

Les enfants se masquaient surtout l'après-midi, tandis que le soir était réservé aux adolescents. Les gens visités par les *masques** distribuaient du bonbon.

La soirée était consacrée à deux autres activités carnavalesques; celle d'un repas et celle des tours. Après la parade des *masques**, on se rencontrait en groupe dans une maison des *rangs** et on mangeait les produits de la quête en s'amusant.

La dernière activité est sans doute la plus importante, puisqu'elle donna son nom à la fête: celle du «soir des tours». Ce sont les hommes et les jeunes gens qui se plaisaient à sévir contre les personnes qui, durant l'année, avaient fait quelque tort à leurs semblables ou s'étaient fait remarquer par quelqu'autre agissement. Il arrivait aussi qu'on se plaise à jouer des tours, chaque année, à une personne qui réagissait mal.

Voici les principaux tours rapportés:

Enlever les petits ponts sur les ruisseaux dans les champs.
Entasser pêle-mêle sur un tas de roches, dans un champ, les voitures et les instruments aratoires de plusieurs voisins.
Monter la *carriole** sur la toiture d'une grange.

Entourer une maison d'une longue corde pour empêcher d'ouvrir les portes.

Changer les animaux d'écuries: aller les attacher ici et là dans les écuries des voisins.

*Papiéter** les chevaux, c'est-à-dire fabriquer de la colle avec de l'eau et de la farine, en enduire un cheval et le recouvrir complètement de vieux journaux. Monsieur Laurent Breau de Néguac, Nouveau-Brunswick, se souvient lorsqu'il était adolescent d'avoir, avec son frère, peint en rouge la jument blanche de son père. Le lendemain la jument mourait. Mais, de dire l'informateur, comme c'était le «soir des tours», notre père ne nous avait pas puni trop sévèrement[53].

Salir les vitres extérieures des maisons avec du *savon du pays**.

Jeter les *bécosses** sur le côté.

Enlever les marches de la *galerie** et les petits ponceaux devant les portes.

Mettre du fumier dans les poêlons suspendus à l'extérieur des maisons, etc.

Ce jour-là, les gens visés avaient beau donner de l'argent à la quête des *masques** qui précédait le tour, on ne les épargnait pas. Certains propriétaires se rendaient compte qu'il se passait quelque chose autour de leur maison, mais ils n'osaient s'aventurer pour aller le constater, sachant qu'ils s'exposaient à recevoir des mauvais coups. Les propriétaires les plus récalcitrants allaient souvent jusqu'à tirer des coups de fusil en l'air pour effrayer les jeunes farceurs. Mais ceci ne faisait que les encourager. On raconte cependant le fait suivant:

> Un pêcheur, voulant prévenir un tour qu'on lui jouait chaque année, enveloppa sa voiture avec une *ligne dormante**. Lorsque les jeunes gens s'y accrochèrent, le propriétaire apparut avec son fusil[54].

---

53. Coll. Jean-Claude DUPONT et Gisèle BRAULT, doc. ms. 8-M 925 *Inf. cité*, 1973, A.F.U.L.
54. Coll. Jean-Claude DUPONT, doc. ms. 8867-A 59 et M 925 (180, 183); 8869-M 925 (166); 8870-M 925 (209); 8871-925 (180, 183); 8872-M 925 (316); doc. son. 528-M 925 (273).

b) *La Toussaint* (1ᵉʳ novembre)

Le soir de la Toussaint on craignait les apparitions; on prétendait que les anciens habitants de la
maison revenaient visiter les lieux cette nuit-là[55].
C'était aussi le jour choisi pour se rendre au cimetière
prier pour les morts. Le soir de la Toussaint, il était
surtout coutume de voler des choux dans le jardin du
voisin[56].

c) *Le jour des morts* (2 novembre)

Il est question, ailleurs dans ce volume, des traditions relatives au jour des morts, mais ajoutons que
lorsque le soir tombait, les jeunes gens allaient faire
peur aux habitants. En se plaçant le réflecteur d'une
lampe de poche dans la bouche, ils approchaient alors
leur visage des fenêtres. On fabriquait aussi des bon-
hommes en guenilles et on les suspendait aux arbres
devant les maisons, etc.

Une tradition religieuse du 2 novembre au matin
était celle des visites à l'église pour les parents et amis
défunts. Il s'agissait d'entrer prier dans l'église et d'en
ressortir pour toucher le sol du pied: chaque fois que
l'on répétait ce geste, on aidait les défunts à entrer au
ciel, ou on se méritait des indulgences[57].

Le jour des morts on ne travaillait pas la terre, de
peur de les faire saigner.

d) *L'été des sauvages*

*L'été des sauvages** est cette période des dernières
chaleurs, de courte durée, ordinairement de trois ou
quatre jours, qui arrive après la Toussaint et annonce
la venue des temps froids[58].

---

55. Coll. Jean-Claude DUPONT, doc. ms. 352-M 91 (255).
56. *Ibid.*, doc. ms. 9053-M 90 (187).
57. *Ibid.*, doc. ms. 349-M 92 (181); 350-M 92 (233); 351-M 92 (227).
58. *Ibid.*, doc. ms. 353-M 932 (44).

e) *La Saint-Martin* (11 novembre)

La Saint-Martin est le jour désigné par la tradition pour payer ses dettes[59]. Comme on recevait aussi son dû, on en profitait immédiatement pour acquitter ses comptes.

f) *La Sainte-Catherine* (25 novembre)

La Sainte-Catherine est la fête populaire des vieilles filles; une coutume disparue consistait à inviter à une soirée les filles qui avaient plus de vingt-cinq ans. On leur mettait sur la tête un bonnet blanc et pointu. En certains endroits, on leur faisait revêtir une robe verte, signe d'espérance, et on les obligeait à danser dans une auge à cochon, de la même façon qu'on le faisait à l'occasion de la *cocarde**.

On passait la veillée à manger de la *tire étirée**, différente de la *tire à la mélasse**. La *tire étirée** est beaucoup plus blonde étant à base de sucre blanc. Un garçon se chargeait d'en faire l'*étirage**, parce que cette tire d'une texture beaucoup plus consistante doit être étirée longuement avant d'être coupée en *bouchées** avec les ciseaux[60].

Il faut souligner, cependant, que la Sainte-Catherine n'était pas fêtée dans toutes les régions acadiennes.

59.   *Ibid.*, doc. ms. 2566-M 931 (303).
60.   Coll. Jean-Claude DUPONT, doc. ms. 357-M 397 (300).

CONCLUSION

La civilisation traditionnelle acadienne est avant tout d'appartenance française : la culture spirituelle véhicula, pendant plus de trois siècles, des coutumes et des récits de littérature orale amenés de France. Les rites de passage de la vie et les usages liés au cycle calendaire de l'année, de même que le corpus des légendes, contes et poésies populaires, fournissent des données semblables à celles du genre de vie traditionnel français. Il n'est besoin pour le constater que de comparer les relevés acadiens avec ceux de Van Gennep, de Varagnac, de Seignol, de Delarue, etc. en Europe française. Les mêmes rapports existent entre la culturelle matérielle acadienne et celle de l'Europe française : la technologie reprit, dès le XVIIᵉ siècle, les procédés et les instruments de travail des premiers Français venus sur les Côtes Atlantiques.

Mais l'Acadien adopta un pays étranger qu'il fit sien, et des faits de culture spirituelle et matérielle témoignent aussi de l'apport de l'environnement physique et humain.

Du XVIIᵉ au XIXᵉ siècle, un important groupe de Canadiens français des rives atlantiques rechercha un lieu de vie, et se déplaça surtout le long des rives. Quand il se fixait, il organisait son habitation en utilisant, entre autres, les matériaux relatifs aux lieux et aux occupations qui y sont associées. L'Acadien mit en place des *aboiteaux**, préférant faire reculer la mer plutôt que de défricher la forêt.

L'art populaire qui décore la maison, le costume et les outils de travail, font aussi état de l'environnement ;

il en est ainsi des instruments, documents figurés des traditions techniques.

Le mariage de l'homme et de la nature est apparent dans la vie domestique aussi bien que dans les occupations agricoles et l'élevage. D'ailleurs, le métier de pêcheur s'est imposé de lui-même, étant celui qui, avec l'agriculture, assurait le mieux la substance.

Le phénomène de la présence de l'eau n'existe pas que dans les traditions relatives à la culture matérielle, il est également perceptible dans les faits de culture spirituelle: le voisinage de l'eau a largement contribué à l'enrichissement de la littérature orale. Le thème de la mort en mer, par exemple, est à la source des complaintes et légendes locales. Les termes marins qui émaillent la langue populaire sont aussi assez nombreux.

À ce fond d'origine française, enrichi par la situation géographique, vint s'ajouter un autre élément, celui de l'apport de l'environnement humain étranger. Il en résulte des emprunts à la tradition anglo-saxonne, mais surtout des créations acadiennes provenant des relations sociales entre les deux groupes ethniques.

Dans une optique générale d'interprétation des données de l'héritage culturel acadien, je situerais d'abord, par ordre d'importance, la présence française. En deuxième lieu, je ferais intervenir l'apport du milieu géographique. Finalement apparaîtrait, en troisième place, tout ce qui se rattache à l'influence de la présence anglo-saxonne. Dans ce dernier cas, il m'est apparu que l'apport anglo-saxon en est un plutôt d'inspiration que d'emprunt direct au corpus des traditions anglaises. Les traditions acadiennes créées à partir d'incidents historiques comme la Déportation de 1755, la Révolte de Caraquet de 1875, etc., et les relations humaines qui prévalurent, tels les mauvais traitements moraux appliqués au groupe acadien, sont source d'inspirations pour la création de récits populaires (complaintes, chansons, légendes).

Je fais ici abstraction de la langue anglaise, dont se servent au besoin les informateurs pour transmettre des valeurs culturelles propre à leur civilisation. Par exemple, il arrive qu'un informateur décrivant une coutume d'origine française, encore vivante chez lui, soit obligé de recourir à des mots anglais pour le faire. Ce cas est plus rare dans le nord du Nouveau-Brunswick qu'ailleurs en Acadie.

Bien que ces relevés ethnographiques datent, en moyenne, d'à peine neuf ans, les meilleurs informateurs à ce moment-là furent les personnes les plus âgées et bon nombre de traditions rapportées par eux n'avaient plus cours depuis une vingtaine d'année: elles n'étaient mentionnées qu'à titre de souvenirs, parfois même de oui-dire. Il m'a semblé que de nombreuses traditions sont disparues au cours de la période allant de 1945 à 1960. Par contre, certaines pratiques continuent d'exister et j'en fais état à l'occasion mais, généralement, elles ne sont plus vécues par la jeune génération.

L'histoire de l'homme se fait toujours après coup et elle nous apprend que la culture populaire ne disparaît pas mais qu'elle se transforme. C'est ainsi que des coutumes, encore rites folkloriques d'origine française il y a deux générations, se sont transformées en traditions populaires aux fonctions divertissantes. Par exemple, on *ne tue** plus la *Vieille Année**, le soir du trente et un décembre, mais on participe encore à une soirée de danse appelées la *Vieille Annie**. Il n'y a plus alors de place, ni dans les gestes répétitifs, ni dans le subconscient, pour la participation à un rituel de renouvellement, mais on revit plutôt une activité sociale récréative. Les jeunes Acadiens, en général, ne ressentent plus le besoin de perpétuer un rite traditionnel d'origine française, mais ils aiment participer à une réjouissance commune qui se situe aux mêmes dates dans le cycle de l'année ou de la vie. Dans cette coutume contemporaine, le désir de se recréer est beaucoup plus profond que le désir de perpétuer un fait folklorique pratiqué par leurs aïeux.

Ce répertoire de faits de littérature orale se veut avant tout un apport à la connaissance de l'héritage culturel acadien; mais il pourra peut-être aussi fournir des éléments originaux aux créateurs acadiens. Les faits de culture traditionnelle, dans nombreux pays, n'ont-ils pas souvent été à la source d'œuvres romanesques, poétiques, etc...

Décembre 1975

Jean-Claude Dupont

GLOSSAIRE

A

Abaissement, s.m.
Soumission.

Aboiteau, s.m.
Digue; étendue de terrain auparavant envahie par les eaux et qui a été endiguée pour y faire la culture.

Accrocher son chapeau
On connaîtra les conditions atmosphériques en mer si la position et la forme de la lune permettent d'imaginer qu'un pêcheur peut y suspendre son chapeau.

Accrocher une mug
On connaîtra les conditions atmosphériques en mer si la position et la forme de la lune permettent d'imaginer qu'un pêcheur peut y suspendre sa tasse.

Acheter un vieillard
Se charger de la subsistance d'un vieillard contre un certaine somme d'argent.

Adonner, v. imp.
Arriver, il arrivait que...

Adoucir la viande
Enlever le goût âcre de la viande.

Affourcher, v. tr.
Enfourcher.

Aiguille à deviner
Aiguille utilisée pour prédire l'avenir.

Air (à l')
Nu.

Ajets, s.m.pl.
Période de temps comprise entre le 26 décembre et le 7 janvier.

Alentour, adv.
Dans les environs.

Alentours, s.m.pl.
Paroisse où l'on vit et celles qui sont avoisinantes.

Aller (allons)
Partir; partons, allons-y.

Aller à la wake
Aller veiller un mort.

Aller au bois
Aller couper du bois de chauffage.

Aller aux offices
Se rendre à l'église assister aux cérémonies liturgiques du vendredi saint.

Aller quérir
Aller chercher.

Aller voir les filles.
Courtiser les filles.

Allonger (les jours)
Rallonger.

All right boys
De l'anglais. Allons les gars, partons.

All right-z-hommes
De l'anglais. Allons les gars, partons.

Amarrer ses souliers
Attacher les lacets de ses souliers.

Amener, v.tr.
Apporter.

Anneaux, s.m.pl.
Cercles formés par les nuages autour de la lune.

Aouenne, s.f.
Avoine.

Apeurer, v.tr.
Faire peur.

Arrêteur de sang
Personne possédant le don d'arrêter l'écoulement du sang.

Aseulé, adj.
Seul.

Assez, adv.
Tellement.

Attaquer, v.intr.
Prendre.

Aulne, s.f.
Vergne; arbrisseau des régions maritimes et des terrains humides.

Avantages, s.m.pl.
Héritage, biens matériels.

Avant-midi, s.m.
Matinée.

Avents, s.m.pl.
L'Avent.

Avoir sa fortune sur le dos
Faire des cadeaux de valeur alors qu'on a pas les moyens de le faire.

B

Baby-shower, s.m.
De l'anglais. Fête que l'on fait à la future maman.

Bac, s.m.
Bateau de transport.

Bagarre, s.f.
Querelle.

Bal, s.m.
Soirée de danse.

Balayer la step
Balayer le seuil de la porte.

Balle dure
Balle utilisée dans le jeu de base-ball.

Balloune, s.f.
De l'anglais. Ballon formé d'une pellicule très mince et gonflé d'air. Il était, en général, fabriqué avec une vessie de porc séchée.

Banc de neige
Amoncellement en lame de la neige poussée par le vent.

Banquises, s.f.pl.
Amas de glaces flottantes formant un immense banc et sur lequel descendent les chasseurs de phoques.

Barda, s.m.
Travail ménager.

Barlicorne, s.m.
Bigorneau ou littorine que l'on trouve sur les grèves.

Barrer, v.tr.
Fermer à clé.

Bastringue, s.f.
De l'anglais *base triangle*. Instrument de musique à percussion, fait d'une tige d'acier.

Bâtiment, s.m.
Bateau à voile.
Étable ou grange

Bâtisses, s.f.pl.
Ensemble des constructions constituant l'habitation.

Battée de beurre
Quantité de beurre que l'on fait en une seule fois.

Battre la Vieille Année
Participer à la fête familiale qui a lieu le 31 décembre et au cours de laquelle on frappe les coins de la maison avec un bâton.

Bazar, s.m.
Vente à l'encan faite au profit de l'église et accompagnée d'une fête populaire. Ce divertissement a généralement lieu le 15 août.

Bécosses, s.f.pl.
Toilettes extérieures.

Becquée, s.f.
Bouchée de pain d'abord mâchée par la mère et donnée ensuite à manger au très jeune enfant.

Bercer v.tr.
Balancer dans un berceau.

Bercer (se) v.pr.
Se balancer dans une chaise berçante.

Bête des chamailleux
Bête imaginaire qui viendrait dévorer les enfants dissipés.

Biberon des relevailles
Vase à bec utilisé pour faire boire la mère venant d'accoucher et alitée.

Billot, s.m.
Bille.

Blague à tabac
Sac fait d'une vessie de porc et servant à conserver le tabac.

Blé de l'année
Blé récolté dans l'année en cours.

Blé d'Inde, s.m.
Maïs.

Blesser, v.tr.
Emploi erroné du verbe blesser par analogie avec le verbe anglais *to bless*, bénir.

Blette, s.f.
Belette.

Bleuet, s.m.
Myrtille.

Blonde, s.f.
Amie.

Bloquer, v.tr.
Fermer le passage.
Embarrasser.

Blower, v.intr.
De l'anglais *to blow*, exploser.

Boat, s.m.
De l'anglais. Bateau.

Bois, s.m.
Forêt.
Bâton.

Boisson forte
Boisson alcoolisée.

Boîte à cochons
Cage que l'on utilise pour transporter un porc.

Bonbon dur
Bonbon transparent et de consistance dure.

Bonhomme Baker
Personnage historique qui est devenu légendaire.

Bonhomme-Sept-Heures
Personnage imaginaire qui vient chercher les enfants qui ne veulent pas aller au lit le soir.

Boogie man
De l'anglais. Voir *Bonhomme-Sept-Heures*.

Bordée des Avents
Chute de neige qui a lieu un peu avant le début de l'Avent.

Borgo, s.m.
Grande flûte utilisée pour émettre des bruits et servant aussi de moyen de communication.

Borlicoco, s.m.
Bigorneau ou littorine que l'on trouve sur la grève.

Boster, v.intr.
De l'anglais. Fendre.

Bouchée, s.f.
Morceau ou portion de bonbon.

Boucher, v.tr.
Couvrir les yeux.

Bouchi-cachette, s.f.
Jeu de cache-cache.

Bouchure, s.f.
Clôture.

Bouette, s.f.
Brouet pour les porcs.

Bouquin de pipe
Tuyau de la pipe.

Bourrique de pêcheur
Nourriture.

Bout de temps (un petit)
Quelques jours.

Boy run away
De l'anglais. Sauvons-nous.

Brasser la soupe
Jeu semblable à celui de la chaise honteuse. La musique est alors remplacée par le brassage de la soupe.

Brillon, s.m.
Haillon.

Bringuebale, s.f.
Levier pour tirer l'eau du puits.

Brouette des puants
Brouette imaginaire qui venait chercher les enfants malpropres.

Bruit d'enfer
Grand bruit.

Butin, s.m.
Vêtements et lingerie.

C

Cabane, s.f.
Abri rudimentaire.

Cache, s.f.
Endroit secret dans lequel on se dissimulait pour se dérober à la vue de quelqu'un.
Lieu où l'on conserve des aliments.

Cadien, s. et adj.
Prononcé *cadjen* ou *cajun* en Louisiane. Campagnard, qui agit à la manière des *Cadiens*. Ce nom est parfois donné dans le sens de mépris ou d'ironie. Il ne semble pas l'abrégé de Acadien, car on l'applique indistinctement au Créole, à l'Acadien, ou à toutes autres personnes parlant français. Les jeunes informa-

teurs louisianais rencontrés s'en-
orgueillissent de porter cette ap-
pellation.

Caillon, s.m.
Caillot.

Cajun, s. et adj.
Voir *Cadien.*

Caler, v.intr.
Enfoncer. Baisser.

Caller, v.tr.
De l'anglais *to call.* Diriger une
danse.

Camisole, s.m.
Sous-vêtement couvrant le haut
du corps.

Camp, s.m.
Camp forestier pour abriter les
bûcherons.

Candie, s.m.
De l'anglais *candy,* bonbon.

Capable, adj.
Intelligent.

Capitaine, s.m.
Chef d'un groupe de fêtards qui
participent à une fête populaire.

Capuche, s.f.
Bonnet d'enfant.

Carami, s.m.
Camarade et ami.

Carreau d'avoine
Endroit entouré d'un mur de un
à deux pieds (28 à 60 cm) de
hauteur, généralement située
dans le grenier de la maison ou
dans celui d'un hangar, et servant à emmagasiner l'avoine.

Carriole, s.f.
Voiture d'hiver tirée par un cheval.

Casque, s.m.
Casquette.

Casse-rein, s.m.
Bande de tissu que l'on place
derrière les reins de la mère
durant l'accouchement.

Catin, s.f.
Poupée.

Catin de pâte
Pâtisserie ayant la forme d'une
poupée.

Cerisier sauvage
Merisier.

Cerne, s.m.
Halo autour de la lune.

Chaise de relevailles
Siège qui remplaçait le banc de
toilette et qui était utilisé par la
mère venant d'accoucher.

Chaloupe, s.f.
Barque à rames.

Chancre de pipe
Ulcère des lèvres causé par l'habitude de fumer la pipe.

Chanson de départ
Chanson ayant trait à la séparation et à l'éloignement.

Chanter des poignées de bêtises
Injurier, insulter.

Chantier, s.m.
Lieu en forêt où se pratique la
coupe du bois.

Chantiers forestiers
Travaux de coupe du bois en
forêt.

Chapelet de l'Avent
Pratique religieuse et superstitieuse qui a lieu dans le temps
de l'Avent.

Chapelet des quatre mille Ave
Pratique religieuse et superstitieuse qui a lieu à l'époque de
l'Avent.

Charivari, s.m.
Fête populaire qui consiste à ennuyer les nouveaux époux qui ne se sont pas conformés à la tradition.

Charivarir, v.tr.
Participer à un *charivari.*

Chaser les filles
De l'anglais *to chase.* Fréquenter les jeunes filles.

Chasse-galerie, s.f.
Légende relatant le vol d'un canot dans les airs.

Chasseur, s.m.
Poursuivant.

Chevarry, s.m.
Voir *charivari.*

Chevau
Cheval.

Chiard à la viande boucanée
Mets composé de viande fumée et de pommes de terre.

Chiard aux patates
Mets composé de lard salé, de légumes et de pommes de terre.

Cipaille, s.f.
Mets composé de couches de pâte entre lesquelles on met de la viande, du poisson, etc.

Cocarde, s.f.
Fête qui a lieu le soir, la veille des noces. À cette occasion la vieille fille de la maison devait danser dans une auge à cochons, et le futur mari devait *porter la cocarde,* soit 3 rubans, bleu, blanc et rouge, à son chapeau. S'il y avait un vieux garçon dans cette maison, il devait manger des pâtisseries dans cette même auge.

Cochon de terre, s.m.
Marmotte.

Coffre, s.m.
Cercueil.

Commander, v.tr.
Exercer une grande autorité à l'école.

Comme de coutume
Comme d'habitude, habituellement.

Comme de fait
Comme cela devait arriver.

Comment, adv.
Combien.

Compagnie, s.f.
Ami ou amie.
Assemblée.

Comté, s.m.
Région administrative regroupant un certain nombre de paroisses limitrophes, ainsi dénommée après la conquête anglaise.

Connaissances, s.f.pl.
Manifestations que les morts font aux vivants.

Content, adj.
Consentant.

Contentement, s.m.
Consentement.

Coq-à-fille, s.m.
Sobriquet donné au garçon qui change souvent d'amie.

Cordeaux, s.m.pl.
Guides.

Corder, v.tr.
Empiler, par exemple des barils de pommes de terre en les couchant les uns sur les autres.
Empiler des bûches de bois.

Corne, s.f.
Extrémité d'un quartier de lune.

Corne-à-vache, s.f.
Corne de vache servant de porte-voix.

Corps, s.m.
Ventre.

Corps barré
Constipation, appendicite.

Corps changé
Diarrhée.

Corps mort
Tronc d'arbre séché et couché par terre.

Côte, s.f.
Grève.

Coton jaune
Coton brut qui n'a pas subi le blanchiment.

Coup d'adonnance
Coïncidence.

Coup d'eau
Maladie causée par la consommation de l'eau de source pendant les canicules.

Couper les pieds
Apporter un changement, empêcher.

Courir la Chandeleur
Participer à la quête de la Chandeleur.

Courir la galipote
Se dévergonder.

Courir la mi-carême
Participer à la mascarade qui visite les maisons dans le temps de la mi-carême.

Courir le cul de l'An
Fêter, le soir du 31 décembre, l'année qui s'achève.

Courir le poisson d'avril
Se faire jouer un mauvais tour le premier avril.

Courir Mardi-gras (aller...)
Faire la quête du Mardi-gras.

Couronne de l'Avent
Croix de bois surmontée de quatre chandelles, symbolisant la famille et les quatre dimanches de l'Avent.

Course des saintes femmes au tombeau
Pratique religieuse et superstitieuse et consistant à se rendre tôt à l'église le matin de Pâques.

Coûtances, s.f.pl.
Dépenses.
Dans l'Île-du-Prince-Édouard, on dit aussi *coûtanges*.

Couverte, s.f.
Couverture d'un lit.

Craintif
Gêné, peureux.

Cramponner (se)
S'accrocher.

Créature, s.f.
Femme.

Creuse, adj.
Petite.

Criée des bancs.
Vente publique des bancs de l'église.

Crimpon, s.m.
Brassard noir que les hommes portaient au bras gauche pendant un an à l'occasion d'un deuil.

Croc, s.m.
Hameçon à pêcher
Nom donné au jour du mariage par analogie avec le croc (hame-

çon à pêcher) et symbolisant la défloration.

Croche, adj.
Arqué.

Croiser, v.intr.
Faire un cycle annuel.

Croûte, s.f.
Couche de neige fondante qui, au printemps, a gelé pendant la nuit.

Crack corn beer
De l'anglais. Bière faite à la maison.

Cuisinage, s.m.
Généralement des pâtisseries.

D

Danse des mocassins
Fête populaire au cours de laquelle on danse sur la rivière gelée, le jour du mercredi des Cendres.

Danser, v.tr.
Mouvement rythmé que ferait, selon la croyance, le soleil le matin de Pâques.

Danser la cocarde
Danser le soir de la fête de la *cocarde.*

Déboucher, v.tr.
Découvrir.

Débouler, v.tr.
Dégringoler.

Déconfortant, adj.
Décourageant.

Déclinaison, s.f.
Décroissement.

Déclinant, adj.
Décroissement.

Décroissant, s.m.
Décroissement.

Degré, s.m.
Diplôme.

Défaire (se)
Décroître.

Descendre, v.tr.
S'en aller sur la route.

Devenir de tout partout
Venir de partout.

Devirer de bord
Changer de direction.

Dîner, v.intr.
Prendre le repas du midi.

D'joigner, v.tr.
S'associer.

Donner à manger
Servir un repas.

Donner la pelle
Éconduire un amoureux.

Drap fin
Drap de laine blanche par opposition au drap gris fait de laine réutilisée.

Drive (en)
De l'anglais. En voyage.

Driver, v.intr.
De l'anglais. Pêcher avec un ligne en mouvement fixée à l'arrière d'une barque.

E

Eau de Pâques
Eau qui coule et qui est puisée à contre-courant le matin de Pâques, au soleil levant.

Eau de trempe
Eau dans laquelle le forgeron place le fer chaud pour le refroidir.

Écarts, s.m.pl.
Gales sur les genoux des chevaux.

Écriveur, s.m.
Personne qui écrit une lettre pour une autre.

Égermer des patates
Séparer une pomme de terre en autant de parties qu'elle possède de germes pour la semence.

Éhu, adv.
Où.

Embarquer, v.intr.
Monter à bord d'une voiture.

Embourbée, adj.
Être recouvert de nombreuses couvertures dans un lit.

Empirant, adj.
Aggravant.

Emporter la chatte
Quitter son amie pour ne plus revenir.

Enclos de terre
Lopin de terre défrichée entouré d'une clôture.

Encrécher, v.tr.
Faire coucher quelqu'un dans une étable. Blasphémer contre ses parents.

Enfin, conj.
Afin.

Engin, s.m.
Moteur.

Enterrer la Vieille Année
Voir *Battre la Vieille Année.*

Enterrement de la cruche
Rituel consistant, à la fin des études collégiales, à mettre des messages dans une cruche et à l'enterrer pour une période de dix ans.

Entour (à l'), adv.
De tous côtés, autour.

Épeurant, adj.
Effrayant.

Épinette, s.f.
Genre de conifère à aigrettes plates.

Escaouette, s.f.
Chanson de quête pour le jour de la Chandeleur.

Escousse (petite)
Courte période de temps.

Essuie-main-rouleau, s.m.
Bande de tissu de lin qui servait d'essuie-main et qu'on plaçait sur un rouleau de bois fixé au mur.

Été des sauvages
Temps des canicules.

Étirage de la tire
Technique de l'étirage que l'on fait subir à la préparation avant de la laisser refroidir et de la découper en morceaux.

Être à son joint
Convenir à quelqu'un.

Être au bord
Être à la veille de mourir.

Être de la bonne compagnie
Être l'amant.

Étrenner l'eau
Se baigner pour la première fois de l'année.

Être en peine
Soucieux, découragé.

Être sec
Ne plus avoir d'eau-de-vie ou de boisson alcoolisée à boire.

Être sur les planches
Être exposé dans une chambre mortuaire avant d'être mis en bière.

Être vigoureuse (ne pas)
Avoir ses règles, ses menstruations.

Éventrer, v.tr.
Sentir.

Exercer un secret
Soigner par remèdes ou formules secrets.

F

Façon, s.f.
Habitude.

Facture, s.f.
Fabrication.

Faire de grands vents
Faire l'éloge de quelqu'un.

Faire de l'œil
Faire des avances à un garçon ou une fille.

Faire du métier
Tisser avec un métier à basses-lisses.

Faire du profit
Ne pas diminuer à la cuisson.

Faire enlever le cousinage
Payer pour obtenir une dispense et avoir ainsi la permission d'épouser une personne avec laquelle il existe un lien de parenté.

Faire enlever le parentage
Voir *faire enlever le cousinage*.

Faire le dehors et le dedans
Se dit en parlant d'une femme quand elle travaille et dans les champs et dans la maison.

Faire le gibou
Jouer au jeu nommé le *gibou*. Ce jeu consiste à déloger une personne qui se tient sur une per-

che de bois fixée ou tenue au plafond.

Faire une bonne année
Accumuler des vivres ou de l'argent.

Faire une step
De l'anglais. Exécuter une danse dite gigue simple.

Faire un sapin
Décorer un arbre de Noël.

Faire voyage
Voyager.

Fais-do-do, s.m.
Soirée de danse, ainsi dénommée parce qu'autrefois les mères déposaient leur bébé dans une chambre attenante à la salle de danse pendant qu'elles dansaient ou chaperonnaient leurs filles.

Faiseur de tour
Celui qui joue des tours.

Fendre le tonnerre
Détruire la foudre en la brisant en deux parties.

Fête des arbres
Coutume de planter un arbre pendant le mois de mai et d'en faire la célébration.

Fête des neiges
Fête religieuse liée à l'agriculture et qui se célèbre une semaine ou deux après Pâques.

Fête des petits oiseaux
Fête religieuse liée à l'agriculture et qui se célèbre une semaine après Pâques.

Fêtes (la période des)
Période comprise entre Noël et le jour des Rois.

Fêtes (le temps des)
Le temps compris entre Noël et le jour des Rois.

Fêtes (les trois)
Les trois jours que duraient les noces, (la veille, le jour et le lendemain).

Fève, s.f.
Haricot.

Fièvres jaunes, s.pl.
Hépatite.

Figurer (se)
Se représenter à l'esprit.

Fille de vie
Prostituée.

Flat, s.m.
Barque à fond plat.

Flatter, v.tr.
Prendre un soin attentif.

Fleur, s.f.
Farine.

Forçage, s.m.
Effort.

Forts, adj.pl.
Touffus, fournis.

Fourneau, s.m.
Four.

Fouilleu, s.m.
Panaris.

Fricot, s.m.
Mets habituellement composé de viande de lièvre auquel on ajoute de l'oignon, des pommes de terre, des carottes, du navet, et des *galettes de pâte.*

Fricot acadien
Ragoût à la viande de lièvre. (On peut aussi utiliser de la viande de poulet avec des haricots et assaisonner d'origan).

Fricot du Cap-Breton
Ragoût à la viande de poulet.

Fuseau, s.m.
Bobine.

Futur, s.m.
Prétendant.

G

Gagner, v.tr.
Se diriger vers un endroit.

Gagner de l'argent (se)
Se faire un revenu.

Galerie, s.f.
Plate-forme qui se trouve sur tout un côté d'une maison.

Galette de pâte
Pâte sans sucre.

Galette des filles
Gâteau des rois contenant des objets qui prédisent l'avenir.

Galette salée
Genre de biscuit préparé avec de l'eau, de la farine et du sel.

Garde, s.m.
Gardien du château du roi.

Garnir, v.tr.
Équiper une maison de meubles, lingerie, ustensiles, vaisselle, etc.

Gibou, s.m.
Hibou.

Gin, s.m.
Boisson alcoolisée à base de grain.

Gombo, s.m.
Potage constitué d'un roux, de viande de poulet et de la chair de différents crustacés. On y ajoute des épices et des grains de gombo.

Gomme, s.f.
Gomme à mâcher. Sève de certains conifères que l'on recueille pour en faire de la gomme à mâ-

cher ou que l'on utilise comme médication.

Grade, s.m.
Groupe ou division scolaire.

Grain de cul
Fruit de l'aubépine ou nom vulgaire de l'églantier et du rosier.

Grâler, v.tr.
Griller.

Grand Catéchisme
Leçons de catéchisme données par le curé.

Grande chandeleur
Mascarade des adultes.

Grande communion solennelle
Communion qui a lieu lorsque l'enfant a atteint sa sixième année de scolarité, soit vers l'âge de douze ou treize ans.

Grande demande
Demande en mariage faite aux parents de la jeune fille peu avant la célébration du mariage; elle succède à la *petite demande*.

Grand dérangement
Déportation des Acadiens.

Grande infortune
Déportation des Acadiens en 1755.

Grand'Messe, s.f.
Messe principale chantée le dimanche.

Grande mi-carême
Fête masquée, qui a lieu le soir.

Grande picote
Épidémie de variole.

Grandes chaleurs, f.pl.
Canicules.

Grandes fièvres
Fièvres accompagnées de hautes températures.

Grands bois
Forêt de grande étendue.

Grenages, s.f.pl.
Fruits sauvages tels que fraises, framboises et myrtilles.

Greyer, v.tr.
S'habiller, se préparer à partir. Atteler un cheval, équiper un bateau ou une barque.

Grigne, s.f.
Entame de pain.

Gros, adj.
Grand

Gruau, s.m.
Poridge anglais, plat à base de gruau.

Gumbo, s.m.
Voir *gombo*.

H

Habit blanche
Habit de travail.

Hallowe'en
De l'anglais. Soirée masquée organisée pour recueillir de la nourriture pour les pauvres. Elle a ordinairement lieu la veille de la Toussaint.

Hard case
De l'anglais. Cas grave.

Hardes, s.f.pl.
Vêtements.

Hatchiner un parrain
Chercher, une fois rendu à l'église, une personne qui acceptera d'être parrain pour un enfant que l'on va baptiser.

Herbages, s.m.pl.
Plantes employées en médecine populaire, analogie à plante.

Herbe attachée
Jeu de poursuite consistant à frapper un des participants avec de longues herbes nouées.

Heure (à cette)
Maintenant.

I

Indian giver
De l'anglais. Celui qui donne quelque chose et le reprend ensuite.

Inflammation des boyaux
Inflammation intestinale.

J

Jeu du panier
Coutume populaire qui a lieu le premier mai.

Jeunesse, s.f.
Garçon ou fille non marié.

Jeunesses, s.f.pl.
Jeunes gens des deux sexes.

Jig, s.m.
Leurre en plomb ou en étain, ayant la forme d'un poisson, et dont on se sert pour la pêche dite «à la faux» alors qu'on ne fait pas usage de l'appât. Ce type de pêche se pratique au moyen d'un moulinet rectangulaire en bois.

Joual, s.m.
Cheval.

Joueur de tour
Celui qui joue des tours.

Jour de dégras
Jour de mauvais temps en mer et pendant lequel le poisson ne mord pas. (Anciennement le dé-gras était un lieu sur la grève où l'on préparait le poisson).

Journeaux, s.m.pl.
Période comprise entre le 26 décembre et le 7 janvier et qui révèle quel sera le temps au cours de l'année qui vient.

K

Kick-the-Can
De l'anglais. Jeu de cache-cache dont un des éléments consiste à frapper un vieux contenant de tôle.

L

Lâcher le dernier soupir
Rendre le dernier soupir.

Laisser en garant
Laisser en gage.

Laitveriou, m.s.
Flan.

Let's go
De l'anglais. Allons, partons.

Lever le cœur
Donner la nausée.

Léveriou, m.s.
Voir *laitveriou*.

Lieule, s.f.
Lierre.

Ligne dormante
Ligne de pêche tendue à l'horizontale et à laquelle sont fixés des centaines d'hameçons.

Linge, s.m.
Vêtements.

Loom, s.m.
De l'anglais. Petit métier manuel à 23 lames. (Le nombre de lames pouvait varier).

349

Loup-marin, s.m.
Phoque

Lundi gras, s.m.
Lundi précédent le Mardi gras

Lune profitante
Lune croissante.

M

Macaques, s.f.pl.
Singeries, bouffonneries.

Maganer, v.tr.
Maltraiter.

Magasin général
Magasin, dans un village, où l'on vend un peu de tout.

Main chaude (jouer à la)
Jeu dans lequel le participant doit deviner qui l'a frappé dans le dos.

Maison engendreuse
Construction à l'origine adjacente à la maison des parents et qui, après le mariage d'un fils ou d'une fille, devient à son tour une maison qui, elle aussi, aura sa construction adjacente et ainsi de suite.

Maison muante
Voir *maison engendreuse.*

Maître de danse
Celui qui conduit ou dirige la danse dans une veillée.

Manger, s.m.
Nourriture.

Manger mer et monde
Avoir une faim de loup.

Manquer, v.intr.
Passer à un cheveu de faire quelque chose ou faillir.

Marcher au catéchisme
Assister aux leçons de catéchisme pour se préparer à la communion solennelle.

Mardi gras, s.m.
Personne masquée participant à la fête populaire du Mardi-gras.

Mascarade des nègres
Fête populaire semblable à celle du Mardi-gras; elle a lieu le jour du Mercredi des Cendres.

Masques, m.pl.
Personnes masquées.

Mater au mitan
Placer debout au centre de la table.

Mauvais, s.m.
Ensorcellement.

Méchant temps
Mauvaise température.

Médiciner (se)
Se soigner.

Même, adv.
Bien que.

Mentir pour vrai
Oublier que l'on raconte des choses invraisemblables pour faire rire et mentir vraiment.

Menteur-roi, s.m.
Celui qui ment même si on l'a prévenu qu'on ne le croyait pas et qui croit les mensonges de ceux qui l'ont prévenu qu'ils lui mentiraient.

Menstruer, v.intr.
Avoir ses menstruations, ses règles.

Mère-feu, s.f.
Sage-femme.

Messe blanche
Messe dite par un laïc et excluant la consécration.

Mettre à caution
Laisser en gage.

Mettre dessus le chemin (aller se)
Se mettre en route.

Mi-carême, s.f.
Femme masquée qui apportait des nouveaux-nés.
Personne masquée participant à la fête de la mi-carême
Être imaginaire qui distribue des friandises aux enfants la nuit de la mi-carême.
Fête masquée à la mi-carême.

Mine-rode, s.f.
De l'anglais *mine-rod*. Baguette de chercheur de trésor.

Mioche, s.m.
Mets composé de pommes de terre, de navets et de viande de porc salée.

Monde, s.m.
Sujets du royaume.

Montant, s.m.
Somme.

Montant du diable
Grosse somme d'argent.

Morfondre (se)
Se tourmenter.

Moskois, s.m.
Écorce de bouleau.

Moulin à scie
Scierie.

Mouque, s.f.
Moule.

Mouvée, s.f.
Troupeau de phoques.

Moyen, adv. et adj.
D'une manière passable. Acceptable ; assez loin.

Moyen montant.
Grosse somme d'argent.

Moyeu, s.m.
Lieu géographique situé au centre de rayonnement d'une bande de *mardi-gras*.

Mug, s.f.
De l'anglais. Tasse de pêcheur.

Mummers, s.f.pl.
De l'anglais. Gens masqués qui participent à la fête des *mummers* à Terre-Neuve. Ils ont donné leur nom aux autres fêtes masquées de l'année, dont celle du mois de décembre.

N

Nabat
Onomatopée imitative d'un mot de langue amérindienne.

Nabet
Voir Nabat.

Nauritte, s.f.
Jeu de cache-cache.

Neige de mai
Neige qui tombe le premier mai.

Nipaillons, s.m.
Personne habillée de vieux vêtements.

Neuvaine de soufre
Remède relevant de la médecine populaire et consistant à manger, pendant neuf jours de suite, du soufre mélangé à de la mélasse.

O

Orignal, s.m.
L'animal le plus gros dans la famille des cervidés en Amérique du Nord.

P

Pain sucré
Gâteau.

Palette, s.f.
Longue spatule de bois utilisée pour détremper le brouet des porcs.

Pantoute, adv.
Pas du tout.

Pantry, s.f.
De l'anglais. Laiterie.

Papiéter, v.tr.
Enduire d'eau et de farine, et recouvrir ensuite de vieux journaux.

Paradis, s.m.
Jeu de cartes.

Parage, s.m.
Préparation.

Paré, adj.
Exclamation qui indique, au jeu de *bouchi-cachette*, que l'on commence à chercher ceux qui sont cachés.

Paroisse, s.f.
Division administrative correspondant à la commune en France.

Paroissien, s.m.
Habitant d'une *paroisse*.

Paroissien Romain
Livre de messe.

Parties, s.f.pl.
Testicules.

Passer devant
Dépasser quelqu'un, se classer en avance.

Passer le peigne
Peigner.

Patate douce (festival de la)
Festival louisianais en l'honneur de la pomme de terre.

Patates fraîches
Pommes de terre fraîches.

Patates neuves
Pommes de terre nouvellement récoltées.

Pâté à la râpure
Mets traditionnel chez les Acadiens de la Nouvelle-Écosse; il est à base de poulet, de lard salé et de pommes de terre.

Pâté de famille
Mélange de viande de porc et de pommes de terre enveloppé dans des pâtes.

Pâte en pâte
Mets constitué de viande et de pâte.

Pelure, s.f.
Amie.

Peppermane, s.f.
De l'anglais. Pastille de menthe.

Perdrix, s.f.
Gelinotte huppée canadienne.

Peser le cochon
Jeu consistant à jeter quelqu'un dans une cuve d'eau.

Petite année
Année peu fructueuse pour l'agriculture, la pêche, ou les revenus en général.

Petite chandeleur
Mascarade des enfants.

Petite demande
Demande de fréquentations assidues faite par le garçon.

Petite mi-carême
Mascarade réservée aux enfants. Elle a lieu l'après-midi.

Petite picote
Varicelle.

Peur blanche
Peur qui transit.

Peur mortelle
Peur qui donne le frisson, presque la syncope.

Piasse, s.f.
Dollar ou piastre.

Pièces sur pièces
Murs sans charpente constitués par la superposition de troncs d'arbres (équarris ou ronds) placés à l'horizontale.

Pine, s.f.
Petite barque de pêche.

Pioche, s.f.
Partie la plus longue d'un bréchet cassé en deux parties.

Piquet, s.m.
Pieu.

Pirouine, s.f.
Oie.

Pisseuse, s.f.
Religieuse.

Pitre, s.m.
Jeu de cartes.

Place, s.f.
Endroit.
Centre du plancher d'une maison ou centre de la pièce principale d'une maison.

Plainte, s.f.
Complainte.

Plancher, s.m.
Séparation entre la cave et le rez-de-chaussée d'une maison.
Partie entourée de cloisons, comme la cuisine.

Planter (se)
Se lever et s'efforcer de bien faire, comme chanter par exemple.

Plein, adj.
Complet.

Pleurine, s.f.
Voile noir porté par les femmes à l'occasion d'un deuil.

Poigner (se)
Se trouver du travail.

Poisson d'avril
Premier d'avril.

Poker, s.m.
De l'anglais. Jeu de cartes.

Pomme de prés
Airelle à gros fruits rouges.

Pommette, s.f.
Petite pomme.

Porter la cocarde
Être coiffé du haut de forme décoré de la cocarde.

Porter le crimpon
Porter le deuil.

Poudre à pâte, s.f.
Levure pour faire lever la pâte.

Pound, s.f.
De l'anglais. Livre sterling.

Pour: prép.
De l'anglais. Pendant.

Poutines en sac
Dessert de pâte sucrée, riche en gras et mis dans un sac lors de la cuisson.

Poutines râpées
Mets traditionnel des Acadiens du Sud du Nouveau-Brunswick. Probablement d'origine allemande.

Prendre au fond
Adhérer au poêlon, en parlant d'une crêpe par exemple.

Prendre dans sa manche
Prendre en amitié.

Prendre (la famille...)
Naissances répétées dans une famille.

Prendre (le feu...)
S'aviver.

Prendre quelqu'un
Embarrasser quelqu'un.

Propre, adj.
Enfant qui ne fait plus ses besoins naturels dans sa couche.

Putin râpée
Prostituée. Jeu de mots, par analogie avec *poutines râpées*, qu'on attribue à la prononciation de mots français par les Anglais.

Q

Quart à farine
Farinier fait d'un vieux baril.

Quart à fleur
Baril à farine.

Quasiment, adv.
Presque.

Quêteur, s.m.
Celui qui quête par les portes à l'occasion d'une fête populaire.

Quête de la Chandeleur
Coutume du soir de la Chandeleur; elle consiste en une mascarade et une quête pour les pauvres.

Quêteux, s.m.
Voir *quêteur*.

R

Ragoût français
Pâté de pommes de terre et de viande.

Ramasser la pluie (le quartier de lune...)
On connaîtra les conditions atmosphériques en mer si la position et la forme de la lune permettent d'imaginer qu'elle peut recueillier l'eau de pluie.

ramasser (se)
Se trouver quelqu'un que l'on épousera par la suite.

Ramasser ses idées
Démêler ses pensées.

Rang, s.m.
Route parallèle au chemin du roi.

Râpe, s.f.
Sage-femme.

Râpé, s.m.
Voir *pâté à la râpure*.

Ravoir, v.tr.
Avoir à nouveau.

Recevoir sa pelle
Être éconduit par une jeune fille.

Reçoir, v.tr.
Recevoir.

Recroc, s.m.
Fête qui a lieu le lendemain du mariage c'est-à-dire le lendemain du *croc*.

Regagner, v.tr.
Retourner à la mer.

Regarder par-dessus la clôture
Commencer à vouloir courtiser quelqu'un.

Regarder pas pire
Avoir bonne allure, meilleure santé.

Renouveler (les vaches...)
Mettre bas.

Rentrer, v.intr.
Entrer.

Renverser la pluie (le quartier de lune...)
Il pleuvra si la position et la forme de la lune permettent d'imaginer que l'eau de pluie qui s'y trouve se renversera.

Républicains, s.m.pl.
Francophones de la région du Madawaska au Nouveau-Brunswick et des régions limitrophes des États-Unis.

Rescouer, v.tr.
Secouer de nouveau.

Résoudre, v.tr.
Contraindre.

Rester, v.intr.
Demeurer.

Revenir, v.intr.
Reprendre vie.

Revirer (le vent...)
Changer de direction.

Roche, s.f.
Jeu d'adresse fait avec un caillou.

Roi des menteurs
Voir *menteur-roi.*

Rouler des galettes
Étendre une abaisse et la découper en morceaux.

S

Sacrédié
Exclamation: Sacré Dieu; juron familier.

Sacreur, s.m.
Blasphémateur.

Saint Office, s.m.
Messe du dimanche.

Sang blanc
Sperme.

Sapin de Noël
Arbre de Noël.

Sappe, s.f.
Nourriture de bébé.

Sauce douce
Sauce blanche.

Sauvage, s.m.
Indien de l'Amérique.

Sauvation, s.f.
Rédemption ou survivance.

Savon du pays
Savon fait à la maison.

Scoache, s.m.
De l'anglais *coach.* Cabane faite de couvertures de laine fixées sur un traîneau tiré par un cheval pour *courir la Chandeleur.*

Senti, s.m.
Bran de scie.

Servante, s.f.
Aide qui assiste la maîtresse de maison.

Service, s.m.
Office funèbre ou messe de funérailles.

Set de chambre
Ensemble de meubles pour garnir une chambre à coucher.

Shower, s.m.
De l'anglais. Fête que des amies font à la future mariée.

Siffleux, s.m.
Marmotte.

Signe, s.m.
Prévision atmosphérique de tradition orale.

Signer, v.tr.
Donner.

Signer (se)
Faire une croix sur soi.

Signer son héritage
Donner ses biens.

Smatte, adj.
De l'anglais *smart*. Gentil, poli, intelligent.

Soda à pâte
Bicarbonate de soude.

Sœur, s.f.
Religieuse.

Soir de la tortue
Soirée du jour précédent la mi-carême. Ce soir-là, les jeunes gens masqués appellent les jeunes filles en dehors de la maison en leur promettant une paire de souliers.

Soir des tours
Soirée consacrée à jouer des tours; elle a lieu le 31 octobre.

Soirée de la tortue
Voir *Soir de la tortue.*

Soigner, v.tr.
Avoir soin.

Soigneur, s.m.
Personne qui guérit.

Soleil de Pâques
Soleil levant du matin de Pâques.

Sommure, s.f.
Saumure.

Sonner le sanctus
Faire entendre une sonnerie au moment où le prêtre chante l'hymne du *sanctus* pendant la messe.

Sortir, v.intr.
Courtiser quelqu'un.

Souhait, s.m.
Bréchet.

Souhait de bonne et heureuse année
Vœux de bonne et heureuse année.

Soupe aux pois
Potage dans lequel les pois sont entiers. Il est généralement assaisonné d'herbes et de lard salé.

Souper, s.m.
Repas que l'on prend en fin d'après-midi, vers six heure.

Sournatchette, s.f.
Croque-mitaine de l'Île-du-Prince-Édouard.

Sous noir (gros)
Pièce de monnaie du Canada qui avait la valeur de deux sous.

Soutiendre, v.tr.
Venir en aide.

Squirt guns
De l'anglais. Fusil à eau.

Step, s.m.
De l'anglais. Seuil.

Sublet, s.m.
Sifflet.

Sucre à la crème
Sucrerie faite avec de la cassonade ou du sucre brun et de la crème.

Sucre d'érable
Sucre fait de la sève d'érable au Canada.

Suète, s.m.
Vent du sud-ouest au Cap-Breton.

Suivants, s.m.pl.
Garçon et fille d'honneur.

Sur la semaine
Pendant la semaine à l'exception du dimanche.

T

Table de chance
Jeu de bingo.

Tamarin, s.m.
Sucrerie à base de sucre blanc.

Tambour, s.m.
Rallonge d'une maison.

Tansée, s.f.
Tanaisie.

Tasserie, s.f.
Aire réservée dans la grange pour la conservation du foin.

Taweille, s.f.
Indienne.
Indienne jouant le rôle de *Bon-homme-Sept-Heures* et aussi de sage-femme.

Tchas, s.m.
Mets préparé pour le bébé et qui se compose de pain et de mélasse.

Temps de la viande
Période précédent Noël pendant laquelle on fait les boucheries.

Temps des canicules
Grandes chaleurs.

Tenir à deux mains dans les cordeaux
Tenir fermement les guides d'un cheval vigoureux.

Tenir aller le poêle en bois
Alimenter un poêle à bois.

Terre, s.f.
Ferme.

Terres, s.f.pl.
Terre ferme par opposition à la mer.

Terriblement, adv.
Beaucoup.

Tête chaude
Être vivant

Tibounich
Onomatopée imitative d'un mot de la langue amérindienne.

Tiller, v.intr.
Tirer au sort au moyen d'une comptine d'élimination.

Tire, s.f.
Sucrerie à base de mélasse.

Tire à la mélasse
Sucrerie à base de mélasse.

Tire d'érable
Sirop très consistant fait de la sève de l'érable.

Tire étirée
Sucrerie à base de crème et de sucre blanc et qui a subi longuement le procédé d'étirement.

Tirer sa voix
Donner l'impression, à la façon du ventriloque, que des choses inanimées parlent.

Tombe, s.f.
Cercueil.

Tomber d'un mal
Souffrir d'épilepsie

Tomber en amour
Devenir amoureux.

Tomber en bas
Tomber.

Tomber en pierre (le tonnerre)
Foudre qui tombe sous forme de pierre ou qui fait entendre un bruit d'éclatement.

Tour de noce
Petit voyage de noce.

Tournant, s.m.
Courbe.

Tourtière, s.f.
Pâté à la viande de porc. On y ajoute souvent des cubes de pommes de terre.

Traînard, s.m.
Buis, sapin traînard.

Traite, s.f.
Boisson ou bonbon que l'on offre pour faire les politesses d'usage.

Trajet, s.m.
Évènement.

Travail des femmes
Artisanat.

Tremper, v.tr.
Imbiber d'eau.

Trousseau paroissial
Trousseau de mariage préparé par l'ensemble de la communauté paroissiale. `

Tu, s.m.
Cul.

Tuer la Vieille Année
Voir *Battre la Vieille Année*.

Tuque, s.f.
Bonnet de laine.

Turlutter, v.tr.
Fredonner une mélodie.

V

Valentin, s.m.
Lettre anonyme contenant généralement des dessins grossiers et parfois des insultes.

Veiller le corps
Prier auprès de la dépouille mortelle de quelqu'un.

Veiller un mort sur les planches
Prier auprès d'un mort exposé avant d'être mis dans un cercueil; il était autrefois placé sur des planches, d'où le terme «*sur les planches*».

Vent des orphelins
Vent qu'on entend lors de tempête, et qui, selon la tradition, fait entendre des plaintes semblables à celles des enfants qui ont perdu leur père en mer.

Vente d'honneur
Vente aux enchères, à la porte de l'église, de personnes âgées qui n'avaient plus de parent.

Vent haïssable
Vent du Nord-Est.

Verrure, s.f.
Verrue.

Viande boucanée
Viande fumée.

Viande de bois
Venaison.

Viande étouffée
Viande de gibier capturé au collet.

Vieille Année
Soirée du 31 décembre pendant laquelle on s'amuse à danser et à jouer des tours.

Vieille Annie (tuer ou enterrer la)
Par analogie avec la *Vieille Année*, on dit aussi *Vieille Annie*, comme si elle était un personnage.

Vieille lune
Pleine lune.

Vieille maison
Maison paternelle.

Violon (écorce de)
Tête de fougère.

Virer de bord
S'en retourner, changer de direction.

Voir une femme
Avoir des relations sexuelles avec une femme.

Voler la mariée
Enlever la mariée et ne la libérer qu'après avoir reçu ce que l'on demandait en retour, ordinairement une somme d'argent. Simulacre du vol de la mariée qui existait chez les Romains.

Voyage, s.m.
Chargement.

Voyager son flag
Agiter un drapeau.

Vré, adv.
Vrai.

W

Wagon, s.m.
Voiture roulante à quatre roues utilisée surtout pour le travail aux champs.

Wake, s.f.
De l'anglais. Soirée passée à veiller un mort.

Waker, v.tr.
De l'anglais. Veiller un mort.

Wakeur, s.m.
De l'anglais. Celui qui veille un mort.

Wish Bone, s.m.
De l'anglais. Bréchet que l'on utilise pour prédire le destin.

Wrapper, s.m.
De l'anglais. Robe ample que portent les femmes enceintes.

BIBLIOGRAPHIE

I DOCUMENTS MANUSCRITS ET SONORES DE COLLECTIONS PERSONNELLES

a) *Archives de Folklore, Université Laval, Québec.*

Arsenault, Georges, *La quête de la Chandeleur chez les Acadiens de l'Île-du-Prince-Édouard*, Québec, U.L., 1975, 61 p. man.

Collection abbé Paul Arsenault, doc. ms. 92

Bradon, Élisabeth, *Mœurs et langue de la paroisse de Vermillon en Louisiane*, Québec, École des Gradués, Thèse de Doctorat d'Université, U.L., 1955, vol. I, 569 p. man.

Daigle, Jeanne d'Arc, *Les rimes enfantines en Acadie*, Québec, École des Gradués, Thèse de Maîtrise es Arts, U.L., 1972, 390 p. man.

Collection Dr Dominique Gauthier, doc. son. 332, 333

Collection Dr Catherine Jolicoeur, doc. ms. 325

Lacourcière, Luc, *Catalogue des légendes et faits de folklore*, Fichiers manuscrits des Archives de Folklore, commencés en 1956, en cours.

Leblanc, Arthur, *La Chandeleur chez les Acadiens de l'Île du Cap-Breton*, Québec, École des Gradués, Thèse de Maîtrise es Arts, U.L., 1954, 109 p. man.

Collection Joseph-Thomas Leblanc, doc. ms. 445

Saucier, Corinne, *Histoire et traditions de la paroisse des Avoyelles en Louisiane*, Québec, École des Gradués, Thèse de Doctorat d'Université, U.L., 1949, 534 p. man.

b) *Centre d'Études Acadiennes, Université de Moncton, N-B.*

Collection Georges Arsenault, doc. son. 23

Collection Régis Brun, *Lettre du curé Poirier à Monseigneur Plessis, le 5 octobre 1819, à Memramcook, Dorchester*, man.

Burke, Rév. A., *Egmont Bay, P.E.I.*, 8 p. man.

Collection Anselme Chiasson, cap., doc. son. A 27, A 546, 399, 627

Chiasson, Anselme, cap., *La vie populaire des Madelinots* Univ. de Moncton, 1966, 114 p. man.

Gaudet, Placide, *Histoire de la paroisse de Cap-Pelé*, Univ. de Moncton, s.a., 111 p. man.

Gaudet, Placide, *La grande demande*, Univ. de Moncton, 1 p. man.

Gaudet, Placide, *Lettres et documents relatifs à Prosper Lausier et à sa famille, ainsi qu'à l'établissement acadien de Tracadie*, Univ. de Moncton, man.

Poirier, Pascal, *Shediac, précis historique*, Univ. de Moncton, 37 p. man.

c) *Divers*

Deshotels, Bee, *Folksongs of the Louisiana Acadians*, recorded in Grand Mamou by Dr Harry Oster. (Louisiana Folklore Society, LFSA — 4) Microsillon, 33 1/3, rpm, 30 cm.

Testament de Étienne Léger, 28 décembre 1864, document de la famille, Saint-Antoine de Kent. Consulté au Musée de l'École de Saint-Antoine de Kent, lors du festival d'été de 1973.

II BIBLIOGRAPHIE DES OUVRAGES CITÉS

Aarne, Antti, *Verzeichnis der Marchentypen. The Types Folk-Tales*, traduction et suite de Stith Thompson, Helsinki, Suomalainen tiedeakatenia, 1961, 588 p.

Albert, Julie-D., *Centenial Madawaska*, Madawaska, Ed'ston, 1969, 159 p.

Anonyme, La complainte du Vanilia, l'*Évangéline*, Moncton 15 août 1955, p. 10, 12 et 16.

Anonyme, *La cuisine acadienne, Acadian Cuisine* (Charlettown, P.E.I.), Kansas City, North Américan Press, 1973, 154 p.

Anonyme, *La paroisse acadienne de Havre Saint-Pierre*, Saint-Justin, Imp. Gagné et Fils, 1957, 154 p.

Anonyme, Rencontres, *Journal du N.D.A.*, Moncton, s.é. vol. 2, novembre-décembre 1964.

Arsenault, Bona, *Histoire et généalogie des Acadiens*, Québec, Le conseil de la vie française en Amérique, 1965, 2 vol.

Beaudry, René, c.s.c., Les pénitences publiques en Acadie, *Rapport de la Société canadienne d'histoire de l'Église catholique*, 1956, p. 1-10.

Bernard, Antoine, c.s.v. *L'Acadie vivante*, Montréal, Imp. Populaire Ltée, 1945, 182 p.

Bourgeois, Ph-F., eud., La Fête-Dieu en Acadie, Le *Moniteur Acadien*, Shédiac, 1er juillet 1892., p. 22

Bourque, A.T., *Chez les anciens Acadiens*, Moncton, l'Évangéline, 1911, 153 p.

Casgrain, abbé H-R., *Un pelerinage au pays d'Évangéline*, Paris, Lib. Léopold Cerf, 1889, 404 p.

Chiasson, Anselme, cap., *Chéticamp, histoire et traditions acadiennes*, Moncton, Ed. des Aboiteaux, 1961, 317 p.

Cormier, Clément, c.s.c., Acadie, *La société historique acadienne*, Moncton, Imp. Acadienne Ltée, 2e cahier, 1962, p. 58-60.

Courteau, Guy et Lanoue, François, *Une nouvelle Acadie, Saint-Jacques de l'Achigan*, Montréal, Imp. Populaire Ltée, 1947, 398 p.

Cuvillier, A., *Manuel de sociologie*, Paris, Presses Univ. de France, 1963, 2 vol.

Daigle, Louis-Cyriaque, *Histoire de Saint-Louis de Kent*, Moncton, Imp. Acadienne Ltée, 1948, 245 p.

Daniel et Anselme, RR.PP., capucins, *Chansons d'Acadie*, Montréal, Pointe-aux-Trembles, La Réparation, 2e série, 1945, 53 p. (50 chansons).

Ditchy, Jay K., *Les Acadiens Louisianais et leur parler*, Paris, Chez Droz, 1932, 272 p.

Doucet, Alain, *La littérature orale de la Baie-Sainte-Maire*, Québec, Éd. Ferland, 1965, 111 p.

Doyon, Madeleine, Rites de la mort dans la Beauce, *Journal of Américan Folklore*, U.S.A., vol. 67, 1954, p. 137-146.

Doyon-Ferland, Madeleine, *Coutumes populaires du Canada français*, Québec, P.U.L., 1972, 147 p.

Dupont, Jean-Claude, *Contribution à l'ethnographie des côtes de Terre-Neuve*, Québec, Centre d'Études Nordiques, U.L., 1968, 165 p.

Dupont, Jean-Claude, *Le pain d'habitant*, Traditions du geste et de la parole I, Montréal, Leméac, 1974, 105 p.

Dupont, Jean-Claude, *Le sucre du pays*, Traditions du geste et de la parole II, Montréal, Leméac, 1975, 117 p.

Eakin, Sue, In Mamou: They Ride the Mardi-Gras, *Louisiana Héritage*, Alexandra, Louisiana, Published by Louisiana Heritage Inc., vol. I, n° 2. Winter 1969, p. 5-6, 27 et 35.

Fletcher, J-H., The old time charivari, *The Prince Édward Island Magazine*, Charlettown, vol. IV, november 1902, p. 307-314.

Fontenot, Mary Alice, In the Acadian Country It's time for the Mardi-Gras Run. *Sunday Advocate,* Baton Rouge, Louisiana, february 1st, 1970, p. 1-2.

Gallien, abbé Arthur, Caraquet, l'*Evangéline*, Moncton, 25 janvier et 1er février 1955, p. 4.

Gaudet, Placide, La fête des petits oiseaux, Le *Moniteur Acadien*, Shediac, 19 avril 1887, p. 2-3.

Germain, F., *L'art de commenter une épopée*, Paris Éd. Foucher, 1965, 80 p.

Gilmore, Jeanne et Robert C., *Chantez la Louisiane*! Louisiana, Lafayette Acadiana Music, 1970, 18 p.

Hocart, A.M., *Les progrès de l'Homme*, Paris, Payot, 1935, 358 p.

Hubert, Paul, *Les Îles-de-la-Madeleine*, Rimouski, Imp. Générale, 1926, 251 p.

Jolicoeur, Catherine, La complainte du *Vanilia*, Le *Petit Courrier*, West Pubnico, N-Écosse, 7 décembre 1961, p. 8 et 10.

Jolicoeur, Catherine, Légendes acadiennes, *Folklore et tradition orale au Canada,* Université Laurentienne, Sudbury, février 1976, p. 20-30.

Leblanc, Émery, *Les Entretiens du village*, Moncton, Imp. Acadienne Ltée, 1957, 148 p.

Leblanc, Robert A., The Acadian Migration, *Cahiers de Géographie du Québec,* Québec, P.U.L., n° 24, décembre 1967, p. 523-541.

Léger, Antoine-J., *Une fleur d'Acadie*, Moncton, Imp. Acadienne Ltée, 1946, 128 p.

Léger, Évariste-L., *Histoire de la paroisse de Saint-Antoine*, Shediac Bridge, N-Brunswick, Imp. Le Gresley, 1967, 84 p.

Léger, J-Médard, Caraquet, l'*Évangéline*, Moncton, 19 novembre 1953, p. 4.

Mélançon, Claude, *Charmants voisins*, Montréal, Granger et Frères Ltée, 1947, 282 p.

Menon, P.L. et Lecotté, R., *Au village de France* (La vie traditionnelle des paysans), Paris, Bourrelier, T. II, 1954, p. 102.

Poirier, Pascal, *Origine des Acadiens*, Montréal, Eusèbe Sénécal, 1874, 112 p.

Roy, Dr Carmen, *Les Acadiens de la rive nord du fleuve Saint-Laurent,* Ottawa, Musée National du Canada, Min. du Nord et des Ressources Nationales, bulletin 194, 1963.

Savoie, Alexandre, *Kedwick a cinquante ans*, s.l., Imp. Richelieu Inc., 1965, 144 p.

Savoie, Francis, *L'Île de Shippagan*, tours et légendes, Moncton, Éd. des Aboiteaux, 1967, 93 p.

Trudel, abbé A-J., La fête des barques à Lamec (Lamèque), N-Brunswick, *Évangéline,* Weymouth, N-Écosse, ill. spécial, 15 août 1890, p. 4-6.

Victorin, frère Marie, *Flore Laurentienne*, Montréal, Les Frères des Écoles Chrétiennes, 1940, 916 p.

III INFORMOGRAPHIE

(Collection de l'auteur, documentation sonore ou manuscrite*.

L'âge des informateurs est celui qu'ils avaient en 1966; lorsqu'il y a exception, je le note.)

Numéro, nom, prénom, âge et origine de l'informateur.

1. Anctil, Jeannette, 32 ans, Moncton, West., N-B.
4. Arsenault, Angèle, 20 ans, Abraham Village, Prince, I-P-E.
5. Arsenault, Angèle, Tusket, Yarmouth, N-E. (1973).
6. Arsenault, Antoine, Saint-Gilbert, Prince, I-P-E. (1973).
7. Arsenault, Ella, 28 ans, Bathurst, Gloucester, N-B.
11. Arsenault, Mme Joseph-Thomas, Egmont Baie, Prince, I-P-E.
13. Arsenault, Lucienne, 75 ans, Prince, I-P-E. (1973).
14. Arsenault, Noreen, 20 ans, Moncton, West., N-B.
15. Arsenault, Patricia, 30 ans, Miscouche, Prince, I-P-E.
16. Arsenault, Walter, 76 ans, Saint-André, H-Aboujagane, West., N-B.
19. Babineau, Paul-Émile, Pont-de-Shédiac, West., N-B.
20. Babineau, Philippe, 70 ans, Robichaud Office, West., N-B.

23. Babineau, Rose-Marie, 21 ans, Richibouctou Vill., Kent, N-B.
24. Babineau, Mme X., 66 ans, Colette et Moncton, West., N-B.
25. Barthe, Irène, 20 ans, Petit-Rocher, Gloucester, N-B.
26. Belliveau, Mme Éric, 62 ans, Dorchester Cross., West., N-B.
27. Belliveau, Exelda, 87 ans, Belliveau Vill., West., N-B.
30. Bérubé, Normand, 22 ans, Sainte-Anne de Madawaska, Mad., N-B.
31. Blanchard, Mme Éliane née Leblanc, 22 ans, Moncton, West., N-B.
34. Bolduc, Vincent, 19 ans, Moncton, West., N-B.
35. Bordage, Laurida, 28 ans, Rogersville, North., N-B.
38. Boudreau, Amédée, 77 ans, Belle-Marche, Inverness, N-Écosse (1973).
40. Boudreau, Donald, Pré-d'en-Haut, West., N-B.
41. Boudreau, Edward, 65 ans, Robichaud Office, West., N-B.
44. Boudreau, Léonce, 23 ans, Shédiac, West., N-B.
45. Boudreau, Léopold, 63 ans, Moncton, West., N-B.
46. Boudreau, Lucien, 61 ans, Shediac, West., N-B.
47. Bourgeois, Alfred, 22 ans, Bouctouche, Kent, N-B.
48. Bourgeois, Diane, 25 ans, Moncton, West., N-B. (1973).
51. Bourgeois, Joseph, 75 ans, Grande-Digue, Kent, N-B.
52. Bourgeois, Louis, 77 ans, Grande-Digue, Kent, N-B.
53. Bourgeois, Lucille, 36 ans, Pré-d'en-Haut, West., N-B.
56. Bourque, Mme Ferdinand, 98 ans, Scoudouc, West., N-B.
58. Bourque, Jean-Claude, 20 ans, Lourdes, West., N-B.
59. Bourque, John, 73 ans, Notre-Dame de Kent, N-B. (1973).
60. Bourque, Mme Maxime, 88 ans, Memramcook, West., N-B.
61. Brault, Jérôme, 61 ans, Néguac, North., N-B. (1973).
62. Breau, Mme Marc, 55 ans, Memramcook, West., N-B.
63. Breau, Yvan, 35 ans, Shédiac, West., N-B.
71. Caissie, Jeannine, 31 ans, Kedgwick, Restigouche, N-B.
72. Caron, Cléo, 64 ans, Limestone, Maine, États-Unis.
73. Caron, Denise, 27 ans, Témiscouata, Tém., Québec.
75. Comeau, Mme Alcide née Savoie, 40 ans, Leech, Glouc., N-B.

76. Cormier, Angela, 20 ans, Moncton, West., N-B.
77. Cormier, Mme Camille née Bella Léger, 65 ans, Memramcook, West., N-B.
78. Cormier, Claudette, 29 ans, Moncton, West., N-B.
79. Cormier, Dométille, 73 ans, Memrancook, West., N-B. (1973).
81. Cormier, Henri, 65 ans, Barachois, West., N-B.
82. Cormier, Mme Honoré, 71 ans, Saint-Joseph, Memr., West., N-B.
87. Cormier, Mme Olivier née Juliette, 79 ans. Cap-Pelé, West., N-B.
89. Cormier, Mem Patricia née Daigle, 38 ans, Moncton, West., N-B.
91. Cormier, R., Memramcook, West., N-B.
93. Coyle, Mme Florence née Cormier, 55 ans, Moncton, West., N-B.
94. Daigle, Mme Henri, Pointe-Sapin, Kent, N-B.
95. Daigle, Joseph, 63 ans, Baie-Sainte-Anne, North., N-B.
97. Daigle, Nathalie, 65 ans, Pointe-Sapin, Kent, N-B. (1973).
98. Daigle, Simonne, Baie Sainte-Anne, North., N-B. (1973).
99. Despres, Alberta, 21 ans, Cocagne, Kent, N-B.
100. Despres, Amédée, 75 ans, Cocagne, Kent, N-B.
101. Despres, Eva, 65 ans, Notre-Dame de Kent, N-B.
102. Despres, Flora, 21 ans, Notre-Dame de Kent, N-B.
107. Doiron, Edgar, 81 ans, Acadieville, Kent, N-B. (1973).
108. Doiron, Sr. Marie-Sainte-Bertille, 77 ans, Rustico, Queens' I-P-E.
110. Doucet, Sr. Marie-Eucharistie, 67 ans, St-Joseph-du-Moine, Inverness, N-Écosse.
111. Doucet, Philippe, 28 ans, Chéticamp, Inverness, N-Écosse.
112. Duguay, Henri-Eugène, Saint-André, Kent, N-B. (1973).
114. Duguay, Napoléon, 84 ans, Paquetville, Gloucester, N-B. (1973)
115. Dumont, Denise, Témiscouata, Tém., Québec.
119. Dupuis, Mme Jimmy, 75 ans, Lourdes, West., N-B.
120. Dupuis, Jimmy, 79 ans, Lourdes, West., N-B.
122. Durelle, Mme E., 22 ans, Baie-Sainte-Anne, North., N-B.

124. Emond, Lina, 28 ans, Saint-François de Madawaska, N-B.
125. Frenette, Mme Claudia, 61 ans, Moncton, West., N-B.
128. Gallant, Irène, 20 ans, Grande-Digue, Kent, N-B.
129. Gallant, Lucien, Grande-Digue, Kent, N-B.
131. Gallant, Mme X., 80 ans, Dieppe, West., N-B.
135. Gaudet, Édouard, 65 ans, Memramcook, West., N-B.
137. Gaudet, Honoré, 65 ans, Saint-Joseph, Memramcook, West., N-B.
139. Gaudet, Léandre, 80 ans, Saint-Joseph, Memramcook, West., N-B.
141. Gaudet, Rosaline, 20 ans, Memramcook, West., N-B.
142. Gaudet, Mme Théotime, 78 ans, Memramcook, West., N-B.
144. Gauthier, Richard, 25 ans, Bonaventure, Bonav., Québec.
145. Gautreau, Mme Cléophas, 50 ans, Moncton, West., N-B.
147. Gauvreau, Sylvio, Saumarez, Gloucester, N-B.
148. Gibbs, Mme Rita, née Gaudet, Eel River Bridge, North., N-B.
150. Girouard, Mme Pacifique, née Cormier, 82 ans, Saint-Paul de Kent N-B.
151. Girouard, René, Sainte-Marie de Kent, N-B.
152. Godbout, Ovide, Drummond, Victoria, N-B.
154. Godin, Marie, 80 ans, Tracadie, Gloucester, N-B.
157. Goguen, Filman, 65 ans, Cocagne, Kent, N-B.
158. Goguen, Mme Robert, 60 ans, Cocagne, Kent, N-B.
159. Goguen, Thérèse, 20 ans, Moncton, West., N-B.
161. Goguen, Victoria, 70 ans, Cap-Pelé, West., N-B.
162. Goguen, Zelma, 32 ans, Minto, Quenns, N-B.
163. Gould, Mme Israel, 79 ans, Memramcook, West., N-B.
165. Guignard, Henri, 75 ans, Bathurst, Gloucester, N-B.
166. Guignard, Imelda, 28 ans, Bathurst, Gloucester, N-B.
167. Guimond, Fidèle, 77 ans, Saint-Louis de Kent, N-B.
170. G. C., 70 ans, Baie-Sainte-Anne, North., N-B.
171. King, Mme Colombe, née Leblanc, 22 ans, Moncton, West., N-B.
172. Lacroix, Donat, 34 ans, Caraquet, Gloucester, N-B.
173. Lagacé, Murielle, 21 ans, Petit-Rocher, Gloucester, N-B.
174. Landry, Mme Aurel, Moncton, West., N-B.
175. Landry, Charline, 20 ans, Saint-Joseph, Memramcook, West., N-B.

176. Landry, Dollard, 20 ans, College Bridge, West., N-B.
177. Landry, Mme Frank, 61 ans, Pré-d'en-Haut, West., N-B.
178. Landry, Frank, 68 ans, Pré-d'en-Haut, West., N-B.
180. Landry, Jeannette, 20 ans, Memramcook, West., N-B.
181. Landry, Marguerite, 42 ans, Robertville, Gloucester, N-B.
183. Landry, Thomas, 45 ans, Cormier's Cove, West., N-B.
184. Landry, Vital, 88 ans, Memramcook, West., N-B.
185. Langevin, Anne-Marie, 53 ans, Moncton, West., N-B.
186. Leblanc, Adelma, 54 ans, Fox Creek, West., N-B.
187. Leblanc, Adolphe, 87 ans, La Hêtrière, Memr., West., N-B.
188. Leblanc, Arthur, 69 ans, Richibouctou, Kent, N-B.
189. Leblanc, Mme Aurèle, 59 ans, Memramcook, West., N-B.
193. Leblanc, Claudette, 32 ans, Moncton, West., N-B.
195. Leblanc, Doris, 20 ans, Memramcook, West., N-B.
196. Leblanc, Édouard, 54 ans, Memramcook, West., N-B.
197. Leblanc, Mme Éliza, 64 ans, Lourdes, West., N-B.
198. Leblanc, Estelle, Bouctouche, Kent, N-B.
200. Leblanc, Mme Éveline, 35 ans, Memramcook, West., N-B.
201. Leblanc, Exelda, 84 ans, Memramcook, West., N-B. (1973).
204. Leblanc, Guy-Aurèle, 20 ans,- Memramcook, West., N-B.
205. Leblanc, H., 83 ans, Moncton, West., N-B.
208. Leblanc, Mme Lionel, née Patricia, 35 ans, St-Paul de Kent, N-B.
209. Leblanc, Lorraine, 37 ans, Moncton, West., N-B.
210. Leblanc, Madeleine, 72 ans, Moncton, West., N-B.
211. Leblanc, Marie, 58 ans, Memramcook, West., N-B.
212. Leblanc, Odette, 32 ans, Saint-Anselme, West., N-B.
214. Leblanc, Patricia, 20 ans, Memramcook, West., N-B.
215. Leblanc, Philippe à Martyre, 86 ans, Cocagne, Kent, N-B.
216. Leblanc, Phyllis, 20 ans, Memramcook, West., N-B.
218. Leblanc, Raymonde, 20 ans, Sainte-Anne de Kent, N-B.
220. Leblanc, Mme Rodolphe, née Léger, 72 ans, Sainte-Marie de Kent, N-B.
222. Leblanc, Sara, 94 ans, College Bridge, West., N-B. (1973).

224. Léger, André, 68 ans, Barachois, West., N-B.
226. Léger, Camille, 55 ans, Barachois, West., N-B.
227. Léger, Charline, 22 ans, Moncton, West., N-B.
230. Léger, Mme Éléonare, née Leblanc, 51 ans, St-Paul de Kent, N-B.
231. Léger, Georges, 80 ans, Shédiac, West., N-B.
232. Léger, Irène, 34 ans, Moncton, West., N-B.
233. Léger, Jean-Baptiste, 60 ans, Barachois, West., N-B.
234. Léger, Jeannita, 29 ans, Barachois, West., N-B.
236. Léger, Mme Léandre née Melanson, 75 ans, Moncton, West., N-B.
237. Léger, Maurice, 30 ans, Robichaud Office, West., N-B.
238. Léger, Mme Pierre, Moncton, West., N-B.
243. Lessard, Paul-Henri, 30 ans, Moncton, West., N-B.
244. Levesque, Lorna, 43 ans, Grand Sault, Victoria, N-B.
245. Levesque, Pitre, 76 ans, Grand Sault, Victoria, N-B.
248. Maillet, Aurèle, 60 ans, Saint-Simon, N-B. (1973).
250. Maillet, Jeanne, 45 ans, Bouctouche, Kent, N-B.
251. Maillet, Marie-Claudette, 27 ans, Bouctouche, Kent, N-B.
252. Maillet, René, 54 ans, Richibouctou, Kent, N-B. (1973).
253. Maillet, Sara, 87 ans, Bouctouche, Kent, N-B.
255. Manuel, Mme Sylvain, 20 ans, Eel River Bridge, North., N-B.
259. Martin, Dominique, Saint-Louis de Kent, N-B.
260. Martin, Mme François, 47 ans, Rogersville, North., N-B.
261. Martin, Jeanne, 28 ans, Moncton, West., N-B.
262. McGraw, Mme Léo, Rogersville, North., N-B.
263. McGraw, Léo, Rogersville, North., N-B.
264. McGraw, Liliane, 23 ans, Rogersville, North., N-B.
266. Melanson, Mme Aldéric, 62 ans, Dorchester Crossing, West., N-B.
269. Morin, Madeleine, 54 ans, Saint-Georges, Madawaska, N-B.
270. Ouellette, Colette, 29 ans, Baker-Brook, Madawaska, N-B.
271. Ouellette, Joanne, 22 ans, Drummond, Victoria, N-B.
272. Ouellette, Léaune, 32 ans, Lac Baker, Madawaska, N-B.
273. Ouellette, Napoléon, Shemogue, West., N-B.
275. Pellerin, Mme E., 50 ans, Scoudouc, West., N-B.

276. Pellerin, Henry, 94 ans, Shédiac, West., N-B.
277. Pelletier, Francis, 21 ans, Sainte-Anne-des-Monts, Québec.
279. Philippe-Arsenault, Mme Jos., 76 ans, Saint-Chrysostôme, I-P-E.
280. Poirier, Élie, Grande-Digue, Kent, N-B.
281. Poirier, Mme Joseph-P., 74 ans, Pont-de-Shédiac, West., N-B.
282. Poirier, Joseph-P., 74 ans, Pont-de-Shédiac, West., N-B.
283. Poirier, Réjean, 20 ans, Sainte-Anne-du-Bocage, Gloucester, N-B.
285. Porelle, Raymond, Cap-Pelé, West., N-B.
289. Renaud, Mme Aldéo née Leblanc, 23 ans, Moncton, West., N-B.
290. Richard, Alfred, 22 ans, Pointe-Sapin, Kent, N-B.
292. Richard, Alvéta, 21 ans, Richibouctou, Kent, N-B. (1973).
293. Richard, Béatrice, 42 ans, Lamèque, Gloucester, N-B.
294. Richard, Délima, 80 ans, Moncton, West., N-B.
295. Richard, Mme François à Tit-Jean, St-Pierre, Kent, N-B.
297. Richard, Gérald, 21 ans, Richibouctou, Kent, N-B.
299. Richard, Mme Ludivine née Daigle, 50 ans, St-Louis, Kent, N-B.
300. Richard, Monique, 19 ans, Baie-Sainte-Anne, North., N-B.
301. Richard, Mme Olivier, 70 ans, Saint-Louis, Kent, N-B.
302. Richard, Olivier, 75 ans, Saint-Louis, Kent, N-B.
303. Richard, Mme Philémon, 80 ans, Richibouctou Village, Kent, N-B.
304. Richard, Rose-Marie, 19 ans, Dieppe, West., N-B.
306. Rioux, Fernand, 30 ans, Shippagan, Gloucester, N-B.
311. Roy, Marie-Anne, 75 ans, Petit-Rocher, Gloucester, N-B.
313. Savoie, Bernadette, née De Grâce, 31 ans, Shippagan, Gloucester N-B.
315. Savoie, Jacqueline, 31 ans, Shippagan, Glouc., N-B.
316. Savoie, Normand, 26 ans, Lamèque, Gloucester, N-B.
318. Savoie, Yolande, Sainte-Anne de Kent, N-B.
319. Schofield, Mme Blanche, née Bourgeois, 55 ans, Cocagne, Kent, N-B.
320. Schofield, Mme Henri, 81 ans, Îles-de-la-Madeleine, Québec.

322. St-Pierre, Mme Madeleine, 98 ans, Cap-Pelé, West., N-B.
323. St-Pierre, Nora, 23 ans, Cap-Pelé, West., N-B.
325. S. Mme E., 65 ans, College Bridge, West., N-B.
327. Thériault, C., 74 ans, Baie-Sainte-Anne, North., N-B.
328. **Thériault, Berthe-P.**, 19 ans, Baie-Sainte-Anne, North., N-B.
329. Thériault, Mme X., 63 ans, Baie-Sainte-Anne, North., N-B.
331. Thibodeau, Jean, 90 ans, Church Point, Digby, N-Écosse (1960)
332. Turbide, Mme Phyllis, née Gibbs, 34 ans, Baie-Sainte-Anne, North., N-B.
334. Vienneau, Gérald, 27 ans, Saint-Antoine de Kent, N-B.
335. Vigneault, Roméo, 75 ans, Saint-Théophile, Beauce, Québec.

Anonymes :

338. Informatrice de 20 ans, Moncton, West., N-B.
339. Informatrice de 66 ans, Fox Creek, West., N-B.
340. Informatrice de 85 ans, La Montagne, West., N-B.
341. Informateur de 78 ans, Memramcook, West., N-B.
343. Informateur de 77 ans, Pré-d'en-Haut, West., N-B.
345. Informatrice de 82 ans, Memramcook, West., N-B.
346. Informatrice de 82 ans, Sainte-Anne de Madawaska, N-B.
347. Informateur de 45 ans, Moncton, West., N-B.
349. Informateur de 41 ans, Moncton, West., N-B.
352. Informatrice de 70 ans, Notre-Dame de Kent, N-B.
357. Informatrice de 50 ans, Shippagan, Gloucester, N-B.
358. Informatrice de 45 ans, Moncton, West., N-B.

---

*Les villages ont été situés dans leur comté respectif d'après le *Canadian Official Railway Guide*, Montréal, International Railway Publishing Company Limited, 1961, 998 p.

TABLE DES MATIÈRES

ACHEVÉ d'IMPRIMER SUR
LES PRESSES DES ATELIERS
MARQUIS DE MONTMAGNY
LE 12 JANVIER 1977 POUR
LES ÉDITIONS LEMÉAC INC.